阿道夫 H.

希特勒，一個獨裁者的一生
LEBENSWEG EINES DIKTATORS

Adolf H.

托馬斯・桑德庫勒————著　林繼谷————譯

THOMAS SANDKÜHLER

1

Der Versager
魯蛇

2

Der Aufsteiger
新星

3 Der »Führer«
「領袖」

推薦序：誰是希特勒？

伍碧雯

　　納粹執政初期，一名住在柏林的猶太人戈特霍爾德（Gotthold B.），站在街頭不斷地舉起右手高喊：「希特勒萬歲。」這個舉手禮只有德國人可以使用，猶太人禁止這麼做。戈特霍爾德被強制送到精神病院，醫生告訴他：「你有精神病」，他回答：「天啊！如果我有精神病，那麼全德國人都有精神病！」這並不是虛構的笑話，而是一所柏林精神療養院的真實紀錄。這般直白的回答，當場聽聞的醫護人員可能啼笑皆非，也可能覺得是辱國之說。但是當納粹政權垮台後，學者專家試圖用各種理論，剖析德國人狂烈支持「領袖」的現象，卻仍然無法圓滿詮釋時，「全德國人都有精神病」的極簡答案，或許解答了眾人心中的謎團，甚至一針見血地說出了部分歷史真相。

　　許多納粹時期留下的影像紀錄，都可證明希特勒確實深受德國群眾的狂烈擁戴，例如以1934年紐倫堡納粹黨大會為主題的影片《意志的勝利》（*Triumph des Willens*）。影片的前幾分鐘，即出現大批迎接希特勒降臨、光臨紐倫堡的群眾夾道歡呼，舉手致意。導演蘭妮‧萊芬斯坦（Leni Riefenstahl）表示，這些並非她找來的臨時演員，而是紐倫堡與附近村莊居民自主前來，湧向「領袖」表達敬意而入鏡。影片中可見許多婦女因望見希特勒而興奮尖叫，伸直了右手行禮，左手則抹去喜極而泣的淚珠，順便遮掩嬌羞的臉龐；希特勒則是以靦腆的笑容，回應迷戀他的女粉絲。這些未造假的畫面，呈現了部分歷史真相，戈特霍爾

德「全德國人都有精神病」的說詞,似乎也得到了驗證。

　　我們並不滿足於這些部分、零碎的歷史真相,我們很想知道全部的歷史事實。

　　今日看來,希特勒當然是一個極端反派的政治人物、凶悍的戰爭發動者,也是屠殺德國弱智者、滅絕猶太人,讓集中營成為「世界肛門」(anus mundi)[1]的總舵手。但是在1930、40年代,他卻是深具魅力與魔力,獲得眾多德國人掌聲肯定、歡呼與愛戴的「領袖」。當時的德國人究竟怎麼了?狂熱支持他的廣大群眾在想什麼?盲點何在?我們真的很想知道答案。我們也很想知道希特勒如何從一個奧地利的Nobody,爬升成德國的Somebody?這個人物是德國歷史中擺脫不掉的負面遺產,二戰後的德國人怎麼研究他?如何詮釋他?「現在的德國人沒有罪,但是有責任。」這是2013年某位德國年輕歷史教授在廣播中的陳述。我們進一步問:那麼現在的德國人有什麼責任?答案很清楚:有記住歷史的責任,替德國與全世界記住這段暗黑、負面的歷史。德國人有責任維護這段歷史記憶,讓製造「世界肛門」的狂人,在現在、未來,永永遠遠絕跡。

　　說希特勒在台灣與全世界擁有極高的知名度,應該不會有人反對。如果在台北街頭隨機詢問路人:「提到德國歷史的知名人物,你立刻想到誰?」十之八九應該會首選「希特勒」。偶爾遇到虔誠的基督新教徒,答案可能會變成「馬丁・路德」。但是馬丁・路德身處的16世紀,「德國」這個國家根本還沒有出現,那時候是大大小小政治主體林

1　注:納粹醫生Heinz Thilo曾任職多所東歐集中營,他挑選猶太囚犯為醫療實驗對象,也挑選囚犯送入毒氣室。他以拉丁文「anus mundi」(世界肛門)形容奧斯維辛集中營的功能。

立的「德意志地區」。因此請他們重新回答，「希特勒」這個名字很可能就會冒了出來。

　　為何是希特勒？為何不是李鴻章遊歐時，請教強國之道的退休首相俾斯麥？為何不是差一點讓 18 歲的醇親王載灃，下跪磕頭道歉的德皇威廉二世？為何不是在華沙猶太隔離區起義紀念碑前，雙膝跪地懺悔的西德總理威利・布蘭德（Willy Brandt）？東德消失的「統一總理」海爾穆・柯爾（Helmut Kohl, 1930-2017），他在生前完成了西德擴大，大抵也不可能成為台灣人認識的德國歷史名人之首位。可能的解釋是：雖然這些人也很有名，富有歷史地位，但是與希特勒相比，他們都不夠壞、不夠瘋、不夠狠，當然更不如「希特勒」這個品牌所代表的暗黑、癲狂、自我毀滅與滅絕他人的驚悚形象。

　　一般人對於希特勒的生平及作為，粗淺的略有所知。像是他起乩式的演講方式、他茹素、愛狗、喜歡高科技，他極感性的在死前與女友結婚，然後攜手自殺，戲劇化地終結了生命。此外，關於他屠殺 600 萬猶太人的種族滅絕，我們也有所耳聞……但是、但是，「哪個時代無人殞命？清朝白蓮教被鎮壓時，不也死傷無數」、「中國歷朝大飢荒，死亡人數更是多得驚人」、「猶太人為何到現在還到處捉拿老納粹，這些人都 90 多歲了，還不放過他們」、「猶太人老說自己遭種族屠殺，但看看他們現在對巴勒斯坦做的事！」這些都是台灣學者們的閒聊之說。但是他們沒察覺到自己的言論已深具右派思想，甚至傾向極右派的立場了。台灣部分年輕學子因各種理由──制服帥、紀律強、手段狠、就是酷……而崇拜希特勒與納粹；亦有高中歷史老師同意學生以身著納粹制服，搭配紙糊坦克車的武裝形

象，參與嘉年華會式的校慶活動。很震驚嗎？不必震驚。有其師必有其生。我們能否當作「文化創意」、「歷史應用」來自我合理化？反正國外也有類似的情形，英國的哈利王子也做過同樣的事情。就讓我們大方的自我安慰吧！

　　台灣這些離奇又離譜的現象，導因於我們對於希特勒與納粹這個西方文明重挫的主題，僅有淺碟、模糊、片段的認知。然而如果我們希望台灣引以為傲的民主政治永續生存、高品質運作，「希特勒如何崛起」這個主題，絕對值得我們深入了解，嚴肅探討。因為德國的歷史事實告訴我們，也昭告全世界所有正在執行民主政治、實踐民主理念的國家：民主隨時都面臨挑戰衝擊，隨時都岌岌可危；利用民主又顛覆民主的投機強人、狂人早已偽裝在旁，伺機躍身，取民主而代之。那麼，有辦法阻止這種反民主的強人、狂人嗎？當然可以，就是倚靠廣大勤於思考、運用智慧與理性的人民......這種人民如何培養？沒有捷徑，只有透過學習歷史與研究歷史。

　　德國的書籍市場（其實也包括全世界的出版界），從來不乏以希特勒或納粹為題的相關著作，只有更多，沒有太多！但是這些出版品，多數是學術研究的生硬專書，對於社會大眾與非學院人士，過於艱澀難懂，更別說年輕讀者，完全無法咀嚼吸收。「可不可以寫成懶人包！」這也許是眾多讀者深藏心中的期許。但是表列式或圖解式的簡要版本，無法觸及歷史關鍵轉折的眉角──而魔鬼就躲在細節與轉折之處。因此整體敘述、脈絡清晰、資料正確的著作，是我們了解希特勒這個課題的必要依靠。2015年德國出版的《阿道夫・H：希特勒，一個獨裁者的一生》（*Adolf H. – Lebensweg eines Diktators*），是一本難得鎖定青少年

為主要讀者的專書。作者桑德庫勒，是德國學界研究納粹相關課題的中生代歷史學者，也是歷史教育領域的專家。他訴求：如何用適於年輕世代理解的文字敘述，呈現20世紀德國與歐洲的氛圍，如何以不八卦的闡述方式，讓青少年了解希特勒的崛起過程。德國年輕人將是持續保存納粹這段歷史記憶的接棒者，如何不誇張而適切的認識希特勒，是這段歷史記憶延續的重要基礎與起步。別忘了，「現在的德國人沒有罪，但是有責任。」

　　講述希特勒最困難之處，不在於他成為黨主席與掌握政權之後的駭人行徑，反而在於他的Nobody時期：他的童年、維也納生活與一戰時期，以及他何時開始認定猶太人威脅歐洲。希特勒成為政壇的Somebody後，對於這些大家好奇的問題，有許多誇張的自圓其說，二戰後的傳言就更多了。這些不實的說法，都有必要一一澄清、除魅，還原他普通平凡的本色。作者桑德庫勒以長年內化的嚴謹學術態度，在該存疑之處就存疑，在該澄清之處就澄清，讓一本通俗且可讀性極高的青少年歷史讀物，也完全符合嚴格的學術標準。此書的中譯也特別值得讚許，譯者以流暢的中文，精準掌握原著的文筆與敘述風格，同時增加了近60個極為重要的歷史知識補充譯注，藉此更大幅提升了中譯本的閱讀價值。在德文原著、中文翻譯與精闢譯注三方均深具水準的結合下，《阿道夫・H：希特勒，一個獨裁者的一生》不再局限於青少年的讀物性質，而是值得所有想知道「誰是希特勒？」的成年讀者之必讀佳品。

本文作者為德國敏斯特大學（University of Münster）歷史學博士，現任國立台北大學歷史學系副教授，專長領域：德國現代史、歐洲種族主義。

────── 導讀：如何認識希特勒？──────

陳中芷

　　如何認識希特勒？這個問題放在不同時空和不同政治文化圈裡，會有不一的答案。希特勒這位歷史人物在華人社會裡始終帶著高人氣，甚至比曹操還更能體現我們對梟雄崇拜的極致現象。在傳統中國文化裡，對政治權力的想像偏重在對權謀的講究，對事功成敗和政策良莠的評價經常從個人的德性與機巧，直接跳到青天運勢，因此，我們雖然屢屢讚美失敗的英雄，卻更加崇拜不擇手段的梟雄，反而很少意識到權力的制度性問題，或者思考制度裡的權力結構。在當代台灣，更因為推動「轉型正義」的急迫感，使得我們對納粹政權的理解經常太快滑進政治正確，停留在淺層的歷史批判。也往往因為欠缺對那段歷史發展的實質性認識，使得那些支撐起批判希特勒現象的論述和理據，容易流於新聞式的花絮報導，失去反省和借鑑的力道。

　　在台灣不缺關於納粹第三帝國的讀本，也出版了許多各種側寫、評論希特勒的書，但是在偏向將變遷歸因於人的歷史文化裡，獨獨沒有一本真正紮實地關於希特勒的傳記，是一個奇特的缺憾。這是一本遲到已久的傳記。

　　作者托馬斯・桑德庫勒（Thomas Sandkühler）以編年的方式，用7個階段，勾勒出獨裁者希特勒一生的起伏，從飽受家暴的兒童期寫到在柏林地下碉堡內的自殺，以300多頁的篇幅描寫出短短12年納粹政權的興衰，點出二次大戰東西戰場的關鍵發展；特別是透過蘇聯解體後開放的

史料，呈現出晚近關於納粹國防武力在東線戰場上滅絕戰的最新研究。而最值得讀者深思的是最後一章，桑德庫勒除了回顧關於希特勒研究的發展史之外，還檢討了希特勒做為媒體明星的現象。作者設定的讀者是14歲以上的青少年，或是想進一步認識第三帝國的成年人，出版後拿下德國艾美士青少年非文學類書籍（Emys Sachbuchpreis）的獎項。和一般德國歷史教授經歷不同的是，桑德庫勒當過中學歷史老師，2009年起成為柏林洪堡大學歷史教育學門的講座教授，近年擔任德國歷史教師聯盟主席。在這本書裡，可以窺得作者對青少年解釋歷史的功力。

我們的歷史教育裡習慣定於一尊的說法，對歷史的認知通常採用一種本質性的敘述方式，很少對讀者提出不同史家詮釋的比對分析，覺得那些討論太過學術而自動放棄。桑德庫勒在這本傳記裡呈現另一種陳述手法，要言不煩地辯證不同的論述，不僅回答了希特勒是怎麼樣的一個人，更讓讀者看到這樣一個歷史人物是如何地被討論。隨著戰後德國去納粹化的曲折歷程，希特勒從英雄或妖魔的祭壇走下來，不同時代的面貌不僅反映了歷史變遷，也呈現出更複雜的人性肌理。對台灣讀者而言，這本相對精簡的希特勒傳記是一個寫作範例，作者並不因為主要的設定對象是青少年而減損歷史詮釋的複雜性，讀者在其中看到何謂歷史辯證和一種開放性歷史認知的可能性。

做為獨裁者希特勒到底特殊在哪？納粹政權為何獨一無二？

並不是所有獨裁者可以像希特勒一樣成為媒體明星，歷久不衰，也並不是所有獨裁政權可以造成現代文明深遠的崩壞，永遠改變當代人的世界觀和政治價值，促使世人

重新定義人權價值。

在台灣相關出版中，最具分量的應該算是賽巴斯提安·哈夫納（Sebastian Haffner）所寫的回憶錄，以及對希特勒的分析[1]。哈夫納的批判視野，既是他的強項也可說是某種短缺。納粹政權靠暴力與迫害手段，訴諸極端的種族民族主義起家，史學者卻無法不逼視希特勒如何重建一戰失敗後的德國民族自信，也同樣無法忽略希特勒在1940年打敗法國，穿過巴黎凱旋門的那個歷史性時刻。《凡爾賽條約》帶給德意志民族的屈辱感，在那個時刻洗刷殆盡。那種集體性的歷史情感之真實之深刻，出現在許多親歷納粹統治者的日記和回憶錄裡，卻不是1938年就出亡的哈夫納所能切身感受的。甚至可以換個角度來思索，近代德意志民族國家的意識，從抵抗拿破崙的侵略而發軔，透過普魯士帝國催發，歷經威瑪共和，到希特勒興建高速公路，打破帝國時代殘留的區域性疆界限制，之後全國動員為「民族生存權」而備戰，才算凝聚出那種做為現代共同體的情感鏈結。不幸的是，和英法相比，遲到的德意志民族意識在納粹時代轉向極端的種族民族主義，而遭致巨大的反挫。不管是在當時還是在戰後，這集體情感有多複雜多扭曲，帶給德國歷史學者就有多少的困難與挑戰。其中所牽扯的「民族」與「國家」

---

1 巴斯提安·哈夫納（Sebastian Haffner, 1907-1999〔原名Raimund Pretzel〕）為德國著名的出版人，最具影響力的是流亡期間，為了「啟蒙」納粹政權下的德國民眾而寫成的《一個德國人的故事》（*Geschichte eines Deutsche*），以及1978年出版的《破解希特勒》（*Anmerkungen zu Hitler*），對1980年代西德開始反省批判納粹政權的學術轉向有推波助瀾之功。他同情六八學運（68er-Bewegung），捍衛新聞自由，但終其一生在大眾媒體和文化批判的影響力高於歷史學圈。

兩大概念與問題，「政治」和「權力」之間的多重關係，集體認同和個人權利之間的糾結，排他性的種族主義和多元主義之間的扞格，足以讓人對民族主義與民族情緒所能掀起的正反力量深自戒懼。

比起美國羅斯福總統，希特勒更早採取經濟學者凱因斯的擴大需求理論，只不過他把整軍經武與解決失業問題視為一體，以卡特爾壟斷的方式推動各種國防經濟計畫；以國家力量控制所有價格，增加公共建設以及擴大內需。1932年登記的失業人口高達600萬，至1937年降至不足百萬，這項成就成了希特勒造神運動的基礎。發展軍備固然達到充分就業創造經濟發展，但是一方面發展所需的資金和資源缺口需要補齊，另一方面就經濟來看，生產和消費需要平衡，產出軍備武力自然也需要消費軍武，希特勒計畫透過軍事行動強行擴張領土，企圖一併解決生產和消費兩端的問題。簡單來講，希特勒解決失業的國防經濟政策，是奠定在掠奪他國資源的基礎上，並以戰爭做為經濟發展的出路，最終將帝國拖至萬劫不復之境。而希特勒初期經濟改革之所以有效，卻是藉著獨裁統治達成。他以製造衝突和暗殺的手段剷除政治異己，以「領袖原則」將政黨凌駕於國家制度之上，以「一體化」政策塑造意識形態建立起嚴密的統治系統，這些種種事蹟都是可做歷史比較的獨裁行徑，而最難以比較的是屠殺猶太人的事件。

在戰爭敵對狀態下屠殺對手的例子，史不絕書，重點不在於屠殺本身或者死亡人數，而是納粹政權實行種族清洗的對象並非真正的戰爭敵人。許多猶太人也曾經參與一次大戰，與德國士兵並肩抗敵，而希特勒卻在1935

年以《紐倫堡法案》剝奪了猶太人的公民身分。在種族清洗的目標下，納粹政權將現代國家機器的作用發揮到極限，以精細的行政作業，大規模的組織籌劃，高效率的技術操作，甚至，低層技術官僚對猶太人不存在個人恩怨，只是順從一般政治宣傳的認知從事著「分內工作」。而希特勒所做的不僅止於種族淨化，更要種族優化，透過各種手段處理掉社會上所謂「無存活價值者」，身心殘障者、不適任勞動者、同性戀等等都在抹殺之列。不管是種族淨化或是優化都是在國家體制內進行的政策，個人在其中不知不覺被馴化，成為利益分享者，或暴力協同者，甚至是對迫害漠視者。把屠殺化為制度性的日常操作，其中官僚制度所展現的理性與精密計算，執行與貫徹的能力，遠遠不是「我服從領袖命令」所能解釋的，也不是其他出於戰爭報復的大規模屠殺事件所能相比。而這一切，以最文明的手段從事最野蠻的行動，才是戰後德國學者阿多諾（Theodor Adorno）那句名言的真諦：「在奧斯維辛之後，寫詩是野蠻的（Nach Auschwitz ein Gedicht zu schreiben, ist barbarisch）。」

　　在什麼樣的社會裡，可以讓希特勒這樣一個人從魯蛇進化成領袖，帶領全國走向毀滅？在什麼樣的政治條件下，可以讓一個地方型的政黨發展成大眾效忠的對象，做到獨裁統治？在什麼樣的歷史文化的背景裡，可以將群眾的憤怒演變成種族大屠殺？這不是單一個人可以隻手完成，而是一整個世代的人所協力參與的，這也是作者藉著書名《Adolf H.》所表達的立場：不是只有一位阿道夫‧希特勒，而是有許許多多的阿道夫。並不是希特勒個人有多英武神明，而是希特勒是那個時代典型憤青的代表：他

的意識形態、行事作風、種族主義的立場，就是當時社會的某種日常切片；在20歲前是整個社會環境風氣造就了他，掌權之後反過來，是他影響了整個世代。

　　所有希特勒傳記作者都得回答一個繞不過去的歷史問題：希特勒是不是無可取代？桑德庫勒站在1970年代尤阿肖·費斯特（Joachim Fest）[2]和1990年代伊恩·克肖（Ian Kershaw）[3]兩大套超過千頁的希特勒經典傳記上，融合了個人生活史與社會史的雙重視野，重新審視戰後納粹研究的核心命題。在這本傳記裡，作者以生活史的角度盡力描寫

2　尤阿肖·費斯特（Joachim Fest, 1926-2006）出生於普魯士天主教文化階級家庭，戰後任職北德廣播電台（NDR），1973年起為《法蘭克福文匯報》（FAZ）的共同發起人，兼任文化版主編。在這職位上，他刊登了史學者Ernst Nolte一篇從1980年代看第三帝國的評論文章〈歷史傳奇和修正主義之間？〉（Zwischen Geschichtslegende und Revisionismus），引起哈伯瑪斯的強烈批評，因而爆發影響戰後德國學界至深的《史家論爭》（Historikerstreit），爭論的議題涵蓋了納粹研究的修正主義、大屠殺的定位、希特勒的角色，以及歷史記憶與歷史詮釋等。他本人還參與許多關於第三帝國的紀錄片和電影的製作，對大眾史學貢獻極深。而台灣所熟知的電影《帝國毀滅》（Der Untergang）就是以他的希特勒傳記做為腳本。據他去世前的統計，《希特勒傳》（Hitler. Eine Biographie）單一版就賣了80萬冊。因費斯特在媒體和出版界舉足輕重的影響力，使得他對希特勒的論斷「一個政治天才」，從出版後就一直流傳至今。

3　伊恩·克肖（Ian Kershaw, 1943-）為英國社會史家，專攻德國20世紀史，在1994年因研究成果拿下德國聯邦十字勳章。1998、2000年出版的上下兩巨冊《希特勒傳》（Hitler 1889–1936: Hubris，Hitler 1936–1945: Nemesis），成為新的里程碑。他在傳記前言裡表示，做為一個社會史研究者，他關注的是希特勒如何掌權以及第三帝國的權力結構，對「偉人行誼」並不感興趣。他認為傳記不等於歷史，傳記會放大個人在歷史中的角色和功能，偏向「人決定歷史」的判斷，容易讓歷史失真，忽略社會系統對歷史的影響，卻在研究多年後，發現無論從任何角度都繞不過希特勒這個人，才開始著手撰寫他的傳記。2012年他的《希特勒傳》拿下萊比錫書展獎。

希特勒這個人，他的吃穿用度一切私人領域的生活樣態，但是偏向克肖的社會史路徑。克肖將傳統傳記的問法倒過來問：為何這樣一個從普魯士時代發展到威瑪共和的社會，無法拒絕希特勒伸展他的權力？當時德國社會無論是軍隊或法政，甚至醫藥等等領域都已經發展出在那個時代最具專業性的系統，卻在希特勒提出領袖命令超越於法律之上，下達違背軍事常識的指揮之時，整個社會非但沒有踩下剎車，反而在各個領域內違背了自己的專業倫理，顛覆了內在的規範性，追隨他走向瘋狂，導致系統的崩壞。這個社會系統到底出了什麼問題？從納粹黨內部來看，不穩定的權力競爭結構，為屠殺猶太人提供了溫床，而希特勒在其中扮演了關鍵性角色，也必須為納粹政權的所作所為負起所有歷史道德的責任，沒有希特勒，納粹帝國的歷史將會是另一種面貌。這些並不是全面翻新的論斷，卻正迫切需要對讀者解釋的重點，特別是在戰後70年，歷經日常生活史學派弭平大人物視角、社會史學界降低個人角色在歷史上的影響，不斷將希特勒除魅化（Entzauberung）之後，為何還需要重新以希特勒這個人的一生來穿透納粹歷史？

　　本書的翻譯是一項巨大的挑戰，不僅是因為納粹帝國黨國不分，官制軍制黨職難以找到適切的中文翻譯去對應權力體制的疊床架屋，也不僅是因為東線戰場的最新研究在台灣尚未有系統地引介，更在於作者設定的對話對象是已有基礎認識的德國青少年，下筆極簡卻附載大量不言自明的訊息。譯者林繼谷在歷史專業術語上的翻譯做到溯源的精準，校正台灣過去一些望文生義的譯法，更透過某些譯注補上作者未細說的空白。精確的術語翻譯，在閱讀認

知上可以達到定錨的作用，這是好譯本帶來的正面效益之
一。對台灣讀者而言，這本書雖然是一本傳記，不足以替
代任何納粹帝國的歷史論述，但是卻是個全面性的起點，
不管是繼續考掘納粹歷史，或者是從獨裁者的權力角度反
思台灣過去的歷史和當前轉型正義的課題。

本文作者曾就讀德國畢勒佛大學歷史系、德國維藤／赫德克大學（Univer-
sität Witten/Herdecke）文化反思學院歷史系，現為自由寫作者。

────────────中文版序────────────

　　這本書是在2015年由慕尼黑的卡爾・漢瑟出版社（Carl Hanser Verlag）所出版，德文的書名是《阿道夫・H：一個獨裁者的一生》。在德國每個人都知道，書名的這個「H」代表了誰，代表了什麼。但是在其他國家，恐怕必須將「希特勒」全名完整地拼寫出來，才有人知道這個人是誰。但是叫這名字的那個人，絕對是世界知名──他是邪惡的象徵、集體犯罪的罪犯，也是萬眾擁戴的「德意志民族領袖」。

　　希特勒往往不被視為德國晚近歷史的一部分，而是當作一種歷久彌新的現象。看看網際網路和影視媒體，幾乎每天都可以找到關於希特勒的新鮮事。之所以要寫作這本書，其中一個理由正是如此：特別是年輕的讀者如果對希特勒和國家社會主義有所疑問，不希望他們只能到上述媒體之中找尋答案。

　　所以本書的目的，就是要給予讀者們可靠的資訊。其次我希望將希特勒在德國歷史上定位，獨裁者的道德敗壞毋庸置疑，但是德國社會曾經給予他權力，部分的人甚至直到「第三帝國」慘烈地毀滅時，仍然堅定地站在他這一邊，整個社會也因此背負著罪責的重擔。年輕的一代因此自暴自棄，不想再以負責任的態度處理這一類的歷史遺緒。

　　這本書發行以來廣受好評，同時擁有眾多的讀者。最初本書主要是針對青少年，但後來也有許多成年人閱讀。我很高興我所寫的希特勒傳記，能夠以中文翻譯版問世。

　　感謝林繼谷先生對於這本書用心地處理，和他的合作共事不僅專業，而且十分愉快；同時我也要感謝麥田出版

社選擇了這本書翻譯出版。最後我要再次感謝我在德文第一版中提過的許多人，特別是漢瑟出版社的卡特雅‧德薩卡（Katja Desaga）女士和我的妻子珮塔‧梅爾頓（Petra Mertens）。

柏林，2017年2月
托馬斯‧桑德庫勒

─────────── 前言 ───────────

　　「講希特勒到底講夠了沒？」這個問題問得很好。因為阿道夫‧希某人這個從1933年到1945年主宰了德國的獨裁者，在公共生活與媒體上無所不在。儘管如此，或者說正因為這樣，為年輕的讀者們專門寫一本現代的希特勒傳記，是很有意義也很必要的事。因為現在電視上和網路上所提供的資訊，對於解讀和理解「希特勒現象」，往往沒有什麼幫助；迄今為止，也沒有一本專門為青少年書寫的希特勒傳記。這本書的目的在填補這個空白。

　　傳記乃是生活史的研究成果。在19世紀，傳記被視為歷史書寫者的高度技藝。之所以要書寫傳記，是為了幫後世保存重要人物的生活和其影響。歷史是由「偉人們」所創造，不管怎麼說，很多歷史學家和他們的讀者對此深信不疑。

　　傳記通常都把一個歷史人物放在他們的時代脈絡中來呈現，但是在希特勒這個例子上，歷史學家卻看法分歧。是希特勒造就了歷史，還是他被歷史所造就？他支配了德國社會，還是他被社會所支配？這些問題的答案，同時也影響了歷史書寫的方法。在希特勒身上看到納粹德國時期領導人和統治者的歷史學家，會寫出希特勒的傳記；而另外一邊持相反意見的歷史學家，則會寫出納粹時期的德國社會史。傳記和社會史從出發點開始，就彼此互斥。

　　這本書的書名《阿道夫‧H》，目的在強調，希特勒個人的生平事蹟，和他做為政治人物所造成的影響，兩者間有著巨大的差別。我們可以質疑，有關他的生活瑣事是否因此而值得一提。1945年以後就有一種名副其實

的「希特勒研究」，發掘出大量他生活中的種種細節。如果你想寫一本希特勒的傳記，了解這些細節乃是不可或缺的，但這些細節本身能夠提供的東西很少。

　　賽巴斯提安・哈夫納（Sebastian Haffner）[1]是一位法律學者與歷史學家，在納粹時期曾逃出德國，他指出希特勒的個人生活有一種「超乎尋常的貧乏」。對哈夫納來說，如果少了政治，希特勒什麼都不是。希特勒生活中的所有一切，「都和當代史密不可分，他本身就是當代史。青年希特勒反映了當代史，中年希特勒仍然反映出當代史，但也反過來影響了當代史；晚年希特勒則決定了當代史。他先是為歷史所造就，而後造就了歷史。特別值得一提的是，希特勒一生所給出的東西，實際上常常讓人錯誤地解讀，不管在1919年以前或者以後都是一樣。」

　　歷史學家本身也是同時代的人，他們對於歷史的觀點，會隨著他們質疑過去而改變。政治評論家尤阿胥・費斯特（Joachim Fest）在1973年出版了一本希特勒的傳記巨作，他提出一個問題，為什麼受過教育的市民階級對於「領袖」（Führer）[2]趨之若鶩，甘附驥尾。對於這個問題，費斯特發現實際上有兩個原因：市民階級厭惡「政治」，不覺得自己有保護民主的義務；然後希特勒用他優異的能力來誘拐德國人。費斯特認為希特勒是一個沒有顯著特點的

1　譯注：賽巴斯提安・哈夫納生於1907年，德國記者與作家，原名萊蒙特・普雷策（Raimund Pretzel），1938年為了逃避納粹政權的統治，從德國移居英國，才開始以「賽巴斯提安・哈夫納」的筆名發表文章。他的多本著作如《從俾斯麥到希特勒》已在台灣出版。

2　譯注：Führer德文的原意是「領導者」。雖然台灣習慣翻為「元首」，但這樣一來，一些和Führer相關的詞彙將辭不達意，有失真之虞（例如Führerprinzip為領袖原則），故本書譯為「領袖」。

「不能說之人」（Unperson）[3]，但同時卻是一個「政治天才」。直到戰爭爆發之前，希特勒對於德國人來說，乃是「德國最偉大的政治家之一」──甚至連費斯特本人也有同感：「或許是德國歷史上最完美的一個。」

但希特勒真的是一個偉人嗎？像他這樣給整個人類帶來很多苦難的人，還可以稱之為偉大嗎？當然不是。用前面所提到的定義來說，希特勒並不是「偉大」，而是一個巨大的毀滅者，這是一個重要的區別。英國歷史學家伊恩‧克肖（Ian Kershaw）寫道：

「歷史上從來沒有一個人，僅靠著個人的名號，就造成如此大規模的毀滅。希特勒這個名字，絕對是有史以來，在現代造成文明最深遠崩壞的最主要始作俑者。」他繼續闡述，希特勒這個人，「對於那12年災難性的可怕經過，絕對是最關鍵的人物。」

克肖執筆的《希特勒傳》大概比費斯特的《希特勒傳》晚了一個世代出版。克肖提出的問題與費斯特近似，但觀察的角度卻截然相反。這位英國歷史學家並不是從希特勒出發去看社會；而是反過來，從社會的角度來觀察希特勒。德國的社會造就了希特勒的崛起，最後社會反而被希特勒所宰制。克肖比較不關心希特勒這個人，他感興趣的是他如何行使權力。在這種方式之下，關於德國人的責任與道德崩壞這個問題，會比在傳統傳記的架構之下容易回答。對於那些想要處理希特勒一生的歷史學家而言，克肖的論述豎立了一個標竿。

從那之後又過了好幾年，關於國家社會主義的研究不

3　譯注：Unperson的意思是為公眾所熟知、卻又被刻意忽略之人，出自喬治‧歐威爾的《1984》。

斷地進步。最近的研究特別著重對於納粹德國的社會理解與它的暴行，主導的中心概念一方面是「民族共同體」（Volksgemeinschaft），另一方面是大屠殺。在這本書之中，希特勒的一生，將穿插在納粹德國的前史（Vorgeschichte）與歷史當中介紹。我們所要講述的不只是獨裁者的生平事蹟，而是至少包含了從20世紀交替之初以來，德國（和奧地利）的社會史，以及納粹德國的歷史。只有這樣才能夠解釋和說明，希特勒是如何崛起、統治與敗亡，他又是為什麼會崛起、統治與敗亡。

接下來的幾個篇章，做為一本政治傳記，希特勒的生平事蹟毫無疑問地非常精彩，這段歷史遵循著崛起、高峰、沒落和衰亡這種古典套路。這也是一個年輕魯蛇的故事，這個魯蛇在政治圈打滾了30年，然後在十年之內崛起成為強大無比、名聲卓著的「領袖」，接著變成戰爭狂人和集體屠殺的劊子手，最後躲在柏林的地堡內當一隻地鼠，用自殺結束自己的一生。

關於希特勒和他的國家，已經出版過無數相關的書籍和論文。如果要把這些全部納入考量，那麼這本書的內容馬上會面臨爆炸。相反地，青少年取向架構應該是在最新的研究基礎上，用簡潔扼要的語法來陳述。

我希望這本希特勒傳記所講述的方式，能夠讓讀者回顧那個年代，設身處地評價當時發生的事情，以及為什麼會發生這些事。然而不是所有的事情都能夠靠講述就說得明白，像歐洲猶太人的大屠殺就沒辦法講述，只能描述和形容。

這本書裡面還有照片和插圖。因為希特勒和納粹德國在今日的媒體圈裡占據了一個重要的地位，所以我盡可能

選擇那些在媒體上很少或是根本不曾出現的圖片，希望能夠開啟一個不同的視野來檢視希特勒。

為了不妨礙閱讀的流暢性，引述的資料如果有所省略，並不特別註明。所有參考的書籍和論文，會在書末的附錄中做一個總結，以便吸引讀者更進一步的閱讀，我會特別列出平裝書和容易入手的參考書籍。在附錄中也會註明所有引用資料的出處。

這本書不是一本即興之作。我也不是因為2015年5月是第二次世界大戰終戰70週年，才來寫一本希特勒的傳記。相反地，這本書有一段很長的背景故事。這個構想是受到我的女兒卡特雅（Katja）所啟發，當時她還是中學生。在一段漫長的開車旅程中，卡特雅鉅細靡遺地詢問我關於希特勒的事蹟，然後她要求我把所講的寫下來保存。整個寫作比當初所預計要花上更多的時間，也比我所想像的更加困難。所以我很高興，終於完成了這個計畫。

我要感謝卡特雅，還有我的二女兒尤莉亞（Julia），我的妻子珮塔・梅爾頓，我的同事克拉拉・沃本（Clara Woopen），感謝他們提供的寶貴建議。還要感謝我的經紀人恩斯特・皮朋（Ernst Piper）的操煩，以及漢瑟出版社的烏爾里希・史托里寇・布魯門（Ulrich Störiko-Blume）先生。也感謝我的編輯馬爾特・瑞特（Malte Ritter），感謝他為這本書做了專業的處理。

柏林，2014年10月

托馬斯・桑德庫勒

1

Der Versager
魯蛇 *

「希克格魯伯」萬歲？
一部複雜的家族史

個性塑造與一事無成

落魄

戰爭

政治

* 譯注：魯蛇是Loser的音譯，也是2010年以後在台
灣出現的網路次文化術語，用來指稱低學歷、低收
入、無感情伴侶的人生敗將。之所以不譯成「失敗
者」，一來怕誤導讀者本章是在預示希特勒1945年
失敗的錯誤印象；二來年輕的希特勒一事無成、前
途茫茫、憤世嫉俗，十分符合「魯蛇」一詞的語境。

————「希克格魯伯」萬歲？————
一部複雜的家族史

　　阿道夫・希特勒（Adolf Hitler）的家族出自奧地利北部的「森林區」（Waldvietel），這個地區鄰近波希米亞。波希米亞過去是奧匈帝國的一部分，今日則屬於捷克共和國。森林區是一個窮鄉僻壤，在這裡，「希特勒」這個姓和「乎特勒」（Hüttler）或「希德勒」（Hiedler）算是一家親。這個姓出自於礦工相關職業[1]，可能因為希特勒的祖先當過礦工；也可能是出自Kleinhäsler，意思是小農家庭。在森林區，人們的關係非常緊密。

　　19世紀時，中下階層的家庭關係經常很混亂，親屬和私生子之間的通婚並不罕見。不過天主教會對這種事情一向反對，而當時大多數奧國人都是信仰天主教。

　　阿道夫・希特勒和他的許多親戚小孩一樣，是在一個再婚家庭長大。他的家裡有父親阿洛伊斯（Alois）和母親克拉拉（Klara），還有同胞弟妹愛德蒙（Edmund）和寶拉（Paula），加上父親第二段婚姻所生的同父異母兄姊，小阿洛伊斯（Alois junior）和安喬拉（Angela）。克拉拉未結婚的妹妹尤哈娜（Johanna）也住在這裡，幫克拉拉帶孩子，平常大家叫她哈妮阿姨。

　　阿洛伊斯當時是第三次結婚，克拉拉比他小20歲，而且兩人極有可能是親戚，她本來是他的姪女。1889年4月20日，阿道夫於德奧邊界的布朗瑙（Braunau）誕生，是這對夫婦的第四個孩子。在他之前，已經有三個兄姊在出

1889.4.20
出生於布朗瑙。

1　譯注：德文Berg und Hüttenleute的意思是「礦工和冶煉工人」，希特勒、乎特勒都是從Hüttenleute而來。

左｜阿洛伊斯・希特勒, 原姓希克格魯伯, 穿著海關官員制服, 攝於
1880年代。　右｜克拉拉・希特勒, 攝影時間未知。

生後不久即夭折。

　　身為海關公務員, 阿洛伊斯・希特勒的收入穩定, 家
中的經濟算是小康, 而且他還經由繼承獲得了一筆不小的
金錢。1892年, 阿洛伊斯晉升為海關高級官員, 同時舉
家遷往帕紹 (Passau)。這座城市剛好就座落在當時的德意
志帝國與奧匈帝國的邊界上, 所以依照慣例, 雙方都在這
裡派駐了海關人員, 阿洛伊斯・希特勒在德國這一邊服務。

　　1894年, 第二個兒子愛德蒙出生。同年, 阿洛伊斯
被派駐到上奧地利的城市——多瑙河畔的林茲 (Linz an der
Donau)。他的家人起初留在帕紹, 一年之後也跟著搬了過
去。1896年第三個小孩出生, 也就是希特勒的妹妹寶拉。
希特勒一家隨後又搬遷了幾次；1898年, 他們最終在林
茲附近的村子萊翁丁 (Leonding) 落腳。

　　阿洛伊斯・希特勒是個不討人喜歡的傢伙, 他菸抽得

很凶，寧願把時間花在酒館裡，而不是子女眾多的家庭上；除此之外，他還專注在他的興趣上——養蜂。這位高級海關官員很容易發脾氣，他會打兒子，而且連年輕的妻子也一起打，還常常喝得爛醉。很久之後希特勒承認，他非常懼怕自己的父親。

1895年阿洛伊斯就退休了，因為不用上班，所以他有大把的時間來「教育」他的孩子。小阿洛伊斯14歲便離家出走，逃離這個喜歡家暴的父親，從此再也沒有回家。不久之後，1900年，愛德蒙・希特勒死於麻疹，阿道夫頓時成了家裡唯一的男性後嗣，時年11歲。

所有的獨裁者和想要成為獨裁者的人，都喜歡隱瞞自己的出身。因為如果過去的生活有陰暗面存在，就很難相容於獨裁專制的主張。對於自己生涯史，希特勒希望能夠成為獨家的資料提供者，所以他利用出版《我的奮鬥》（*Mein Kampf*）披露。這本書有一半是自傳，有一半是「世界觀」的闡述，也就是政治家阿道夫・希特勒所代表的意識形態。在這本書的自傳部分，希特勒關於他的生涯所敘述的內容，可說是由事實、半真半假的故事和徹底的謊言所組成的大雜燴。

1925/1926《我的奮鬥》上下冊分別出版。

當希特勒成為一個成功的政治家之後，他的政治對手理所當然會去刨根究底他的出身。很顯然地，希特勒隱瞞了很多東西。1932年2月，一名維也納記者漢斯・貝克西（Hans Bekessi）發表了一篇文辭並茂的新聞稿：「希特勒其實姓希克格魯伯（Schücklgruber）！」貝克西暗示，希特勒故意掩蓋自己的出身。

真相是希特勒的父親其實是個私生子，他在1876年把自己的姓從「希克格魯伯」改成「希特勒」。阿洛伊斯

有個長輩，對他而言有如親父，他希望能有權主張繼承這位長輩的財產，所以改了自己的姓。

阿道夫‧希特勒是否知曉這次改姓以及箇中原由，是很值得懷疑的。但是如果沒有改姓，他大概就當不成「領袖」了。「希克格魯伯萬歲」聽起來特別拗口彆扭，相反地，「希特勒萬歲」（Heil Hitler）就很好念。

然而貝克西的主張還有更讓人興奮的地方，他說希特勒的祖先其實是猶太人，而且強調這受到官方證實。這種報導實在很有意思，著名的仇恨猶太人者居然本身就是個猶太人！戰後希特勒的前私人律師漢斯‧法蘭克（Hans Frank），也曾發表過希特勒的祖父其實是個猶太人。

法蘭克捏造這段歷史，是因為面臨死刑處決。他曾是希特勒派任在波蘭占領區的總督，讓數十萬名波蘭人與猶太人被殺害，在紐倫堡大審中，他因這項罪行被判處死刑。法蘭克始終是個反猶主義者，所以他把希特勒的出身推給「猶太人」。希特勒其實沒有猶太人祖先，但關於希特勒的文獻中充斥著這類傳說，而且流傳良久。

個性塑造與一事無成

一個人會變成什麼樣子，小時候的經歷占了很大的分量。我們實在很難說希特勒擁有一個幸福的童年。他的父親和母親年齡差距超過20歲，阿洛伊斯對待自己的妻子，就像對待未成年的小孩一樣。阿道夫在心裡無疑地總是站在母親那一邊，但是他們兩個加起來也無法和父親抗衡。如果說希特勒的一生中有真正愛過什麼人的話，那就是他的母親了。在他擔任帝國總理期間，母親的相片仍然掛在

他的床頭上。

由於經常搬家，希特勒的童年很不安定。而他又太小，無法像他的同父異母兄弟小阿洛伊斯一樣逃離父親。在小阿洛伊斯出走、愛德蒙病死之後，父親的權威全都集中到阿道夫一個人身上。但這種雷霆高壓只會引起倔強和叛逆，以至於父親愈來愈常打他，想要摧毀這個剛進入青春期兒子的反抗。希特勒幾乎每天都挨打，有一次阿洛伊斯還把他打到不省人事。常常挨打又無法還手的人，會有一種深刻的屈辱感，並且把憤慨和仇恨深藏在心裡。

希特勒和他的姊妹們關係並不融洽，女兒們不會被父親毆打，可是他會。克拉拉曾經或多或少想過保護兒子不受丈夫毒打，但通常沒什麼用。不久之後阿洛伊斯過世，她又開始溺愛希特勒當作補償。希特勒其實很不擅長用平等與尊重的方式和別人打交道，也不知道怎麼和別人變得比較熟稔。隨著青春期的發展，他的不成熟逐漸變本加厲。

如果沒記錯的話，希特勒的人格特質繼承自父親的部分，其實遠多於溺愛他的母親，結果連他自己都沒注意到這一點。希特勒一直鄙視、厭惡他的同儕朋友，是因為基於對母親的愛，他一直想要否定自身之中承襲父親的部分，這種說法還滿有道理的。

希特勒不會愛人，他只會恨，情緒激烈的憤恨。他甚至對待他飼養的狗也比對人好，這些狗從他成年以後就一直帶在身邊。他同時也持續追求認同感與歸屬感。因為無法忍受孤獨，他需要身邊有一種能夠代替家庭的東西，所以他要求無條件的服從和順從，即使對於他這一生中所擁有的少數「朋友」也是如此。

「他不是一個討人喜歡的傢伙。」有本希特勒的傳記

如此寫道。這句話真是一語中的，此人毫無疑問在心理上有點問題。希特勒把自己視為所有事物的中心，而且只有他才是中心。不幸的是，他在政治生涯中碰到的都是不會批判他的崇拜者，這些崇拜者讓他的自我感覺更加良好。希特勒在寫作《我的奮鬥》時，他是真心相信自己承受天命要來改變世界歷史。從那之後他所取得的任何成就，都只是在增強那早已種下的狂妄自大。

希特勒在1895年5月開始上學，4年之後在一張全班合照裡，可以看到這個10歲孩子的身影。他在相機前顯得驕傲自大，雙臂環抱胸前。希特勒是個好學生，儘管因為父親和家庭的緣故，讓他的生活很不穩定；他轉學了好幾次，但他還是小學生時完全讓人挑不出毛病。

1895
開始上學。

希特勒也是蘭巴赫（Lambach）的本篤修道院唱詩班其中一員。有段時間他想成為神職人員，雖然他根本不了解彌撒儀式的深層意義，而且也不相信上帝。但是透過在教堂的觀察，他學到了很多東西：之後他的政黨舉行大型群眾活動時，都會有祝禱儀式；光明與黑暗，演講的內容都是德意志民族如何從死亡中復活。當他後來開始無情地迫害猶太人時，希特勒聲稱，所有的處理都是「以主之名」。

在萊翁丁（Leonding）的小學裡，希特勒很喜歡和同學玩印第安人的打仗遊戲，每次他都要當老大。他還拿了一把空氣槍，在父母的房子裡射老鼠，這棟房子就座落在萊翁丁的公墓旁邊。和他同時代的大多數男孩一樣，他也很喜歡卡爾・邁（Karl May）[2]的冒險小說與印第安人小說。

2　譯注：卡爾・邁的德文全名是卡爾・弗里德里希・邁（Karl Friedrich May），他是19世紀末、20世紀初的一位德國作家，以通俗小說聞名。他的作品常常帶有異國情調，場景設定在東方、美國或墨西哥。最有

他第一次接觸政治，是透過一本描寫1870至1871年德法戰爭[3]的圖畫書，德國最後贏了這場戰爭。我們無法得知，閱讀這些戰爭的描述是否對希特勒造成深刻的影響。值得注意的是，他對德國的關心遠遠超過對他的祖國奧地利，這一點正好和他的父親相反。希特勒的父親是國家公務員，所以他當然效忠於奧國皇帝法蘭茲·約瑟夫一世（Franz Joseph I）。

1900
希特勒就讀
實科中學。

1900年9月，希特勒開始就讀林茲的實科中學（Realschule）[4]。他的成績從一開始就不符預期，雖然他很聰明，記憶力很好，但同時他也很懶惰，做事情馬馬虎虎。在五年級的時候，他就因為成績不及格而留級一年；學校的課程他根本不感興趣，又討厭他的老師。唯一的例外大概是波趣博士（Dr. Pötsch）的歷史課，他講述的德國歷史深入淺出，讓希特勒和他的同學很容易吸收。

希特勒的級任導師寫過一篇回顧文章，相當生動地描繪出實科中學生希特勒當時的模樣。希特勒當時很瘦弱、蒼白；「叛逆、霸道、自以為是，而且很暴躁。」在班上他總是搶著扮演「領導角色」，對於老師的訓誡他則是回之以執拗和反抗。

1903
父親過世。

1903年1月，阿洛伊斯在酒館裡打翻了一杯晨間葡萄酒後，就去世了。13歲的希特勒連一滴眼淚都沒有掉，他再也不用害怕父親的斥罵和虐待了。儘管如此，他的成

名的作品是以印第安人維尼托（Winnetou）為主角的三部曲。
3 譯注：即普法戰爭，在德法兩國，這場戰役通常稱為「德法戰爭」。
4 譯注：實科中學是德國的技職預備中學，為4年制小學（Grundschule）畢業後的延續，從第5學年到第10學年，這是繼承自普魯士6年制中學的傳統。學生畢業後可選擇接受就業實習訓練，或進入其他的技職專科高中。

績還是持續退步。到了下一個學年，經過一次數學補考，
他便陷入悲傷和憂愁之中。接下來的學年，因為母親求
情，老師勉強讓他的法文補考及格，條件是他必須轉學。

於是，克拉拉把兒子轉到施泰爾（Steyr）的一所實科
中學，離家約80公里。阿道夫住在一個寄宿家庭裡，由母
親支付食宿等費用。1905年9月，希特勒從實科中學畢業，
成績奇差無比。那時有個同學幫他畫了一張素描肖像，希
特勒正值16歲。

1905
學校畢業。

希特勒一直有個夢想，希望能夠成為
一名畫家，因為他很會畫畫。在《我的奮
鬥》中，他寫道自學校畢業之後的這段時
間，他正認真地準備維也納藝術學院的入
學考試。事實上他根本偷懶打混，遊手好
閒。他住在家裡，整天受寵，母親把他慣
壞了。這段時間他和母親、妹妹寶拉和
「哈妮阿姨」住在林茲的一棟公寓裡，同
父異母的姊姊安喬拉則是已經結婚搬離。

希特勒日後憶及在林茲的那段日子，
乃是他這輩子「最幸福的時光」。這一點
也不讓人意外，他可說是要什麼有什麼。
克拉拉繼承丈夫的一大筆遺產，日子過得
很不錯。她還買了一架平台式鋼琴，讓兒

16歲的希特勒，實科中學同學所
繪的素描肖像，1905年。

子上了幾個月的鋼琴課，不過希特勒很快就失去了興趣。
他每天都很晚睡，讀書、畫畫，夢想著一個不確定的遠大
未來。這些習慣或多或少一直影響著他的生活作息，直到
他的生命結束。

希特勒最喜歡去林茲歌劇院聽音樂會，從1905年開

始，他就是那裡的常客。他穿得像出身上流家庭的小紳士一樣，留著薄薄的小鬍子，每次去看歌劇都身著深色的大衣和禮帽，還拿著一隻有著象牙握把的黑色枴杖。

1905
和奧古斯特·
庫比茲克
成為朋友。

他在歌劇院裡偶然結識了奧古斯特·庫比茲克（August Kubizek）。庫比茲克的年齡比希特勒稍大，是林茲一名工匠的兒子，兩人一見如故，庫比茲克想要成為一個職業音樂家。兩個人往來酬酢，希特勒無論在哪一方面，都是比較主動的一方，而庫比茲克比較被動，他總是心甘情願地忍受希特勒那永無止盡的喃喃自語。奧古斯特始終支持他的朋友，也樂於分享希特勒的白日夢與未來夢想。

1905起
接觸理察·
華格納的藝術。

他們後來在理察·華格納（Richard Wagner）的音樂裡找到了這些夢想的典範。1883年過世的華格納是德國作曲家，在世紀之交被尊稱為偉大的歌劇創作者，同時也是藝術天才和英雄偶像，這是一個完全合乎希特勒品味的人物。庫比茲克日後寫道，他的朋友把華格納的音樂當成宗教上的福音來聆聽，完全沉醉其中。希特勒特別喜歡《羅恩格林》（Lohengrin）這齣歌劇，日後納粹黨的全國黨代表大會也同樣尊崇華格納的歌劇。

當時希特勒在性方面還是個菜鳥。他在那個年紀是否曾與女人發生關係，到現在還不清楚。在林茲他曾經遠遠地暗戀一個名叫史蒂芬妮（Stefanie）的女孩，但只要一有和女性認識的機會，他便落荒而逃。希特勒對於女性的態度也讓人很不舒服，充滿了霸道和輕蔑。對他來說，女性首先要漂亮，其次要笨，而且要聽話。

日後曾有作家把希特勒那獨特的禁欲生活方式，解釋為一種隱性的同性戀。他的確和一些實際上的同性戀者過往甚密，例如衝鋒隊（Sturmabteilung，簡稱SA）的領導人恩

斯特・羅姆（Ernst Röhm）。希特勒可以接納這些人的性取向，雖然同性戀行為在當時是違法的。但是關於希特勒是同性戀的證據，迄今仍未發現。希特勒在一次世界大戰期間的一名戰友宣稱，希特勒曾經和好幾個男人發生關係，但這個說法毫無根據，而且此人有詐欺前科。希特勒在維也納時期曾採用了一些極右派分子的觀點，認為一個「日耳曼」領袖應該在性方面禁欲，同時不菸不酒，而事實上希特勒的確不抽菸也不喝酒。希特勒極力推崇華格納，而華格納歌劇中的英雄，如羅恩格林和帕西法爾（Pasifal）[5]，都是禁欲的救贖者。所以極有可能希特勒根本對於性毫無興趣；只有在催眠群眾的時候，他才會感受到欲望。在《我的奮鬥》之中，他曾赤裸裸地把群眾比擬為「女人」。

落魄

新興時代

　　希特勒的政治觀是在奧地利首都維也納塑造而成的，他的思想就是世紀之交當時的主流想法。那個時代，歐洲各地的公民社會，剛好都陷入重大危機。世紀交替前的最後那十年，開啟了新一輪全世界經濟的巨大成長，一直持續到第一次世界大戰。僅僅一個世代的時間，德國就從一個以農業為主的國家，轉型成一個現代的工業國。

　　經由自然科學和技術的進步，誕生了電氣工業和化學工業。電燈開始進入人類的生活，首先是在大城市，然後逐漸擴及農村地區。雖然當汽車工業在美國成了新時代的

5　譯注：《羅恩格林》和《帕西法爾》除了是華格納的歌劇名，同時也是劇中的角色名。

象徵時，德國人還在造腳踏車。醫學方面也有長足的進步，很多疾病如肺結核，很快地就不再讓人懼怕。因為生活條件的改善，以及疾病的死亡率逐漸下降，於是人口數量持續地增長。

特別是因為上述這些原因，城市的成長非常快速。城市成了一個吸引點，吸收了大批來自農村地區的人口，只因為這裡有著大型工業廠房和就業機會；對於個人來說，大城市裡擁有更大的發展可能。例如柏林，從1890年到1913年，人口整整成長了一倍，成為200萬人的大城市。但貧富差距也因此愈來愈大，少數幾個工業巨富過得有如王公貴族，和他們比起來，大部分的中產階級市民手上只擁有很少的金錢，城市和鄉村裡還有著大量的貧民窮人。大城市的邊緣地區出現了真正的貧民窟，人們必須擠在窮巷陋室的狹小空間之中一起過活。

另一方面，以美國為範本的百貨公司也如雨後春筍般地出現，成為名副其實的消費天堂。電影院吸引了大量的觀眾，輕軌電車和地下鐵川流不息。許多新移入者都對城市裡的燈火通明、車水馬龍印象深刻，經常嘆為觀止，甚至是五體投地，感覺自己置身於未來。

因為社會的變遷，很多傳統的生活方式都式微了。雖然在鄉村地區某些舊有秩序還能維持一段時間，但是宗教、性道德和家庭裡的角色分工都開始受到質疑。大城市裡那種步調快速的生活方式有些人很喜歡，好評不斷；但有些人完全無法接受。

市民階層對此也是意見紛歧。一方面，現代社會的快速進步是一項成就，對此他們這些走在尖端的階層也感到與有榮焉；另一方面，對於改革變動的速度和結果，卻也

心生疑慮。人們總是試圖保存現有的東西，所以19世紀後期的建築藝術其實是復古式的，即使在大城市也不例外，甚至可以說，這種復古風只發生在大城市。

許多德國知識分子和藝術家批評工業、城市和大眾社會，因為這些東西很明顯地抵觸了德國的本質。他們對於「廣告」、賣淫與同性戀的批判尤其激烈。與這些相反的是那種讓世界從苦難中得到救贖的純粹藝術家，對於華格納的崇拜正是源自於此，那是一種深深不安的表現。

政治演說的重要性也改變了。過去這類演說只會出現在國會，而國會又專屬於統治階層；現在政治家直接對著人民演講，以便增加勝選機會。在公民社會的危機之初，現代的意識形態給出了激進的答案。這些意識形態用簡單的公式來詮釋世界，它們取代了過去宗教所承擔的任務。

社會主義者把現存的社會秩序，解釋為剝削者和被剝削者之間階級鬥爭的結果。根據馬克斯（Karl Marx）和恩格斯（Friedrich Engels）的主張，他們相信這場階級鬥爭會導向一場革命，最後變成社會主義在全世界的勝利。

儘管在19世紀末，工人階級的情況已經有所改善；德國的社會民主主義者也愈來愈趨向和國家合作，透過漸進式的改革來改善這個社會。德國社會民主黨（Sozial-demokratische Partei Deutschland, SPD）參加帝國眾議院的選舉，一次比一次成功，最後在1912年獲得大約35%的選票，成為第一大政黨。如果沒有意外的話，這個1871年所建立的德意志帝國在不久之後，將會制訂出一部更好、更自由的憲法。

但帝國政府與其政治對手所蒙受的壓力也與日俱增。從世紀交替開始，社會民主黨內的激進左翼興起，他們主

張，工人階級應該經由一次社會主義革命來單獨執政。俄
羅斯特別成為這種馬克斯主義意識形態的成長沃土，在那
裡祕密警察常常無情地迫害社會主義人士。

和德國不同，在當時的沙皇俄國，改革成功的希望非
常渺茫。俄國的社會民主黨人比起他們的德國同志更加激
進，因為俄羅斯無論在經濟還是政治都相對落後。而在德
國社民黨人眼中，俄羅斯只是一個暴政和壓迫的縮影。

弗拉基米爾・伊里奇・烏里揚諾夫（Wladimir Iljitsch
Uljanow），也就是列寧（Lenin），他自1903年開始擔任俄羅
斯社民黨左翼領導人。兩年後，因為沙皇帝國在一場對日
本的戰爭中慘敗，導致了革命在俄羅斯爆發，當時列寧
就主張無產階級專政。1912年，列寧的「布爾什維克派」
（Bolschewiki）自俄羅斯社民黨內分裂出走。這個派系在第
一次世界大戰後，成了歐洲第一個共產黨。

比社會主義更能號召群眾的是民族主義。在當時德
國，民族主義主要是用來反抗封建貴族，這些貴族想要阻
礙德國從很多小邦國整合成一個民主的聯邦國家。1848
年的革命失敗了，而德意志帝國則是數次軍事冒險的產
物，由普魯士首相奧圖・馮・俾斯麥（Otto von Bismarck）
主導打破了藩籬。1866年，奧地利陷入了一場「兄弟之
戰」，這場戰爭的目的是為了爭奪未來德意志民族國家的
霸權。1870年，在一場由俾斯麥挑起的戰爭中，普魯士
和南德的軍隊打敗了法國。

1871年1月，德意志帝國建立之後，民族主義的矛頭
開始指向內部所謂的「帝國敵人」，首先被點名的是社會
主義者和天主教徒。民族主義者主張，德意志帝國是一個
淵遠流長歷史發展的結果，而這個發展濫觴於遠古時代。

受過教育的市民階級對於這類論述特別容易接受，他們尤其喜愛北歐的傳說和中世紀的種種故事。華格納用這些素材來作曲並不是巧合；他想要融合音樂和舞台藝術，成為一個「整體的藝術作品」（Gesamtkunstwerk）。

德意志帝國的民族主義對外也是充滿侵略性。不斷成長的極右派陣營現在不僅僅只是訴求「國家」（Nation）內部的大團結，而是把所有海內外的「民族」（Volk）兒女，無論在德國國界之內或之外，通通包含在內，講德語的奧地利人也算在其中。「民族」被當作一種「種族性」（rassisch）的血緣共同體。

這種「種族民族主義式」（völkisch）[6]的論述同時也被拿來排擠猶太人，猶太人在當時被貼上所有邪惡始作俑者的標籤。小小的猶太少數族群總是努力向上，不論在那個時代，遠比基督教多數族群注重教育，在銀行業、商業、新聞業以及自由業（醫生、律師等等）裡，他們總是占了超過自身族群比例的多數。對於當代的批判者而言，很容易就能在猶太族群當中找到千夫所指的替罪羔羊，反猶成了一種集體運動。

基督教的反猶可溯源自中世紀。新的激進反猶者則主張，猶太人是一個「種族」，不管他們是不是屬於某個猶太教的宗教團體，其卑劣本質永遠不變。1887年，大學教授同時也是哲學家保羅・德・拉加德（Paul de Lagarde）曾把猶太人比擬為「病菌」，都是必須要消滅的東西。這

6 譯注：這邊的「種族民族主義式」原文是völkisch。Völkisch是納粹意識形態論述的專有名詞，意思是「將民族虛擬成某個種族的意識形態」，也就是民族和種族同一化的種族主義。中文缺乏適當的區別和翻譯，故照字義譯為「種族民族主義」。

種不把猶太少數族群當人看的觀點，和自然科學的進步有著很密切的關係。

之所以造成這種情況，是英國自然科學家查爾斯・達爾文（Charles Darwin）的發現無心插柳的結果。達爾文認為物種起源奠基在環境的最佳適應性之上，物競天擇，適者生存。這個理論在19世紀末被引用到人類社會上，但是原本的適者生存之義，卻被引伸為存者最強。

那些新種族理論的附隨者寫道，現代社會因為飲食、衛生保健和社會福利的改善，不幸讓原本的生存定律失去效力。他們認為現在不只是強者，連弱者都有辦法生存下來。結果就是國家必須讓「天擇」繼續運作，要想辦法處理掉那些「劣等人」。只有消滅「弱智者」、「反社會者」和那些不受歡迎的人，還有猶太人當然也要全部驅逐，「日耳曼種族」才能保有其良好特質，通過生存鬥爭的考驗。

這些論述經常和德國人要向東歐或海外拓展「生存空間」（Lebensraum）的訴求連結在一起。德意志帝國首相俾斯麥好不容易用一套複雜的聯邦系統把法國隔離在外，同時聲稱，德國不會再有其他的領土訴求。1890年，年輕的皇帝威廉二世（Wilhelm II）受夠了這位權傾一時的宰相在後面下指導棋，他想要自己親政，因此宣布罷黜俾斯麥。

威廉二世主張德意志帝國是一個世界強國，他認為德國應該在非洲和亞洲殖民。隨著科技進步，開啟了一個軍備競賽的時代，戰爭的風險也不斷地升高。為了和最大的殖民地強權相抗衡，德國打造了一列龐大的軍艦艦隊；和英國與法國的緊張關係也逐漸上升。第一次世界大戰前夕，法國、英國和俄羅斯相互結盟，德國則獲得奧地利和義大利的奧援。

　　上述的發展其實不局限於德國，在某些歐洲國家之中，其激進的民族主義和反猶的種族主義也風起雲湧，甚至比德國還要激烈──例如奧地利。維也納當時是歐洲成長最快的城市。1850年的時候，那裡只有50萬的人口；到了1910年，足足成長4倍之多。每兩個維也納人當中，就有一個是外來者。同時猶太族群的人口數也明顯上升。1857年時，只有大約3千名居民是猶太教信徒；到了1910年，增加到17萬5千人，占當時城市人口的9%。

　　這些猶太人部分來自奧匈帝國的其他地方（匈牙利、波希米亞〔Böhmen〕、摩拉維亞〔Mähren〕、加利西亞〔Galizien〕），另一部分則來自俄羅斯。1980年代開始，俄羅斯的猶太人就遭遇了多次暴動騷亂和屠殺。他們的祖先是在中世紀的時候，為了逃避基督教十字軍的屠殺，從德國遷徙到這裡；當時的十字軍在前往耶路撒冷途中，一路對德國的猶太人居住地燒殺擄掠。很多東歐的猶太人彼此是以源自中高地德語的意第緒語（Jiddisch）交談，身著深色衣服和帽子，讓人一眼就可看出是少數族群。他們從事小商販為生，很多是帶著日用品挨家挨戶兜售。

　　由於奧地利的工人階層對於政治很熱衷，所以他們的利益代理人──社會民主黨成長得很快。和德國不同，當地的勞工運動之所以能升級到集體運動，是因為和民族問題綑綁在一起。奧匈帝國是個多民族的國家，這表示帝國境內的各個民族，說著不同的語言，有著不同的歷史發展。在這個多瑙河王朝裡，所使用的語言包含匈牙利語、波蘭語、捷克語、克羅埃西亞語、斯洛伐克語、塞爾維亞語、斯洛維尼亞語、羅馬尼亞語、烏克蘭語和義大利語。

　　在希特勒成長的那個年代，鄉間流傳著一個謠言：王

朝即將土崩瓦解，因為各個不同的民族都要求要建立自己
的國家。不只是斯拉夫人想要脫離帝國出走，還包括一部
分講德語的奧地利人；他們深怕時日久了，恐怕要屈於人
口優勢的斯拉夫人之下。

奧地利的種族民族主義者也被稱為「泛德國人」，他
們希望德意志奧地利能和德意志帝國統一，藉由這種方
式，1848年那個建立「大德國」的失敗願景，最終能夠實
現。這些泛德國人把社會民主黨人都視為馬克斯主義者，
聲稱這個黨是被猶太人所操控。泛德國人都是俾斯麥的熱
情支持者，其中很多人還是華格納的粉絲。這些人和他們
的德國同志一樣，深信「同文同種」和「血濃於水」，他
們主張所有「德意志子孫」都應該在一個共同的國家中一
起生活。只有透過統一，才能從斯拉夫的洪流當中拯救奧
國的德意志道統。

奧地利的德意志民族主義首先從市民階級開始。德意
志民族主義者愈往右走，他們就愈能吸引俗稱的小市民群
眾：工匠、零售商人、小店店主、旅店老闆，以及小公務
員或雇員。這些人當中很多是因為現代世界而感到不安，
害怕他們經濟上的既得利益受到損失，也害怕外來移民。
即使到了今天，世界日益縮小，懼外和仇外心理仍然是一
個亟待解決的問題。

維也納

阿道夫・希特勒和其他幾十萬名年輕人一樣，都是受
到自由與成功的願景所吸引，才奔赴維也納。在現代的龐
大遷徙運動中，他也是那小小的一員，但不久之後他就開
始討厭現代了。因為希特勒沒有達成他那雄心勃勃的目

標，他想要為自己的失敗尋找替罪羔羊。

　　1906年5月，靠著母親的資助，希特勒第一次來到維也納，待了兩個星期。這名17歲的年輕人據說是想要參觀各大畫廊美術館，為自己的藝術生涯預作準備。事實上，他整天在城裡亂逛，遊手好閒；大城市裡的五光十色，讓他又愛又怕。在宮廷歌劇院，希特勒欣賞了由古斯塔夫·馬勒（Gustav Mahler）監製的華格納作品演出，讓他神魂顛倒，如痴如醉。他對於環城大道（Ringstraße）印象特別深刻，這條街是19世紀的最後三分之一時，在中世紀城牆原址上蓋起來的；市中心的宏偉建築則是以一種「歷史主義」的復古風格來建造。輕軌電車從世紀交替之時就在街上奔馳，整條環城大道都是使用電燈來照明。環城大道本身就屬於現代的城市的發展，只是披著前現代的外衣。

　　1907年夏天，為了參加藝術學院的入學考試，希特勒再次前往維也納。同一時間，他的母親罹患了乳癌，但她還是放手讓兒子離家。克拉拉真的很期待她的兒子能夠認真考試，成為一位藝術家，但希特勒卻是整天無所事事，不務正業。「哈妮阿姨」借給她的外甥一筆可觀的錢，相當於一個年輕教師一整年的收入，實際上這筆錢等於是奉送。因為行囊滿滿，所以希特勒儘管在首都過得並不富裕，但維持一個小康生活還是不成問題，他不用為了生活所需出外工作。

1907
搬遷到維也納。

　　希特勒在西火車站附近，向一名捷克女房東租了一間小房間。這個地方位於瑪麗亞區（Mariahilf），是外來人口相當稠密的一區。雖然藝術學院的入學考試還沒考過，但希特勒一來就把這裡租下。他對考試結果勝券在握，只帶了一疊畫作就來到首都闖蕩。因為藝術學院的入學考試分

為兩個階段：申請人必須先繳交自己的作品，證明自己的天賦，通過之後才能參加考試。希特勒獲准參加，將在評審面前即席完成畫作。考試於1907年10月2日舉行。有三分之二的考生落榜，阿道夫‧希特勒就是其中一員。

1907
被藝術學院
拒絕。

有很多小說都提過同樣的問題，如果希特勒通過了入學考試，接下來會發生什麼事。總而言之，一直自信滿滿的希特勒從沒想過自己會落榜，結果就是他完全崩潰了。不出所料，他把藝術學院落榜這件事，瞞著他的母親和好友庫比茲克。

與此同時，克拉拉的健康況狀急速惡化。為了照顧母親，不久之後希特勒又回到了林茲。猶太裔的家庭醫生布洛赫（Dr. Bloch）告訴希特勒，他母親的癌症已然病入膏肓。接下來幾個星期，希特勒予以悉心地照料。1907年聖誕節的前幾天，克拉拉‧希特勒辭世，享年47歲，她被葬在萊翁丁和丈夫一起。布洛赫曾表示，希特勒因母親之死深深地受到打擊。希特勒在《我的奮鬥》中寫道，失去母親對他而言，有如「青天霹靂」，這一點是毋庸置疑的。

1907
母親過世。

希特勒在林茲又待了一段時間。然而他卻在《我的奮鬥》中堅稱，母親過世之後他馬上回到維也納，希望能夠成為建築師。根據書中所說，他支付完高額的醫藥費和喪葬費後就身無分文，被迫「自立更生」，賺錢養活自己。但實際上，希特勒並沒有窮到如他所寫的那種程度。希特勒和他的妹妹寶拉——寶拉當時和同父異母的姊姊安喬拉還有經商的姊夫住在一起——都得到了一小筆孤兒撫卹金。其中有母親的遺產，由寶拉和他一起平分；而當初阿姨借給他的錢也還有剩餘。

憑藉這些，希特勒又可以在維也納過活一年。他在等

父親的遺產，但這筆錢要等到他24歲生日那天才能繼承。
根據奧地利的法律，他現在還算是未成年，必須和妹妹寶
拉共同接受萊翁丁市長的監護。市長想要勸說這個年輕人
去當麵包店學徒，結果遭到希特勒的強烈反抗。1908年2
月，希特勒回到維也納。接下來很長一段時間，他的家人
都無從得知他的音訊。

1908.2
回到維也納。

　　不久之後，希特勒和庫比茲克兩人在首都相見。希特
勒說服了庫比茲克的父母，讓好友在這裡學習音樂。庫比
茲克搬進了希特勒的房間，兩人一起分擔房租。和希特勒
不同，庫比茲克一來就通過了入學考試，開始認真地學
習。他租了一架平台式鋼琴，把兩人共有的房間占得滿滿
的。希特勒常常對著庫比茲克發表長篇大論，談音樂、環
城大道、性的危險性、嫖妓，也聊到藝術和他的偉大計畫。
他每次都一邊講，一邊在這狹小的房間內來回不停地踱步。

　　只要一有機會，希特勒和庫比茲克就去宮廷歌劇院，
買站票欣賞華格納的作品演出，希特勒幾乎每天都去。這
種激情造成的結果是，他很快就阮囊羞澀。希特勒聽華格
納的作品就像吸毒，他特別喜歡《羅恩格林》這齣歌劇。
希特勒聆聽華格納時，乃是處於一種「非比尋常的狀態」，
有如在「神祕的夢境」中飄盪；庫比茲克也一樣。

　　希特勒的睡眠時間和一般人差不多，實際上他大多數
時候都宅在房間裡，閱讀、畫畫，一直到深夜。庫比茲克
問希特勒，為什麼你們美術系可以這般悠閒。希特勒勃然
大怒，聲稱是藝術學院把他趕出校門的。庫比茲克再問
他，接下來他想要成為什麼樣的人，希特勒頓時語塞，回
答不出來。兩人的關係隨即緊繃。隨後希特勒在一件小事
情上突然爆發，開始無止無盡地指天罵地；他恨上帝，恨

世界，恨藝術學院，恨所有阻礙他上進的人。

　　兩人的關係不久之後就決裂了。有一次庫比茲克回家探親，等他在1908年11月再次回到維也納時，發現希特勒不見了，房東也不清楚希特勒的去向。那時希特勒已在附近新找一間處所，但未留下住址。至於為什麼會突然沉潛，原因其實不難猜測：希特勒參加藝術學院的入學考試再次落榜，他不想讓庫比茲克知道他的失敗。

　　除了上過幾堂繪畫課，其他可以提升他考上藝術學院機會的各種方法途徑，希特勒一件也沒做過。1908年10月，這一次，希特勒連參加考試的資格都沒有，繪畫的夢想終於徹底地醒了。在他第一次參加考試時，有一位維也納的教授發現，希特勒其實頗具有建築繪圖天賦。所以他建議希特勒，改為申請建築系。

　　但是如果想要就讀科技大學，希特勒就必須參加中學畢業學測（Abitur），對此他表示毫無興趣。他還有一條門路沒有使用：一位在林茲的熟人幫他寫了一封推薦信給著名的維也納藝術家阿弗瑞德‧羅勒（Alfred Roller）。羅勒曾為維也納的華格納演出繪製舞台圖案。這份推薦函可能讓他有機會獲得舞台繪圖師的訓練，但希特勒始終沒有使用它。

　　1908年秋天，19歲的希特勒，他的幻想和夢想都面臨挫敗。比起中學時代，他更加地鄙視那些教授；同時顧影自憐，覺得自己是無人賞識的藝術天才。

　　在維也納那幾年，希特勒學到許多東西用來構築日後他的「世界觀」。當時他在閱讀方面來者不拒，可說是「愈多愈好」、「愈廣泛愈好」。這位《我的奮鬥》的作者寫道，在短短的幾年間，「我創造了一門知識的基礎，這份基礎

1908.10
申請藝術學院
徹底失敗。

我至今仍受益良多。在這段時間裡，我塑造了一幅世界圖像和一種世界觀，成為我現在行動的堅定基石。」

希特勒當時到底讀了些什麼，到現在還不清楚。目前所知道的是，他當時正密集地苦讀建築學。除此之外，他還特別從便宜的小本書中吸收知識，這些小冊子主要在書報攤上販售。所以，大家對於他在演講中大言不慚宣稱的「堅定基石」，可以不用太過認真。希特勒讀書其實從來沒有讀通過，「所謂讀書的藝術，」他寫道：「乃是記住重要的，忘掉不重要的。」換句話說，希特勒從來沒有從頭讀到尾，而是囫圇吞棗，從書裡找出適合他的東西來讀。他的記憶力很強，可以在無數的抽屜中，一次就找到他想拿的東西。用這種方式，他給周遭的人留下一個他受過良好教育的印象。

幾乎無可避免地，小市民出身的魯蛇阿道夫・希特勒走上了極右派意識形態的道路。他是一個狂熱的泛德國人，憎恨奧地利這個國家，因為這個國家阻擋了德意志奧地利和新興的德意志帝國的統一。他當時既聰明又不成熟，而且還充滿了憎恨和恐懼，希特勒飢渴地吸收極右與反猶的論述。

在《我的奮鬥》中，希特勒把維也納描寫成「種族混雜的巴比倫」：「讓我最反感的是帝國首都的人種駁雜，我十分厭惡這種由捷克人、波蘭人、匈牙利人、俄羅斯人、塞爾維亞人和克羅埃西亞人混在一起的種族大雜燴。而最讓我討厭憎恨的，除了猶太人還是猶太人，他們就像無所不在的人類病菌。這個大城市對我來說，有如一個雜交亂倫的化身。」

這一類的反猶口號，乃是由維也納市長卡爾・呂格

（Dr. Karl Lueger）所屬的「基督教社會黨」（Christlichsozialen Partei）所主張。這個政黨是第一個政治右派的群眾政黨，他們的選民都是小市民，政見的實際內容就是反猶主義。同時呂格也提出要從事大量建設，例如自來水和電力供應、大眾運輸（他讓輕軌電車在市內行駛），以及各種社會福利事項。1910年3月，這位市長過世了。當這位「維也納國王」出殯時，環城大道上擠滿了送葬的人群，希特勒也在其中。他很欽佩呂格，從呂格身上，他學到如何結合仇恨宣傳和建設興利，來贏得群眾的追隨。

偶而希特勒也會出席旁聽混亂不堪的帝國參議院（Reichsrat）會議，也就是奧地利的國會。會議之所以效率不彰，原因在於議事規則相當差勁，例如對於發言的時間根本沒有任何限制。這個多民族國家的每一位國會議員，都可以用他們的地方語言發表演講，結果就是議員彼此之間也聽不懂對方在講什麼。帝國參議院讓希特勒更加藐視議會主義、民主和社會主義。

在維也納大街小巷所販售的政治雜誌與文宣小冊子中，極右派和種族主義的著述占了一個巨大的數量。希特勒可能讀過《歐斯塔拉》（Ostara），這是一本不知所云的作品，由半瘋的還俗修道院僧侶尤格‧蘭茲（Jörg Lanz）所著，他也自稱為蘭茲‧馮‧利本菲爾斯（Lanz von Liebenfels）。對蘭茲而言，世界的歷史主要是由金髮上等人和猿猴般下等人之間的鬥爭所決定。這些有如猴子的下等人會去搶奪綁架金髮女人，透過種族混血，將整個世界推入無底深淵。

蘭茲是奧地利作家圭多‧馮‧李斯特（Guido von List）的粉絲，這個作家和他差不多瘋狂。李斯特就是創造納粹卐字標誌的人，他把出自於印度的日輪祈福符號改成

自家日耳曼祕教的標誌，蘭茲和日後的希特
勒都只是有樣學樣。李斯特極力鼓吹對性的
禁欲、自然的生活方式，以及「種族衛生」，
也就是「亞利安人」（Arier）只能跟「亞利安人」
結婚。「亞利安人」本來是一支在遠古時代居
住於印度以及今日的伊朗地區的民族，然而種
族主義者如蘭茲、李斯特和日後的希特勒卻堅
稱，「亞利安人」來自於北方，他們是日耳曼
人的祖先。希特勒主張建立一個泛德意志帝
國，其中只有純種的日耳曼人可以享有完全的
公民權；他們有權坐享其成，而非亞利安人則

圭多・馮・李斯特，《符文的
祕密》封面，1914年。

必須為亞利安人工作。根據李斯特的說法，實現這樣一個
帝國，乃是一個強而有力領導者的使命，這個領導者有一
天會「從天而降」。如果我們要問納粹德國思想上的始作
俑者有哪些，李斯特保證名列其中。

　　希特勒在《我的奮鬥》中聲稱，他對猶太人的憎恨，
是在維也納遇到一個東歐猶太人以後才覺醒的，這可能也
是他自己所虛構。比較可能的是，他吸收了很多維也納流
行的種族主義；從書報攤所購的反猶小本書當中，他為自
己的失敗找到了一個比較容易接受的解釋。一直到第一次
世界大戰之後，他才把在維也納所學到的東西，組織成他
的反猶太人種族「世界觀」。

男性宿舍

　　1909年8月，希特勒身上的錢花光了。他搬到另一個
房間，可是付不出房租，所以四個星期後不得不再度搬
出。從秋天開始，他每天在室外過夜，實際上就是當流浪

1909
在麥德林
成為無家可歸
的遊民。

漢。這個20歲的年輕人全身髒兮兮，長滿了虱子。12月的時候他來到了麥德林（Meidling）遊民收容所，這裡位於維也納的郊區。在收容所裡，他可以洗澡、洗衣服，還能過夜；可是到了白天，他又必須回到街頭。希特勒靠著喝湯過活，收容所和附近的聖母修道院都會施捨發餐。這是他活到現在，人生的最低點。

過沒多久，他的狀況就大有改善。他收到了一筆贈款，可能是來自於「哈妮阿姨」，因為阿姨以為他還在讀大學。有了這筆錢，他給自己買了很多東西，包括一件冬天的長大衣。這時他的外表一定很像探險家。這個年輕人已經很久沒有穿著體面衣服去歌劇院了，之前花錢如流水，像是家境富裕的大學生。現在的他穿著一雙壞掉的鞋子，頭髮很長，還蓄著短髭。

不久之後他又走運了，這一次歸功於希特勒和小混混萊侯‧哈尼緒（Reinhold Hanisch）的相遇。希特勒向哈尼緒自我介紹，說自己之前是藝術學院的學生，兩人因此有了一個絕妙的主意：希特勒畫出城市的街景，由哈尼緒負責販售，所得兩人平分。希特勒因此購入一些所需的美術用品。1910年2月，哈尼緒和希特勒一起搬到梅特曼街（Meldemannstraße）27號一棟只租給男性的宿舍。這棟宿舍位於城中心北方的布里基特瑙（Brigittenau）區，才開業5年左右，只要付少少的錢，就可以過得比遊民收容所舒適得多。

1910
梅特曼街的
男性宿舍。

當時，布里基特瑙的猶太人人口比例比一般高出許多。建造這棟男性宿舍的資金就有部分是來自猶太人。反猶太人的希特勒在那裡住的房間，白天他必須騰出來，晚上才可以回去。這棟宿舍有一間廚房、一間寫字房，還有

一間圖書室和附帶的閱覽室，裡頭有報紙可看。

　　希特勒把時間都花在閱讀報紙上，以他一貫激烈的方式和人討論政治。此外，大多數時候他都是以風景明信片為範本，來繪製維也納街景的小幅水彩畫。這些畫雖然栩栩如生，但是沒有什麼藝術價值，因此日後很容易讓人大量仿製，而且和希特勒的原版根本難分軒輊。哈尼緒在附近的小酒館兜售希特勒的作品，還有賣給畫框商人。畫框商人到處收購便宜的畫，因為裝裱了畫作之後，可以讓畫框看起來更漂亮一點。希特勒他們的生意還算不錯，最重要的客戶是猶太商人；和他們打交道時，連希特勒都客氣了幾分。面對猶太客戶時，他理所當然地把自己的反猶傾向隱藏起來，但是討厭「赤色分子」和捷克人這一面，他則毫不掩飾。

　　1911年，因為賺了不少，所以希特勒放棄了他那一半的孤兒撫卹金，他的同父異母姊姊安喬拉打算把這筆錢做為妹妹寶拉的教育經費。之後在一幅畫的貨款上，據說哈尼緒欺騙了希特勒，導致這對生意伙伴拆夥，希特勒替他的畫找了另一個仲介人。

　　希特勒的生活節儉，每天衣著整齊，努力把自己和男性宿舍的其他住戶做出區隔。他叫其他人稱呼他為「希特勒先生」，聲稱寫字房桌邊的位子專屬於他，沒有人可以跟他爭。另一方面他又很沮喪，很容易發脾氣。這一點都不奇怪：擔任明信片畫師只能勉強餬口，又前途茫茫，不斷地消磨他那早已千瘡百孔的自信心。這和希特勒那自我感覺的「偉人」天命一點都不符合。當然日後希特勒在所有的自我描述中，都絕口不提住在男性宿舍這段令他極其尷尬的過去。

1913
遷往慕尼黑。

在《我的奮鬥》中，希特勒聲稱自己於1912年離開維也納。實際上他在1913年5月24日，才登上開往慕尼黑的火車。在這之前不久，他終於獲得了父親的遺產，讓他得以成行。希特勒之所以故意把他離開維也納的時間寫早了一年，可能是為了要掩蓋他逃避奧地利兵役的事實。他就是一個逃兵，在當時是要坐牢的。

1914.1
因為逃避兵役
被逮捕。

但是不久之後，奧地利當局就知道希特勒躲在哪了。1914年1月，刑事警察在他慕尼黑的房門前將他逮捕。他本來應該很快地被送到林茲的兵役體檢中心，但是沒過多久，他就從看守所裡面出來了。希特勒寫了一封信到林茲，訴說他在維也納時的生活有多艱苦，並堅稱他在那裡已經完成了兵役登記。

出乎意料之外，林茲當局對他相當溫和，他只要在2月初向德奧邊界的薩爾斯堡兵役體檢中心報到就好。希特勒的體位被判定為「不適任」，因為他的身體狀況很差。他又不只一次地走了好狗運。然而我們也不只一次地想問道：如果希特勒當時被送進監獄裡，日後他還有辦法成為「領袖」嗎？

慕尼黑

希特勒前往慕尼黑時，有一位同樣住在維也納男性宿舍的新朋友陪著他，他叫魯道夫‧豪斯勒（Rudolf Häusler）。兩人搬進了一個裁縫家裡的房間，位於慕尼黑北方，鄰近市內繁華區施瓦賓（Schwabing）。那裡的居住環境相當簡陋，大概和希特勒在維也納住的差不多，而他的生活方式也沒有什麼改變。他以明信片為範本，繪製慕尼黑著名建築的水彩畫，然後拿到施瓦賓的酒館和咖啡廳販售。

阿道夫·希特勒, 慕尼黑舊宮廷, 水彩畫, 1914。
本圖出自1936年發行的菸盒畫收藏集重新上色版。

他每天晚上都閱讀到深夜，這點讓豪斯勒很受不了，所以
在1914年2月搬了出去，在離希特勒住的地方不遠處租
了一個房間。從5月開始，豪斯勒就從希特勒的生活中完
全消失了。

希特勒參觀了博物館和畫廊，對於國王廣場那些建於
19世紀的古典建築十分驚艷。他還從巴伐利亞國家圖書
館借書來讀。在《我的奮鬥》中，希特勒把在慕尼黑的這
段時間盛讚為「我這一生迄今為止最幸福、同時也是最滿
足的時光」，只是同樣的話他也拿來形容過在林茲的那段
時間。

就像在維也納一樣，希特勒主要讀的可能都是一些不
入流的報紙和小冊子。他花了很多時間待在咖啡廳和小酒
館，那裡隨時隨地都會爆發關於政治的爭論，而且顯然比

在維也納還頻繁。對於外交政策會有什麼發展影響，他當時毫不關心。所以第一次世界大戰爆發時，完全出乎他的意料之外。

戰爭

1914年6月28日，奧地利王儲法蘭茲・斐迪南（Franz Ferdinand）大公和他的夫人在波士尼亞（Bosnien）首都賽拉耶佛（Sarajevo），遭一名塞爾維亞民族主義者刺殺身亡。波士尼亞自1908年起，就歸屬奧匈帝國。波士尼亞境內的塞爾維亞少數族群反對奧地利的兼併，所以尋求鄰近塞爾維亞（Serbien）王國的庇護；而塞爾維亞王國又託庇在沙皇俄國的保護之下。奧地利政府認為對王儲夫婦的暗殺攻擊，幕後極可能有黑手在操控，因此考慮對窩藏恐怖分子的國家發動軍事攻擊。

德意志帝國高層明白，倘若奧地利對塞爾維亞宣戰，將會引發俄羅斯干預的風險。而且，因為法國和俄羅斯結盟，最後極可能導致一場同時對抗這兩個國家的大戰。長久以來，德國軍方領導階層就一直對同時與俄羅斯和法國開戰這種「腹背受敵」的風險提出預警，所以他們主張先發制人，在東方與西方的敵人發動攻擊之前就先下手為強。而法國和俄羅斯積極備戰，更如同火上加油。此時，所有歐洲國家的外交都受到大眾民族主義的極大壓力。

對於戰爭的爆發，德國也有相當大的共同責任。因為德皇威廉二世（Wilhelm II）向奧地利保證，無論如何他都會遵守盟約。最後奧地利向塞爾維亞發出通牒，必須在極短時間內滿足其一連串嚴苛的要求。雖然塞爾維亞已經盡

量遵守這份最後通牒，但奧地利仍對塞爾維亞宣戰。而俄羅斯沙皇尼古拉二世（Nikolaus II）也隨即對奧地利宣戰，並且責令軍隊開始動員。

為了搶先阻止俄羅斯進軍東普魯士，德皇威廉二世於1914年8月1日對俄羅斯宣戰。兩天後，德國也對法國宣戰。

希特勒在西部戰線

在《我的奮鬥》中，希特勒將1914年7月描述為「噩夢」、「發燒的熱帶高溫」，亟待一場大雷雨來消消暑。他期望一場戰爭能夠解決世紀之初的所有問題，而且有同樣想法的絕不是只有他一個。「在那一刻，我突然好像從那惱人的青少年感覺中解脫出來。」他如此寫道。希特勒之所以如此興奮，是有充分理由的。他當時已經25歲了，迄今一事無成，仍然不知道自己該做什麼。所以他把希望全賭在戰爭上，期望能為他的生活帶來轉機。此外，還有政治上的因素。希特勒不想為奧地利而戰，他比較想為德國而戰。

德國社會民主黨當時是帝國眾議院裡的最大黨，他們力挺皇帝和政府，因為德國被俄羅斯侵略，而沙皇帝國當時是工人的公敵。另一方面，社民黨人常常被指責是「無祖國的傢伙」，他們也想趁這個機會洗白，證明自己對祖國的愛。只有少數社民黨人堅決反對戰爭，力抗民族主義。

這種表面上的所有黨派階級大團結，甚至連勞工運動也共襄盛舉，日後稱之為「八月經驗」（Augusterlebnis），而且被納粹黨人拿來當作「民族共同體」（Volksgemeinschaft）的宣傳樣版。在帝國的各大城市，紛紛舉行支持戰爭的群眾遊行。其中一場遊行於8月2日，在慕尼黑的劇院廣場

支持戰爭的群眾在慕尼黑劇院廣場。照片，1914年8月2日。

（Odeonsplatz）舉行。日後出現一張相片，這是攝影師海因里希‧霍夫曼（Heinrich Hoffmann）當日所攝，上面顯示希特勒站在人群之中，之後特別用一個白圓圈標註出來。這張照片可能是身為納粹黨支持者的霍夫曼所偽造，他把一張「領袖」的照片放進原來的毛片當中。無論如何，希特勒對戰爭很狂熱，這一點是毋庸置疑的。

1914.8
志願報名參加
德國軍隊。

　　希特勒自願報名參加德國軍隊。因為8月份的每一天都忙到不可開交，慕尼黑的兵役處沒有發現希特勒是個奧地利人，根本不能為德國而戰。新兵希特勒在1914年10月20日受完軍事訓練，被編入巴伐利亞第16預備步兵團（因為步兵團指揮官的名字，這一團也被稱作「李斯特團」〔Regiment List〕），奉令向西部戰線開拔。這個步兵團主要

是由年紀較大的士兵所組成，訓練不足且裝備很差。

　　德國軍事領導階層不惜一切代價，想要避免一場同時對抗法國和俄羅斯的兩條戰線戰爭。出於這個原因，根據參謀總長阿弗瑞德・馮・希里芬（Alfred von Schlieffen）的計畫，德國軍隊應該要在幾週內擊敗法國，然後藉由鐵路迅速轉進東部戰線。因為法國在1870到1871年的戰爭敗給德國之後，就把德法邊界的防線修得固若金湯，所以德國部隊應該取道中立的比利時，占領巴黎，再從背後攻擊駐守德法邊界法國部隊。至於對比利時中立性的侵犯，則認為問題不大，儘管英國幾十年前曾經承諾要保護比利時，但現在比利時應該會吞下去。結果，當第一個德國士兵跨越德比邊界之後不久，英國馬上在1914年8月4日對德國宣戰。大不列顛王國出兵歐洲大陸，援助比利時與法國。

　　在德國的戰爭計畫中，時間的因素乃是關鍵所在。如果不能迅速擊敗法國，就會陷入東西兩面的持久戰。德國認為比利時人應該不會抗拒，但事實上比利時士兵個個拚死抵抗。1914年9月的第二個星期，法軍和英軍聯手阻擋了德軍向巴黎的推進，當時戰場距離法國首都不到20公里。於是雙方聯軍築起戰壕和掩體，一條建滿防禦工事的防線從北海海岸穿過比利時與法國。雙方頻頻發動新的攻勢，但結果都是寸步難進。接下來幾個星期，甚至幾個月，德軍、法軍和英軍都在交互地衝擊對方的陣線。

　　所有參戰的列強本來預期的是1870、1871年的那種戰爭，大家在開闊的戰場一決雌雄，直到分出勝負，而且相對的戰損也不大。他們當時並沒有想到接下來會發生什麼事。第一次世界大戰是史上第一場科技化的戰爭，這導致了巨大規模的集體死傷。機關槍一次就可以像刈草一

樣，掃平數百個衝鋒的士兵；火砲可以從很遠的距離發射
致命的榴彈，絕大多數的士兵都是被砲火打死，而不是死
於眼前敵人手中的武器。西線的陣地戰聚集了幾百萬士
兵，全都身陷泥沼，動彈不得。死者和殘缺不全的屍塊常
常在戰線之間放上數個星期，因為根本無法收斂埋葬，所
以腐爛的臭味始終揮之不去。

　　毒氣瓦斯也投入戰場之中，若非裝在榴彈裡發射，就
是使用特殊設備向敵人施放。這類毒氣瓦斯是由德國化學
家所發明，德軍在1915年首次使用。但不久之後，所有
的參戰國都開始使用化學武器。

　　最後出現的新類型武器，是1916年才登場的「坦克」；
裝有厚甲的武裝履帶車輛，由英國人首先投入戰場。最早
的坦克是用來穿破敵人的防線，試圖讓陣地戰再次變成運
動戰。

　　如果還有什麼「騎士精神」的戰爭值得大書特書的
話，那就是空軍了。戰鬥機在壕溝與戰場的高空之上纏
鬥，飛行員曼弗雷德・馮・里希霍芬（Manfred von Richtho-
fen）是當時相當有名的戰爭英雄。里希霍芬在戰爭尾聲時
的某次戰鬥中陣亡，赫爾曼・戈林（Hermann Göring）取代
了他的位置。戈林日後成為納粹德國的領導高層。

1914.10
抵達西部戰線。

　　1914年10月23日，希特勒和他的步兵團抵達法比
邊界的里耳（Lille）。6天後，這支部隊在比利時的伊普爾
（Ypern）附近受到了一場「火焰洗禮」，希特勒在《我的奮
鬥》中有著戲劇性地描述：「接下來是一個潮濕寒冷的夜
晚，我們靜默地行軍，穿過弗蘭德（Flandern）。當日光開
始化開濃霧，突然間，我們的頭上傳來砲彈的呼嘯聲，然
後小砲彈開始落在我們隊伍之中，潮濕的泥土被炸到空

中。但是那一小片煙霧還是消逝了。兩百隻喉嚨一起高呼狂吼，迎向第一個死亡使者。」

在那次攻擊中，步兵團裡大多數人都陣亡了，包括希特勒的指揮官。3,600名戰士，只有600人存活。「17歲的男孩，現在看起來已經有如一個真正的男人。」希特勒寫道：「李斯特團的志願兵也許還未學到如何正確地戰鬥，但他們已猶如老兵一般，知道如何獨自面對死亡。」

希特勒因為毫髮無傷地返回，被晉升為下士。他未曾獲得更高的軍階。但是他根本不想晉升，因為他在團指揮部占了一個爽缺，這裡位於戰線後方。他和其他7名同袍都是傳令兵，負責把「司令部」的命令帶往前線。在停火期間，傳令就不是那麼必要了。希特勒開始找時間素描、畫畫、讀書。

希特勒擔任的是傳令兵，當兵的環境遠比其他待在戰壕的可憐傢伙好過得多，但是這一點他在《我的奮鬥》中絕口不提。相反地，他寫道：「一年又一年，當初對戰場的豪情壯志，早已被怖懼所取代。大家的愛國熱忱，逐漸地冷卻下來；原先興高采烈地歡呼，也被對死亡的恐懼所壓抑。這個時候每個人的心中，都有貪生怕死和盡忠職守兩種聲音在衝突；即使是我，也不能免於這種天人交戰。但是在1915到1916年的冬天，內心的衝突終於分出了勝負，我的意志獲得了最後的勝利。當年的菜鳥志願兵，如今已成為老練的戰士。」

希特勒是個打混摸魚的人嗎？這個可能性不大。即使是傳令兵，也要面臨相當大的危險。1914年11月15日，他們這些傳令兵有3人在執行任務時陣亡。兩天後，希特勒才剛離開營舍不久，一顆榴彈就擊中了步兵團總部，裡

希特勒（右後者）在法國北部富
爾納（Fournes）擔任傳令兵。與
他的英國犬「福克梭」合影，攝於
1915年4月。

頭大多數士兵當場被炸死。12月2日，希
特勒獲頒二級鐵十字勳章。當天獲獎的
60位戰士中，他是唯一的傳令兵。

　　希特勒當時留著一叢大大的八字鬍，
根據上級對他的觀察與了解，他和同袍相
處得不錯，其他士兵也都敬重他。雖然
「阿迪」（Adi）是個特立獨行的怪人，常常
一個人宅在司令部營舍裡面。他當時最好
的朋友，是一隻叫「福克梭」（Foxl）的狗，
這隻狗從英軍陣線那邊跑過來，把他當成
主人。對於同袍關於性的暗示或慫恿，例
如一起去上妓院，希特勒的反應總是既排
斥又假道學。他認為德國男人和法國女人
上床，有失身分。

　　雖然希特勒的步兵團損失慘重，但他仍然堅信，德國
絕無可能輸掉這場戰爭。大多數的德國人和軍方高層，也
和他一樣持相同見解。難道大量陣亡的這些人都白白犧牲
了嗎？光是犧牲者的巨大數字，就大大地減少了媾和的可
能性。因為在這種情況下，會讓戰士的犧牲顯得毫無價值。

　　1915年2月，希特勒寫了一封信給在慕尼黑的一位熟
人。在信中，希特勒大肆抨擊那些故意唱衰德國必勝信念
的人。他提到那些「外國傢伙」，等德國勝利以後大概都
完蛋了；社會民主主義一定會垮台，而奧地利最後也一定
會滅亡。他的一名同袍告訴希特勒，猶太人是「所有不幸
的主謀」。和在維也納或慕尼黑一樣，他身處極右的環境
之中。

　　1915、1916年，希特勒的所屬步兵團在弗羅梅勒

（Fromelles）和英軍展開激烈的陣地戰。然後兵團被派往參加索姆河（Somme）之役，這場戰役一共有超過一百萬名士兵陣亡。希特勒被一枚榴彈碎片擊中左大腿，因此被後送到柏林附近貝利茨（Beelitz）的一所軍事醫院接受治療。他在那裡住院到1916年12月初，然後被分派到一支駐慕尼黑的後備部隊，在那裡停留至1917年年初。

1914年8月那股全國對於戰爭的狂熱，到了這個時候已經消磨殆盡。英國海軍用軍艦封鎖了北海，所以幾乎沒有任何糧食可以運進德國。不滿的情緒在德國蔓延，最重要的原因就是食物逐漸變得稀缺。與此相反，希特勒認為德國的厭戰情緒應該歸咎於猶太人。他聲稱猶太人在家中坐享其成，將走私進來的貨品坐地起價，大發戰爭財，同時挑起家鄉父老對前線的不滿。這一類的偏見被廣泛地散播。關於猶太人都是「打混摸魚者」的這類指控有多麼地不公，希特勒應該心知肚明，因為在他的步兵團當中，就有無數的猶太人奮戰犧牲。

希特勒在1917年3月回到所屬步兵團。夏天的時候，他的部隊在伊普爾附近艱苦地抵禦英軍的攻勢。因為損失慘重，所以這支部隊在8月初被派往亞爾薩斯（Elsass）休整。在那裡希特勒獲得約莫兩週的返鄉假，他在柏林度過假期。從一張明信片可以得知，這座城市和博物館讓希特勒有多麼地興奮。10月希特勒再次回到部隊，開往法國香檳區，這支部隊在1918年年初再次蒙受重大傷亡。

東線的革命和勝利

和西邊的戰役不同，德軍在東邊對俄羅斯的戰爭，一開始連戰皆捷。保羅・馮・興登堡（Paul von Hindenburg）

> 1916.10
> 負傷和住院。

> 1917.3
> 回到兵團，
> 派往伊普爾。

上將和他的參謀長埃里希・魯登道夫（Erich Ludendorff）少
將在東普魯士成功地擊退俄羅斯的攻勢。1914年8月，馬
祖爾湖區（Masurische Seen）一役的勝利，奠定了興登堡戰
場名將的聲望。這份聲望一直到他擔任威瑪共和總統，仍
然傳頌不墜。而魯登道夫在希特勒的日後生涯當中，也扮
演了一個關鍵性的角色。

增援奧國受困友軍的德國部隊，在1915年9月占領了
整個波蘭和波羅的海國家。但是等到義大利也加入協約國
陣營參戰——也就是英國、法國和俄羅斯的聯盟——並且
從南邊牽制奧地利軍隊，情勢就變得十分嚴峻。1916年
夏天，俄羅斯軍隊對波蘭南部展開逆襲，一路勢如破竹，
部分奧地利軍隊慘敗，徹底地土崩瓦解。

1916.8
興登堡和
魯登道夫
接掌最高陸軍
指揮部。

在這種情況下，興登堡和魯登道夫接掌了德國最高陸
軍指揮部（Oberste Heeresleitung），並建立了一個實質上的
軍事獨裁統治。在最高陸軍指揮部的背後，其實是極右派
政治勢力在操控。這些極右派從開戰之初，就主張德國要
向西歐與東歐大大地拓展領土。

1917年4月，美國對德國宣戰，原因是德國再度採取
無限制潛艇戰。德國潛艇開始在北海的英國海域攻擊所有
商船，無論他們屬於敵國或中立國。德國認為這一招可以
有效突破英國的海上封鎖，並且讓英國屈服。而當美國這
個世界超強挾著人口和資源的優勢參戰時，戰爭的結果已
經可以預見。

德國社民黨蒙受其左翼派系的壓力也愈來愈大。1914
年時，社民黨贊成戰爭，但同時這個黨也分裂成「獨立社
民黨」（Unabhängige Sozialdemokratische Partei，簡稱USPD）和
「多數社民黨」（Mehrheits-SPD，簡稱MSPD）等左翼派系。

1917年，在多數社民黨的支持之下，帝國眾議院（Reichs-tag）通過聲明，要求公正的和平談判，並且放棄「強制拓展的領土」。接著在最高陸軍指揮部的幕後操控之下，成立了「德意志祖國黨」（Deutsche Vaterlandspartei），這個黨是用來反制帝國眾議院的和談努力，同時為了他們自己的目的製造輿論宣傳。德意志祖國黨是德國史上第一個極右派政黨，他們極度反猶，而且仇視民主。有些人認為，他們就是日後希特勒「國家社會主義德意志工人黨」（Natio-nalsozialistische Deutsche Arbeiterpartei，簡稱NSDAP）的前身。

　　出乎德國高層的意料之外，1917年11月俄羅斯首先從戰爭中出局。俄羅斯的士兵絕大多數都是農民，他們已經精疲力竭，普遍厭戰。革命在2月爆發，沙皇尼古拉二世被推翻。但是新的臨時政府堅持繼續戰爭，列寧的布爾什維克派則主張立即停戰，並進行一場有利農民的全面土地改革。因為這些主張符合德國的利益，所以魯登道夫協助流亡在瑞士的列寧，偷偷地回到聖彼得堡，以便實現他的主張。11月7日，布爾什維克派在俄羅斯首都推翻臨時政府，取得政權。

　　列寧心裡很清楚，共產黨如果想要統治俄羅斯這個龐大帝國，只能依靠一場長期內戰。而當前最迫切的事，就是趕快結束對外的戰爭。因此新政府對於所有參戰國提出和平建議，沒有任何兼併或賠款，也就是沒有任何領土拓展或戰爭賠償問題，同時要求和平必須建立在民族自決的基礎上。

　　1918年1月，為了有效貫徹全世界的自由秩序，美國總統伍德羅‧威爾遜（Woodrow Wilson）發表和平條件。威爾遜的「十四點原則」同樣針對德國的獨裁政府系統和俄

1917.10
（根據西方的
曆法），俄羅斯的
布爾什維克派
取得政權。

羅斯的布爾什維克主義。美國總統也贊成一個沒有兼併和賠款的和平協定、民族自決權與世界自由貿易。此外，成立一個所有國家參與的聯合機構，讓未來彼此的衝突，都能夠透過和平的方式解決。同時德國必須返還所有在西部與東部所占領的土地，這樣就能從戰爭中脫身，而不被視為戰敗。威爾遜的這些和平條件主要是對德國帝國眾議院隔空喊話，自然讓陸軍最高指揮部很不悅。因為指揮部想要繼續他們的獨裁統治。至於放棄領土拓展這件事，則是根本想都沒想過。

1918年1月，德國有大約一百萬名彈藥工人參與罷工，他們要求更好的工作條件、立即結束戰爭和一部民主憲法。這次罷工是由社民黨的左翼派系所組織，因為俄羅斯1917年的十月革命讓他們士氣大振，而且讓當時掌握政黨領導權的多數社民黨人大吃一驚。幾個月之後，德國爆發了十一月革命，而革命的分歧當時已見端倪。

1918.3
德國和俄羅斯簽訂布列斯特—立陶夫斯克條約。

1918年3月初，俄羅斯政府因為迫不得已，只能接受德國的要求。布列斯特—立陶夫斯克（Brest-Litowsk）條約乃是一方強迫的結果，而不是經由談判達成。俄羅斯的西境邊界如今成立了一堆德國的傀儡國（芬蘭、波羅的海國家、波蘭，以及絕大部分的烏克蘭）。俄羅斯失去了大約三分之一的領土，一半的工業和9成的石油儲量。但是這還沒完：德國軍隊持續占領俄羅斯南部和高加索山麓的大部分地區，用這種方式來壓榨更多的賠款和土地割讓。

1918.8
德國軍隊佔領俄羅斯廣大地區。

德國在波羅的海國家以及南俄羅斯的占領區皆實施軍事管制，這是在歐洲大陸建立另類殖民帝國的第一步。而德國士兵在1914年晚夏所站的那條疆界線，在一個世代以後，希特勒的國防武力重新來到這個屬於蘇聯的地方。

對於一次世界大戰東部戰場的記憶，在那個時間點，仍然
栩栩如生。

戰敗與十一月革命

　　布列斯特—立陶夫斯克條約讓德國志得意滿，這時要
德國依照「十四點原則」和西方列強[7]達成一種比較溫和
的和平，其可能性已經大為降低。1918年3月底，最高陸
軍指揮部孤注一擲，想要搶在美國人踏入歐洲戰場之前，
在西邊戰場力挽狂瀾。東線多餘的德國士兵，現在全部部
署到西線去。

1918.3
德國對西線
的最後攻勢。

　　從1918年的春天開始，德國軍隊在西線的領土拓展
上有了重大進展。到了初夏，又回到了1914年秋天進軍
之際膠著的地方。當時如果不是最高陸軍指揮部把西線急
需的兵力，同時投注在俄羅斯，說不定西線的突破就真的
成功了。

　　在德國的最後一波攻勢中，希特勒獲得了他的第二枚
鐵十字勳章，這一次是一等勳章。這等榮譽很少頒贈給下
士，因為「一等鐵十字勳章」是德國最高戰爭獎章。希特
勒之所以獲獎，乃是經由一位猶太裔軍官的推薦。這段傳
奇日後在納粹的教科書中大書特書，說希特勒單槍匹馬就
俘虜了15個法國人。事實上他之所以拿到第二枚勳章，
是因為他冒著敵人的砲火，把一道重要的命令傳遞到前線。

　　從8月開始，敵方部隊——也就是協約國——又開始
發動攻勢，德國陸軍沒有餘力對抗優秀的英國坦克和美國
部隊。9月底，協約國將德國人遠遠地趕回去，德國人被

7　譯注：「西方列強」一詞在德國傳統上指的是西邊的強國法國與英國，
　　一次大戰起，再加上美國。

打敗了。

1918年9月，希特勒的步兵團抵達康布雷（Cambrai）[8]附近參戰，然後再度轉進到伊普爾南方的弗蘭德。10月13日晚到14日凌晨之間，英軍在伊普爾和里耳之間施放芥子毒氣，造成希特勒和他的幾個同僚重傷。芥子毒氣會對眼睛產生強烈的刺激，嚴重時甚至會失明，希特勒所幸沒有喪失視力。1918年10月21日，他被後送到波美拉米亞（Pommern）[9]帕斯沃克（Paswalk）的一所軍事醫院。

雖然在軍事上失利，但1918年秋天，德國的市民階層仍然相信他們會贏得最後勝利。我們不是才剛剛徹底地征服俄羅斯嗎？我們不是在比利時和法國取得了輝煌的戰績嗎？最高陸軍指揮部對德國人民隱瞞實際的情況，同時不停地強化這些幻想。8月初，真相終於在帝國眾議院紙包不住火，所有政黨領袖無不深深震驚。工人和普通士兵比較少這類幻想。和希特勒不同，他們之中絕大多數在1918年初，就已經不再相信戰爭最後會贏了。

1918年9月29日，興登堡和魯登道夫要求帝國政府宣布停火，因為最終的戰敗已經是無可避免。停火是以威爾遜的「十四點原則」為基礎。興登堡和魯登道夫把戰敗的責任全推到左派人士身上，因為這些人不停地打擊民心士氣。透過這種方式，就可以把德國人民的怒火，從軍方領導轉移到初具雛形的議會民主之上。這就是所謂「背後一刀說」（Dolchstoßlegende）[10]的起源，這種陰謀論讓新上路

8　編注：位於法國北部、斯海爾德河畔的一個城鎮。
9　譯注：波美拉米亞（Pommern）是中歐的一個歷史地域名稱，現在位於德國和波蘭的北部，處於波羅的海南岸。
10　譯注：「背後一刀說」是德國最高陸軍指揮部編造出來的陰謀論，用來解釋帝國戰敗的原因：德軍在正面戰場並未打敗仗，而是左派人士在

的民主政治從一開始就躑躅難行，也讓威瑪共和的政治氣
氛蒙上一層陰影。

　　另一方面，極左派的企圖也昭然若揭。他們想要利用
這次戰敗的機會，促成一次類似在俄羅斯所發生的那種革
命。為了防止這種情況以及有效率地制左派，帝國參議院
裡的市民階級政黨被迫邀請多數社民黨人合組政府，他們
希望藉此能讓民主改革的方向朝向議會民主制。因為對他
們而言，如果想要在「十四點原則」的基礎上迅速達成一
個和平協定，其先決條件就是議會民主。

　　1918 年 10 月初，社民黨人首次參加帝國政府，此時
帝國政府已經正式向威爾遜總統提出停火談判的要求。但
是威爾遜直接了當地表明，除非德國先解除軍事武裝，並
且進行民主改革，他才願意接受這類談判。軍事獨裁勢力
害怕失去權力，因此最高陸軍指揮部反對和談，並揚言要
重新發起軍事攻擊。

　　事態從 10 月 24 日開始有了轉機。新的帝國政府呈請
德皇威廉二世，要求將魯登道夫解職，而皇帝本人並不需
要退位。11 月 3 日，德國公海艦隊的水兵叛變。他們不想
再進行毫無意義的戰鬥，所以上岸並組成工人與士兵革命
委員會。革命的火花迅速蔓延到全德國各地。

　　從巴伐利亞開始，各個獨立王國的君王，毫無抵抗之
力紛紛遜位。德皇威廉二世還是拒絕下台。到了 11 月 9 日，
帝國首相馬克斯・馮・巴登（Max von Baden）王子擅自發
布皇帝退位詔書，並且將首相之位交給社民黨主席弗里德
里希・艾伯特（Friedrich Ebert），威廉二世被迫流亡荷蘭。

1918.10
希特勒躺在
軍事醫院，
和革命
沾不上邊。

「國內戰場」扯後腿，拖累前線戰士，才導致德國戰敗。凡此種種，有
如在戰士背後捅上一刀，這種陰謀論因此而得名。

艾伯特建立臨時政府和人民代表大會。他的同黨同志菲利普·謝德曼（Philipp Scheidemann）則宣布共和成立。

謝德曼知道前社民黨左翼的同志卡爾·李卜克內西（Karl Liebknecht）在當天下午也有同樣盤算，所以搶先一步宣布。李卜克內西是1914年少數幾位反對戰爭的社民黨人之一，他曾建立斯巴達克聯合（Spartakusbund），這是德國共產黨（KPD）的前身。李卜克內西也在11月9日宣布「社會主義共和」成立，並呼籲社會大眾，效法布爾什維克派，進行一場革命。國家應該由「工人與士兵委員會」來領導，這個委員會的俄語叫做「蘇維埃」。和他相反，艾伯特想要在自由憲政的基礎上，建立起議會民主。

兩天之後，由天主教政黨的政治家馬提亞斯·艾茨貝格（Matthias Erzberger）所領導的德國代表團，在巴黎附近的貢比涅（Compiègne）簽署停戰協定。世界大戰自此結束。

1918.11.9
在柏林的
共和成立宣布
鬧雙胞。

政治

創傷

可以想見，第一次世界大戰後的新出發，一開始就命運多舛，災星高照。如同我們先前所說的，德國公民社會的危機並不是隨著一次大戰才萌芽，而是肇始於世紀交替之時。過去德國人花了很多時間，才逐漸適應這個突然出現的現代社會。但是，這一次他們就沒有這種餘裕了。首先遇到世界大戰，然後是1920年代初期的一波暴動和騷亂，接著是鈔票大幅貶值。好不容易過了幾年短暫的安穩歲月，在20年代末，又迎來世界經濟大蕭條。

德國在1914年以前，政治對手之間很少發生暴力衝

突。1918年以後，政治的氛圍愈來愈暴力，其根源其實
在於經歷了第一次世界大戰，因為在戰爭中人命根本不值
錢。另一個原因，就是戰勝國對於解除德國武裝的腳步拖
拖拉拉，到處或多或少都有祕密軍火庫，極右和極左分子
武器隨手可得，剛好用來武裝進行內戰。

　　讓我們先來看看至1919年夏天為止所發生的事件，
這些都是希特勒能夠成功的先決條件。德國十一月革命的
背景，乃是俄羅斯的十月革命。俄羅斯從1918年初開始，
列寧的布爾什維克派就開始和對手內戰。俄羅斯的共產黨
徒藉由紅軍和祕密警察實施獨裁，進行恐怖統治。數百萬
人在內戰中喪命，其中大多數死於飢荒。

　　同時戰爭也在前沙皇帝國的邊界諸國爆發，例如波
蘭。這個國家在18世紀時，被俄羅斯、奧地利和普魯士
所瓜分，直到一次世界大戰之後，才重新建立。波蘭軍隊
和紅軍發生了幾次嚴重衝突之後，波蘭將東邊的國界遠遠
地拓展到先前俄羅斯的疆域，波羅的海諸國也捲入了戰火
和內戰。

　　德國的士兵和臨時志願兵，俗稱自願軍團（Freiko-　　　　1918/1919
rps）[11]，也參與了這幾次衝突。自願軍團是由前線老兵所組　　德國自願軍團
成，他們不想從軍中退伍，同時想為德國的戰敗復仇。此　　在東歐。
外軍團裡還有一些聞風而來的極端民族主義學生，他們在

11 譯注：Freikorps最原始的意思是自願者（Freiwilliger）組成的軍團
　　（Korps），而「自由（Frei）軍團」則是日後簡化的稱呼。Freikorps首
　　見於18世紀的七年戰爭，由普魯士腓特烈二世不問出身來歷招募志
　　願者，並把他們和敵方降卒、逃兵、罪犯等，合編成志願軍參戰。台
　　灣史學界習慣將Freikorps照字義翻為「自由軍團」，但綜觀歐陸各地
　　Freikorps的歷史，和「自由」大多無甚關聯，自由的理念更不是這類
　　部隊的信條。為了避免誤解，故依照最原始含義翻為「自願軍團」。

一次大戰時，因為太過年輕而無法參加軍隊。

　　類似波羅的海國家和紅軍的那種衝突，也在上西里西亞（Oberschlesien）的波蘭反抗軍和德國自願軍團之間上演。自願軍團當初從前線返回德國時，心中對於斯拉夫人、布爾什維克主義者和猶太人，滿懷著深深的仇恨。他們深信蘇維埃共產黨的領導高層和底下的祕密警察，都是猶太人。所謂「猶太布爾什維克主義」的敵人圖像，就是這樣來的。日後納粹黨的首席理論大師阿弗瑞德·羅森堡（Alfred Rosenberg），就是出身於愛沙尼亞（Estland）的列巴爾（Reval，現在改名為塔林〔Tallinn〕）。他寫了很多著作，例如《有如瘟疫在俄羅斯蔓延！布爾什維克主義，其首領、走狗和受害者》（*Pest in Rußland! Der Bolschewismus, seine Häupter, Handlanger und Opfer*）。希特勒的反猶主義就是深受他的這類著作影響。

　　志願軍團推崇那種真材實料的暴烈陽剛之氣，他們完全看不起小鼻子小眼睛的市民社會。很快地，志願軍團就站到極右派陣營裡。他們實際上是一支內戰軍隊，用極殘酷的方式殺戮共產黨人。

　　德國的共產黨人與社民黨人也都十分關注俄羅斯的發展。對德國共產黨來說，十月革命是一個值得他們仿效的典範。而多數社民黨人則有完全不同的看法：一定要不惜任何代價，避免像俄羅斯的這種情況發生；因為只有這樣，德國才能在政治上與經濟上休養生息。對弗里德里希·艾伯特和他的政黨同志來說，除了議會民主，沒有其他選擇。

　　而對小市民陣營和保守菁英階層來說，蘇維埃國度有如妖魔鬼怪，尤其俄羅斯內戰的各種恐怖傳聞不停地傳到

德國來。為了免於受到共產黨的統治，即使在政治上傾向右派的人，也覺得相較之下，社民黨的執政反而沒有那麼討厭。

接下來一個月，艾伯特獲得了「工人和士兵委員會全國大會」的合作，同意結束革命，召開國民會議，為國家制訂一部新憲法。這讓政治上的左派很苦悶，因為皇權社會的支持者、官僚機構、軍方和貴族大地主們，又可以繼續大鳴大放。制憲的國民會議代表選舉訂於1919年1月10日舉行，為了先發制人，共產黨發起暴動抗爭。結果在社民黨的默許之下，軍方和自願軍團對共產黨人展開血腥鎮壓。從那時候開始，共產黨和社民黨就勢不兩立。

1919.1
共產黨在柏林
暴動抗爭。

自願軍團的成員殺害了斯巴達克同盟（Spartakusbund）[12]暨德國共產黨的領導人卡爾・李卜克內西和羅莎・盧森堡（Rosa Luxemburg）。羅莎盧森堡是個波蘭裔的猶太女子，剛好符合極右派分子的敵人圖像。

因為柏林的動亂，所以國民會議改在威瑪（Weimar）舉行。多數社民黨和獨立社民黨加起來雖然擁有多數，但仍須和天主教的中央黨（Zentrumspartei）與自由派偏左的德意志民主黨（Deutsche Demokratische Partei）合作。這些黨派合組忠於憲法的「威瑪聯盟」，而德國共產黨、德意志民族人民黨（Deutschnationale Volkspartei，簡稱DNVP）和當時的德意志人民黨（Deutsche Volkspartei，簡稱DVP）則尋求推翻憲法。國民會議選出艾伯特出任第一任帝國總統（Reichspräsident），謝德曼出任第一任帝國總理（Reichskanzler）[13]。

12 編注：斯巴達克同盟為德國社會民主黨左翼於1915年建立的反戰革命組織。1918年12月，斯巴達克同盟聯合不萊梅左派成立德國共產黨。
13 譯注：共和體制的總統翻為「帝國總統」，乍聽之下十分矛盾。然而這

1919.7
《威瑪憲法》。

《威瑪國家憲法》（Weimarer Reichsverfassung）於1919年7月通過生效。這個共和國和今日的聯邦共和一樣，是一個聯邦國。每個邦都有自己的邦議會，同時在帝國參議院（Reichsrat）裡擁有自己的代表，如同今天的聯邦參議院（Bundesrat）。普魯士[14]因為土地大小的關係，在其中扮演了一個重要的角色。憲法賦予了國會廣泛的權限，國會仍然被稱呼為「帝國眾議院」（Reichstag）。女性從國民會議選舉開始，就擁有選舉權和被選舉權，以比例代表制的方式選出。各政黨先提出選舉名單，然後依照他們所獲得的選票比例分配國會的席次。像今日德意志聯邦共和國的5%得票率不分區分配門檻，當時並沒有這種規定。

為了平衡議會的權力，帝國總統可以根據議會多數決議，任命或解任各部部長。帝國總統由人民直接選出，任期7年。在特定條件之下，他可以解散帝國眾議院，重新選舉。另一方面，總統擁有緊急處分權（第48條）。如果內部發生動亂，他可以讓公民基本權（言論自由、出版自由、集會自由等）相關條款暫時失效。如果有任何地方邦傷害到共和國憲法所保障的秩序，他也可以派出軍隊。但

是基於歷史連續性的不得已做法。德文Reich原指政權或國家所統攝的領域，威瑪共和建立之初，社民黨人為了維護國家的穩定，避免國家陷入分裂或內戰，各種職稱、官署、機構多沿用帝國（Kaiserreich）時期的名稱；其後納粹政府因自詡為「第三帝國」，仍然繼續使用或冠名這類職稱。直到1949年聯邦德國建立之後，才有整體性的改變（部分名稱甚至在東德沿用到80年代，如帝國鐵路局Reichsbahn）。此外「神聖羅馬帝國」、「第三帝國」之類的譯名在台灣使用已久，如要上溯——校正Reich的原意，難免治絲益棼。故本書「帝國總統」、「帝國總理」之類的譯名，乃是注重歷史連續性的妥協結果，望請讀者明察。

14 編注：普魯士邦在威瑪共和時期，占德國國土和人口的過半數，是當時最重要的一個邦。

總統行使緊急處分權，而後必須取得國會多數的同意。

　　與此同時，戰勝國提議和德國、奧地利與匈牙利締結和平條約，這份和約最後於1919年6月在法國凡爾賽宮簽訂。在中歐與東歐興起了一連串新的民族國家，取代了以前的多民族帝國：芬蘭、愛沙尼亞、拉脫維亞、立陶宛、波蘭、捷克斯洛伐克、南斯拉夫和匈牙利，匈牙利被迫割讓大筆領土給羅馬尼亞王國。

1919.6
《凡爾賽條約》。

　　國際聯盟[15]是威爾遜總統「十四點原則」的中心所在，終於在瑞士日內瓦成立。然而最後變成一隻紙老虎，由於美國眾議院否決加入國際聯盟，美國自始自終都不是國際聯盟的會員國。

　　對於德國的未來，戰勝國之間彼此意見紛歧。法國因為在短短幾十年間就被德國第二次侵略（1914），所以他們希望確保未來這種事情不會再發生。他們索討戰爭在法國領土所造成損害的賠償，同時要求兼併萊茵河左岸地區，藉此和德國保持一個較大的安全緩衝。

　　英國支持法國的主張，但同時也要確保法國不至於成為歐洲大陸的新強權。德國因此必須割讓亞爾薩斯－洛林（Elsass-Lothringen）與奧伊彭－馬爾默迪（Eupen-Malmedy）等地。薩爾蘭（Saarland）將在國際聯盟的監督之下，由法國所管理。這塊地方預計在1935年舉辦一場公民投票，來決定最終歸屬。

　　英國、法國和比利時部隊──最初還有美軍──占領了萊茵河左岸地區，但都不長久，只是暫時性質。萊茵河的右岸則形成一個非軍事區，德國和戰勝國都不可在此駐

15 編注：《凡爾賽條約》簽訂後組成的國際組織。

軍。在東部原先德意志帝國的領土裡、波蘭人占絕大多數的地方，則必須割讓給波蘭。而在德國住民占多數的海港城市但澤（Danzig），以及介於東普魯士和立陶宛之間、梅梅爾（Memel）附近的地區，由國際聯盟託管。但澤周遭地區則分割出來，這塊過去屬於東普魯士的領土，從今以後成為波蘭出海的「走廊」。

德國被進一步解除武裝。所有空軍、潛艇和公海艦隊，都必須交付給戰勝國，未來只能維持一支10萬人左右的常備職業軍隊。

這個國家還背負了巨大、無法量化的賠償責任，也就是戰爭所造成損害的回復和補償。法國和英國在戰爭期間都欠了美國一大筆債務，他們都希望能夠盡快還清。而補償的基礎就是合約裡的某一條款，規定德國必須獨力負擔一次大戰的所有損害賠償責任（第231條）。

和一般德國人的看法不同，和平條約並未剝奪德國存在發展的機會。它還是可以中興成為大國，戰勝國也預期到這一點。當這些和平條款在1919年5月公諸於世時，德國所有的政治陣營都爆發強烈的抗議。大家都說，之前戰場上的敵人——也就是協約國——想要「消滅」或「奴役」德國。

每個人都不肯理性地面對戰敗，所有的憤怒都是拒絕承認事實的一種表現。很多德國人相信「背後一刀說」，戰無不勝德國軍隊就是栽在左派手裡。231條的「戰爭罪責條款」被德國人憤怒地駁回，沒有人想要認真地討論和追究1914年的夏天，德國該負什麼樣的責任。

但是德國除了接受和約，別無選擇，特別是協約國曾威脅如果和約遭到拒絕，他們將占領全德國。然而對威瑪

「德國被凌遲」，1919年的地圖。

共和的所有官員來說，取消《凡爾賽條約》乃是外交政策上念茲在茲之事。威瑪共和的教科書中則大聲控訴：「德國被凌遲」，要所有男女同學毋忘國恥。

　　如果說極右派是一間磨坊，《凡爾賽條約》就是推動它的水力。極右派一天到晚言之鑿鑿，說內賊和外敵想要毀滅德國。他們從1919年6月開始到處煽動和宣傳，反對政府，反對所有贊成簽署條約的人。簽訂停戰協議的馬提亞斯・艾茨貝格，當然也成了他們的公敵。而整個社會則是民意洶湧，屈辱、憤怒和亟待復仇的情緒正在沸騰。

覺醒的體驗？

　　最初希特勒對於發生在1918年10月的種種事件一無

1918.11
據稱是
「覺醒的體驗」。

所知，他當時躺在帕斯沃克軍事醫院的病床上。革命加上戰敗，對他來說有如世界整個崩潰。在《我的奮鬥》中，他寫道當德皇退位的消息傳來時，他眼睛的狀況剛剛稍有改善。但是過沒多久，他又失明了：「11月10日，牧師來到軍事醫院發表簡短談話。現在我們什麼都知道了。」之後他繼續寫道：「當時我的眼前再度一片漆黑，我一邊摸索、一邊搖搖晃晃地走回寢室。我撲倒在床上，把發燒的腦袋埋在被子和枕頭當中。從母親下葬的那天開始，我就再也沒有哭過，但此時的我卻完全止不住淚水。現在我才看到，和祖國的苦難比起來，個人的傷痛實在不值一提，其他一切頓時都不重要了。」他認為猶太人和「馬克思主義者」背叛了前線戰士。

毫無疑問地，德國的戰敗對希特勒來說，是一次深深揮之不去的經歷，一道創傷。他把自己完全奉獻在戰爭當中，在他的人生裡首次找到歸屬感和努力的目標，因此戰敗的震撼也愈發深刻。希特勒的感受，其實和大多數心懷民族主義的市民階層並沒有什麼不同。他在書中寫道，戰敗是某種覺醒的體驗：「和猶太人完全沒有談判的餘地，只有強硬的態度：不這樣──就那樣。我因此立志成為一個政治家。」

希特勒在此對於他的覺醒，敘述得十分生動；但對於到底是怎麼醞釀發生的，則講得很少。這個覺醒的傳說後來甚至還出現了文學樣版，文中希特勒完全靠是自己覺醒。希特勒在維也納時曾拜讀過其著作的那位圭多·馮·李斯特，他也聲稱自己在世紀之初就雙目全盲，之後又重新復明。倘若希特勒真的在1918年11月立志成為政治家，他就會投身於革命的動盪局勢之中，但他當時什麼相關的

事情都沒做。因為他對於軍隊有種歸屬感，特別是軍隊讓他感受到，自己不再是一無所有。希特勒若是從軍中退伍，他又要再次繪製明信片。他當時29歲，前途茫茫。

「我很會演講！」

1918年11月19日，希特勒從帕斯沃克的軍事醫院出院，同時轉往駐紮在慕尼黑的第16預備步兵團報到。1914年時，他就是跟隨這個步兵團開往前線作戰。步兵團的士兵應該全部退伍，但希特勒不想這樣做，他想要留在部隊裡面，愈久愈好。當革命在慕尼黑爆發時，希特勒人就在軍營裡。

1918.11
前往慕尼黑，
回到步兵團。

1918年11月8日，在這個巴伐利亞的首都，左翼的社民黨人庫爾特・艾斯納（Kurt Eisner）以慕尼黑工人與士兵委員會的名義，宣告一個巴伐利亞「自由國」的成立。他和一些溫和、左翼的社民黨人共同組織政府，自己出任總理，同時預計在1919年1月，舉行民主的巴伐利亞邦議會大選。

極右派分子憤怒地反對「猶太人」艾斯納，對他欲除之而後快。例如尤利爾斯・萊曼（Julius Lehmann）等人。萊曼是一間種族民族主義圖書出版社的老闆，和所謂的圖勒協會（Thule-Gesellschaft）關係密切；反猶太人的圖勒協會使用納粹卐字做為他們的識別標誌。他們計畫使用武力推翻艾斯納，參加的人日後都是希特勒身邊的親信，包括前面提過的漢斯・法蘭克、魯道夫・黑斯（Rudolf Heß），以及種族狂信者阿弗瑞德・羅森堡。結果政變的計畫走漏，萊曼和他的黨羽短暫入獄。

1918年12月中，還一直留在部隊的希特勒，和一些

同袍轉任到上巴伐利亞城市特勞施泰（Traunstein）一座專門關押英國人和俄國人的戰俘營，擔任守衛。但他極有可能在1919年1月底，又回到慕尼黑。同一時間，總理艾斯納的獨立社民黨在1月12日舉行的邦議會大選中大敗。

2月21日，艾斯納被一個極右派分子射殺，因此慕尼黑的共產黨人呼籲發起二次革命，但無法造成風潮。新選出來的邦議會集會選出社民黨的約翰內斯·霍夫曼（Johannes Hoffmann）擔任總理。霍夫曼引領巴伐利亞走向議會民主。

然而，獨立社民黨還是極力主張蘇維埃共和，最後終於在1919年4月6日宣布成立[16]。霍夫曼所領導的民選政府逃往班貝克（Bamberg），並在那裡組織反對勢力，對抗慕尼黑的蘇維埃式共和。此時慕尼黑的政治最高層是一個毫無經驗的作家，局勢一片混亂。

1919.2
革命士兵
委員會
的管理代表。

2月中旬時，希特勒被他的部隊推選為「管理代表」（Vertrauensmann），隸屬於由艾斯納領導的工人與士兵委員會。當這位被暗殺的總理出殯時，希特勒也奉命隨行。當天，他的手臂上可能戴著一個代表社會主義的紅色臂章。我們可以很確定的說，希特勒絕對不信仰社會主義，但他戴著那個臂章也戴得很習慣。日後的納粹高層裡面，也有一些人曾短暫地和社民黨人與共產黨人有過交集，希特勒不是唯一的一個。

不久之後，德國共產黨繼續鼓吹建立一個更加激進的共產蘇維埃共和，這次柏林政府終於有所反應：社民黨籍國防部長古斯塔夫·諾斯克（Gustav Noske）轉而對抗共產

16 編注：巴伐利亞蘇維埃共和國於1919年4月6日成立，同年5月3日終結。

庫爾特‧艾斯納於慕尼黑東方公墓的葬禮，1919年2月26日。希特勒站在一群俄羅斯戰俘的邊緣，穿著制服大衣，跟著送葬隊伍一起前進。

黨，下令恢復慕尼黑的「秩序狀態」。帝國國防軍（Reichswehr）部隊和自願軍團在1919年5月1日開進慕尼黑，而他們早在城市周邊，就已經開始殺害紅軍戰士和醫護人員。然後共產黨部隊動手射殺之前拘禁的10名人質，其中包含圖勒協會的成員。處決人質造成了更廣泛的恐怖和更多的暴力。

　　大約有超過300人遭到國防軍部隊恣意處決，死在自願軍團手裡的，更是不計其數，他們可以隨心所欲地對「赤色分子」發洩怒氣。希特勒並沒有參與鎮壓蘇維埃共和，而且正好相反：他在一場由共產黨所舉辦的慕尼黑軍營委員會改選中，又再次高票當選。共產黨員很信任他，希特勒當時很小心、很謹慎。

　　很明顯地，絕大多數人民都反對這種革命性的實驗，

所以他們對於自願軍團的暴力，或多或少公開表示贊同。巴伐利亞，特別是慕尼黑，從1919年開始就是德國極右主義的聚集點，極右主義在這裡可以肆無忌憚地傳播。

1919.5
開始舉報所謂的共產黨員。

當「赤色分子」被消滅以後，國防軍在1919年5月成立了所謂的「調查委員會」，搜捕加入共產黨的士兵。希特勒當時做了什麼？他和其他兩名士兵成立了一個這類委員會，開始抹黑其他的同僚，而且心知肚明這會讓同僚掉腦袋。對於自己曾經擔任過軍營委員會的管理代表一事，他很聰明地絕口不提，「他不是一個討人喜歡的傢伙」在這裡表露無遺。逢上則卑躬屈膝，遇下則踐踏打壓，這大概就是希特勒在1919年的做法和態度。

因為參與調查委員會，讓希特勒不用從軍中退伍，他在部隊裡暫時還有用處。巴伐利亞國防軍「第4集團軍司令部」（Gruppenkommando 4）繼續搜捕共產黨員，另外還成立保防與宣傳部門，用來祕密偵察平民和士兵，同時反制部隊裡的布爾什維克氛圍。為了這個目的所以要找線民，也就是俗稱的抓耙仔（Verbindungsmännern，V-Männern），混在群眾當中充當臥底。

1919.5
為巴伐利亞國防軍「保防與宣傳部門」充當臥底。

保防與宣傳部門的主管是極右派的卡爾・邁爾（Karl Mayr）上尉，這個人就是帶領希特勒在政治事業上出道的人。5月底，邁爾招收這位下士擔任臥底線民。上尉日後回憶，希特勒當時就像「一隻找尋主人的流浪狗」。在邁爾和國防軍身上，希特勒找到了主人。

不久之後，他在慕尼黑大學參加一個為期一週的訓練課程。那裡有著各式各樣的專家，講授各種關於德國歷史、戰爭、德國經濟環境、社會主義和外交政策的課程。諷刺的是，一位受人尊敬的歷史學家卡爾・亞歷山大・馮・

穆勒（Karl Alexander von Müller）教授，他在課後發現了希特勒的演說天分。他坐下來聆聽，看到希特勒如何面對一群旁觀路人發表演講，又是如何講得讓他們如痴如醉。穆勒讓邁爾注意到希特勒的這項才能。

　　沒過多久，希特勒就有機會證明他的天分了，邁爾把他和另外25人送到奧格斯堡（Augsburg）附近的一座軍營。士兵們在雷希菲德（Lechfeld）集合，準備參加為期5天的課程，學習如何對布爾什維克主義說不。大部分的課程都由希特勒講授，他給他的聽眾留下非常深刻的印象。其中一個聽眾把他當成天生的「群眾演說家，在一場群眾集會中，透過他狂熱的言詞和頗受歡迎的台風，絕對會吸引所有人注意，把大家的想法變得跟他一樣。」

　　沒有人比希特勒自己更驚訝於這種天分：「最早我都是跟大家講述欲望和愛情。後來有位先生給了我機會，對著更多的聽眾發表演講。而我過去總是在不知不覺間，出於單純的感覺所接受到的東西，如今滔滔不絕脫口而出——我很會『演講』。」於是希特勒更加獲得邁爾的重視，並且成了他最親信的手下。

　　1919年9月12日，希特勒參加一場集會，擔任臥底線民。這場集會是由種族民族主義極右派的德國工人黨（Deutsche Arbeiterpartei，簡稱DAP）所舉辦，德國工人黨是由兩個圖勒協會成員，卡爾‧哈勒（Karl Harrer）和安東‧德雷斯勒（Anton Drexler）在同年一月所建立。這個黨常常在慕尼黑一家叫「施泰埃克」（Sterneckerbräu）的啤酒館裡聚會。當天晚上演講的是經濟學家戈特弗里德‧菲德（Gottfried Feder），這位專家因為寫了一本反猶太人的書而名聲大噪，希特勒也十分仰慕他。但希特勒也觀察出席的

人，發現這個黨實在是一盤散沙。

　　活動快結束時，有一位出席聆聽的教授開始攻擊主講人菲德，認為巴伐利亞應該脫離德國。希特勒激動地站出來插嘴，舌戰那位教授，完全不留任何餘地。這讓黨魁德雷斯勒印象十分深刻。他發現一個能夠這樣侃侃而談的人，對於黨十分有用，所以他邀請希特勒加入德國工人黨，而希特勒也在1919年9月下半順利入黨。日後希特勒聲稱，他是德國工人黨的第7名黨員，實際上他是第555名。而且加入德國工人黨這件事，顯然也不是他自己所決定的。邁爾後來說過：是他命令希特勒入黨的。

1919.9
加入
德國工人黨。

　　情報單位的探員暗中支持他所應監控的極右派團體，即使在今天也時有耳聞。但在希特勒的這個案子上則是雪上加霜，火上加油：一個極右派分子，擔任極右派國防軍情報單位的探員，被派到一個徹頭徹尾的極右派政黨裡，目的在於強化他們的右派極端論述。

　　此時的希特勒留在國防軍裡領有薪餉，並且邁爾以他在德國工人黨宣傳演講為由，額外支付費用。1920年3月底，他才從軍隊退伍。這個時候，德國工人黨已經改名為「國家社會主義德國工人黨」，而現在他們最重要的人物，叫做——阿道夫・希特勒。

2

Der Aufsteiger
新星

從煽動家到政變者

「……純粹的愛國精神」：
從審判到領袖政黨

希特勒的「私生活」I

權力遊戲

從煽動家到政變者

煽動家

　　希特勒在1919年9月加入德國工人黨，他當時已經被視為「猶太問題」的專家。一名參加課程的士兵曾提出問題：社民黨對於「猶太問題」的立場到底為何？猶太人是否危害到「民族精神」？邁爾上尉把這個問題交給希特勒來回答。希特勒對這個問題持肯定態度：猶太是一個種族，而不是一個宗教。他們是革命的動力和原因，全國必須團結一致來對抗猶太人，我們需要的是一個「理性的反猶主義」：「這個主義的最終目標，必須是堅決而徹底地消除猶太人。」

　　德國工人黨原本只是慕尼黑眾多種族民族主義的極右派組織當中的一個，但它很快就找到了靠山。邁爾上尉把這個黨視為他的傑作，把希特勒當成他的子弟兵。這兩人的行事原則都是「轟轟烈烈，愈大愈好」。1919年10月，希特勒第一次在德國工人黨舉行演講，他講了大約半個小時，好評如潮。

1920.2.24
德國工人黨
改名為
國家社會主義
德國工人黨。

　　1920年2月24日，大約有2千人在慕尼黑皇家啤酒館（Hofbräuhaus）的節慶廳集會，參加德國工人黨的一項活動；其中還有幾百名反對他們的社會主義人士。德國工人黨故意掛起紅色的宣傳牌子，用這種社會主義的顏色來挑釁他們對手。希特勒所設計的卐字黨旗，也是基於同樣目的。這面旗子紅底白圈，白圈的中央是一個稍微向右旋轉的卐字。

　　卐字是希特勒在維也納時所學到的，自願軍團和圖勒協會也使用這個符號。但把卐字結合紅色和白色，則

是希特勒的主意：「紅色代表前進的社會主義思想，白色
代表國家民族思想，卐字則代表奮鬥的目標，為了亞利
安人的勝利，為了建設工作的勝利，過去一貫堅持反猶工
作，未來一樣堅持反猶工作。」希特勒在《我的奮鬥》中
如此寫道。

　　之前希特勒和新任黨主席安東・德雷斯勒擔心這場
活動門可羅雀，所以炮製了一份德國工人黨的黨綱，一
共25點，但這份黨綱其實這和其他極右派團體所主張的
沒什麼不同。對猶太人的憎恨就像基本信念一樣，貫穿其
中。希特勒在皇家啤酒館的演講中，公開這些黨綱，並且
宣布將德國工人黨更名為國家社會主義德國工人黨（Natio-
nalsozialistische Deutsche Arbeiterpartei，簡稱NSDAP或納粹黨）。
在《我的奮鬥》中，希特勒宣稱所有的聽眾萬眾一心支持
這份黨綱，並且對著他歡呼不已。最後在掌聲如雷的高潮
中，希特勒離開了黨綱大會。

　　1920年1月，《凡爾賽條約》正式生效。條約中解除
武裝、非軍事化等相關條款，對於自願軍團非常不利。3
月時，一些極右派在政客沃夫岡・卡普（Wolfgang Kapp）的
領導之下，在柏林發動政變，想要推翻政府。卡普是德意
志祖國黨（Deutsche Vaterlandspartei）的黨員，這個黨是由
魯登道夫所建立。這次政變的支持者主要是易北河東岸普
魯士領土上的大地主。

　　卡普的政變有國防軍單位參與，特別是艾爾哈特（Ehr-
hardt）水兵旅，這是一支十分勇猛的自願軍團，由退伍的
水兵戰士所組成。這支部隊在前一年曾和其他自願軍團一
同參與了鎮壓慕尼黑的蘇維埃共和政權，而且和巴伐利亞
國防軍的關係密切。邁爾派希特勒和先前他的一位支持者

1920.3
卡普政變。

詩人迪特里希・埃卡特（Dietrich Eckart）前往柏林，以便能
將巴伐利亞的狀況親自傳達給政變分子。埃卡特的一位金
主租了一台飛機，讓他們飛往柏林，這是希特勒第一次搭
乘這種當時還是超級新潮的交通工具。

　　希特勒和埃卡特抵達柏林時，政變已經失敗了。工
人、上班族以及公務員為了抗議政變而全面罷工，這次大
罷工救了共和國一命。卡普逃往瑞典，艾爾哈特水兵旅則
前往慕尼黑，剛好和希特勒以及埃卡特的回程同一目的地。

　　從失敗的卡普政變中，德國極右派學到一個教訓：單
單訴求恢復皇權時代的權力關係，並沒有足夠的「號召
力」；想要用政變來對付封閉的工人集團反對勢力，無異
緣木求魚。比較有可能的方法是，用一個極端的民族主義
政見來吸引工人相挺。

　　所以極右派分子開始密切關注巴伐利亞。因為巴伐利
亞國防軍施壓，霍夫曼的社民黨政府已經在1920年3月總
辭下台，由保守偏右的古斯塔夫・里特・馮・卡爾（Gustav
Ritter von Kahr）總理取代。卡爾將巴伐利亞打造成對抗共
和政府（Reichsregierung）的「秩序據點」（Ordnungzelle）[1]，各
式各樣極右派魑魅魍魎在這裡百鬼夜行，其中就有希特勒
的納粹黨。

　　共和國的極端化很快就有端倪可尋：1920年6月國會
第一次大選，忠於共和的政黨（社民黨、中央黨和德意志
民主黨）失去了國會多數，而且自此之後再也無法過半。

1　譯注：巴伐利亞「秩序據點」的主張是故意和普魯士打對台，當時由社
　　民黨主導的普魯士執政聯盟宣稱他們是「民主秩序的據點」（demokra-
　　tische Ordnungszelle）。卡爾則有樣學樣，主張要在「馬克斯主義橫行
　　的德國」中，打造一個保守的「秩序據點」。

同年秋天邁爾寫信給流亡在瑞典的卡普，說種族民族主義等相關事務在慕尼黑蒸蒸日上，希特勒已經成為「前進的力量」，是第一流的群眾演說家。

毫無疑問地，希特勒在演說方面是個不世出的天才。今天我們如果重看希特勒的演說影片，聽聽他的聲音，他那上奧地利的方言、嘶啞的咆哮、大幅度的手臂手部動作，都只會讓人覺得滑稽而且反感，但這些在當時有它們的效果。如果前面沒有聽眾，希特勒就比較沒有那麼讓人印象深刻。當他輕聲說話時，他的聲音其實很低沉，而且不難聽；但如果在公開場合這樣說話，就什麼也聽不到了。

隨著時間過去，希特勒不斷地精進自己的演說技巧。他一開始的時候通常很低調，然後慢慢攀升，演說結尾時會陷入十足地狂熱，同時把公眾的情緒帶到最高潮。演講者和公眾的關係其實是相互的。希特勒需要他所製造的這種激動，用來掩飾他內在的空虛；他的聽眾需要他，因為聽他的演講可以得到啟發。他們覺得只要透過希特勒，所有一切都很好理解。

大部分時候，希特勒一開講就是兩小時，往往還會更長，而且他幾乎不需要講稿，只要幾張筆記就夠了。日後等他當上了總理，希特勒會口述演講內容，讓人整理成文字稿，再仔細地修改。但即使到了那個時候，他還是保持著煽動家的本色。希特勒的祕書說，希特勒在口述演講內容時，會在總理府內來回踱步，同時狂暴地滔滔不絕，讓她很怕她的老闆。

希特勒演講的意義與目的在於，不停地把同樣的訊息刻印在聽眾的腦袋與靈魂裡面：只有納粹黨能夠成功讓德國重生，納粹黨不是政黨，而是一個真正的全民運動；只

有在納粹黨的領導之下，才能消滅所有內賊，重新團結，未來將會恢復德國的力量和榮耀。根據希特勒的說法，一個團結一致國家的「民族共同體」，將會克服所有社會上的矛盾。每個德國人將會根據他的能力，在自己的崗位上善盡本分。

希特勒很快地在納粹黨的群眾活動中，吸引到愈來愈多的聽眾。他幾乎都在巴伐利亞首都的啤酒館地窖或大廳演講。一開始的時候，他的聽眾主要來自中下階層，像是工匠、小公務員或上班族。其中也有女性，特別是所謂上流圈子的女性，她們覺得這個粗鄙的傢伙很有意思。聽眾期待的不是複雜的講解，而是為自身的仇恨感找尋一個答案。從那時候開始，希特勒的自信就建立在他身為演說家或名嘴的成就之上──或者說煽動家更為貼切。

透過希特勒的演講能力，黨員人數逐漸地增加。一月時只有190名黨員，到了1920年秋天，已經上升到2千名之多。他的成功祕訣其實很簡單：希特勒精確地講出他的聽眾想要聽的，特別讓聽眾自己的反猶心態得到證實。演講所需要的材料其實他在維也納時就已經學到了，只是現在才拿出來用。

早在奧格斯堡的國防軍軍營裡，抓耙仔希特勒就是因為反猶反得太過頭，軍營指揮官不得不下令叫他收斂自己的反猶論調。希特勒當時主張猶太人必須關在一個營地裡面，猶太奸商必須勒令歇業，猶太少數族群必須從德國完全地驅逐出去等等，他指望聽眾能夠散播他的看法。1920年8月，他在皇家啤酒館舉行演講，討論一個問題：「為什麼我們是反猶者？」在場的聽眾有2千多名。演講席間，希特勒被聽眾如雷的掌聲至少打斷了58次。

1920.8
希特勒演講
「為什麼我們
是反猶者？」

　　希特勒從「沒有主人的狗」（邁爾語）一躍成為納粹黨
的招牌名嘴，這種閃電般的竄升，也改變了他的意識形態
和自我認知。那個時候，他完全相信自己所說的那些反猶
言論。因為他獲得了巨大的成功，希特勒不久之後就察覺
到自己有著更高的天命之所在——「領袖」。

「領袖」和「巴伐利亞的墨索里尼」

　　納粹黨一般被視為希特勒黨，因為希特勒是他們的領
頭羊。但不久之後，競爭者就出現了。出身奧格斯堡的教
師奧圖・狄克爾博士（Dr. Otto Dickel），也是一個天賦異稟
的演說家。希特勒發現自己的地位受到威脅，反應非常激
烈：他直接退黨了。德雷斯勒不想失去他們最重要的名
嘴，所以他問希特勒，如何才肯回到黨內。希特勒直接
要求第一主席的位子，同時還要「獨裁的權限」，這樣他
才能貫徹自己的意志。等他重新加入納粹黨之後（黨員編
號：3680），1921年7月29日，希特勒在皇家啤酒館被選
為納粹黨的獨裁者，只有一票反對。

1921.7
希特勒成為
納粹黨
的「領袖」。

　　這個結果影響深遠。現在納粹黨成了一個「領袖政
黨」。雖然期待一個強人或智計無雙政治家來領導的呼聲
已經很久了，但當時這在德國還是首例。不久之後，納粹
黨員開始針對希特勒進行造神，他們相信領袖做的永遠都
是對的；然而實際上，希特勒做決策時常常優柔寡斷。在
他黨內掌權過程所出現的那次危機當中，他就曾猶豫不決
過。希特勒一直等到無路可走，才把所有賭注都押在一張
牌上，也就是放大絕退黨。如果德雷斯勒沒有慰留的話，
希特勒的政治生涯大概就要在這裡劃上句點。但他還是從
政爭中脫穎而出，成為耀眼的贏家。

　　當希特勒在1921年夏天取得納粹黨的領導權時，他還沒有想過日後也要成為德國的唯一領袖，只是自認是種族民族主義者的「鼓手」。但是這一點在1922年秋天有了改變。因為在10月，貝尼托・墨索里尼（Benito Mussolini）被任命為義大利王國首相。

　　墨索里尼在第一次世界大戰前，是義大利社會黨裡一位高層政治家。社會黨當時反對戰爭，而墨索里尼則是戰爭最積極的倡導者之一，所以隨後便被社會黨開除黨籍。他從左派的政治家，搖身一變成了極右派「法西斯戰鬥團」（Fasci di Combattimento）的領導者，德國所稱的「法西斯主義」（Faschismus）就是從這裡衍生出來的。當今的歷史學家使用這個概念來指涉極右派的運動，這種運動追隨一位「領袖」，鼓吹仇視民主和人權，試圖透過大批暴力的黨羽來取得政治權力。這樣看來，義大利的法西斯主義和德國的納粹主義產生的方式其實差不多。

　　實際上來說，雖然義大利「戰鬥團」（Kampfverbände）在某些方面和納粹黨很像，但這兩個政黨當時彼此還不知道對方。法西斯主義者穿著黑色襯衫，推崇戰爭和暴力，夢想著恢復羅馬時代世界帝國的榮光。他們使用一束木棒做為標記，木棒中間插著一把斧頭，斧刃向外。這種束棒在古羅馬時代，是最高權貴的前導儀仗，象徵著他們的權力。法西斯分子彼此致敬時右臂伸出，這也是模仿古羅馬的儀節。墨索里尼則是他們的「領袖」（義大利文為Duce）。1921年，墨索里尼將「戰鬥團」擴大為「國家法西斯黨」。

1922.10
法西斯黨徒
「向羅馬進軍」，
墨索里尼成為
義大利首相。

　　不到一年，法西斯黨徒就藉由另類政變，取得了義大利的政權。剛開始時，墨索里尼領導的是一個有其他黨派參與的聯合政府。但從1926年開始，他就成為義大利的

獨裁者，國王只是名義上的國家元首。不久之後，墨索里尼和希特勒締結了「友好關係」，這項關係一直持續到第二次世界大戰結束。

　　墨索里尼在1922年10月的勝利，讓德國的納粹黨員大感振奮。幾週之後，死忠的追隨者就到處宣稱希特勒乃是巴伐利亞的墨索里尼。納粹黨員刻意模仿法西斯黨徒的政治風格，像衝鋒隊就類似墨索里尼的戰鬥團。而法西斯黨徒發明的羅馬式致敬，也變成納粹黨專屬的致敬方式。從1926年起甚至對此還有專門規定，敬禮的時候要高呼「希特勒萬歲！」（Heil Hitler!）。就像法西斯黨徒力捧墨索里尼一樣，納粹黨員也對希特勒大搞毫無下限的個人崇拜。

　　一個懂得自我反省的人，會拒絕這類諂媚吹捧，但希特勒比他的義大利偶像更容易接受馬屁。不久之後，他就把自己看作墨索里尼第二，甚至是更好的墨索里尼。他自比為耶穌基督，把自己當成偉人，負有天命，來改變德國的命運。

衝鋒隊

　　1919年秋天，希特勒透過邁爾上尉，認識了恩斯特・羅姆（Ernst Röhm）上尉。羅姆跟隨著希特勒，不久之後也加入了德國工人黨。一次大戰時，羅姆的臉部受了重傷；他也是當初鎮壓慕尼黑蘇維埃共和那些自願軍團當中的一員，長相非常凶惡。經由羅姆，希特勒才開始接觸準軍事政治這一領域，主要是涉及到武裝自衛團。

　　根據《凡爾賽條約》，德國必須把國防軍縮減到10萬名職業士兵。但是單單巴伐利亞的武裝「住民保鄉團」（Einwohnerwehr）成員，就有這個數字的4倍之多。這些

1926
納粹黨引進
「羅馬式致敬」。

保鄉團都是在對抗「赤色分子」時，如雨後春筍般地冒出
來。經過一陣來回折衝，終於在1921年6月，將所有住
民保鄉團解散並解除武裝。羅姆就是專門負責處理這件
事，他在巴伐利亞右派之間交遊廣闊。羅姆將解除武裝
之後的步槍和手槍都暗中抽出一部分零件，用來規避《凡
爾賽條約》的規定，因而被稱作「機關槍之王」。住民保
鄉團則化整為零，成了無數的準軍事組織，其中就有納
粹黨的「衝鋒隊」。

　　衝鋒隊出自於「大廳保全人員」(Saalschutz)，由前自
願軍團和國防軍的成員所組成，在納粹黨成立後不久就有
這個編制。希特勒掌握領導權之後，大廳保全人員改名為
人畜無害的「體操與運動部門」，同時大力擴編人手。到
了1921年晚秋，已經有300名慕尼黑當地的年輕男子。
希特勒常常派遣體操與運動部門去干擾對手的活動。

　　11月初在一場皇家啤酒館的希特勒演講中，衝鋒隊
和社會主義人士爆發了鬥毆事件。帶柄啤酒杯有如手榴彈
般地丟往希特勒的方向，希特勒完全不為所動，繼續演
講，而衝鋒隊則開始毆打據說人數遠遠占有優勢的對手。
在《我的奮鬥》中，希特勒把這個事件誇為「皇家啤酒館
之役」，認為這是衝鋒隊真正誕生的時刻。

1922.10
科堡的
「德國人大會」。
　　1922年10月中，北巴伐利亞的城市科堡（Coburg）舉
辦了一場「德國人大會」。希特勒向帝國鐵路局（Reichs-
bahn）包了一列專屬列車，帶著大批手下浩浩蕩蕩前往科
堡，其中就包含了800人的衝鋒隊。雖然警方明令禁止這
支隊伍封街列隊遊行，但他們還是硬上。受到納粹遊行的
挑釁，社會主義人士和共產黨人開始和衝鋒隊扭打。而警
方不但沒有逮捕希特勒，還積極協助衝鋒隊成員，和他們

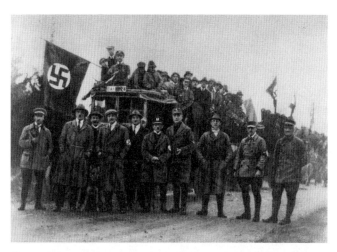

德國人大會，1922年10月14/15日，舉著卐字旗的納粹代表團。希特勒站在他的隨扈中間（左2）。

一起毆打左派人士。納粹黨人在科堡街頭橫行霸道。

　　這次的「大勝」強化了納粹黨在右派陣營的名聲。但不久之後，紐倫堡當地團體「德意志工作共同社」（Deutsche Werkgemeinschaft）就超越了納粹黨，這個團體是由希特勒的競爭對手奧圖・狄克爾所建立，當時的領導人是尤利爾斯・施特賴爾（Julius Streicher）。施特賴爾是個討人厭的反猶人士，接任之後不停地用他的報紙《衝鋒者》（Der Stürmer）鼓吹反對猶太人。施特賴爾的手下足足有2萬人，是納粹黨員的2倍之多。

　　國家社會主義在法蘭克地區（Franken）的推展特別順利，所以希特勒也相當重視。法蘭克這個地方有獨到之處，和上巴伐利亞地區篤信天主教不同，這裡信仰的是基督新教。和那些在帝國時期就被烙印上「反對帝國」標籤的天主教徒比起來，各地的新教教堂更加地擁護國家。反

猶主義在法蘭克地區廣泛地傳播，在紐倫堡更是聲勢浩大：中世紀時，這個城市是「德意志民族神聖羅馬帝國」（Heiliges Römisches Reich deutscher Nation）的象徵。日後希特勒在這裡舉行納粹黨的黨代表大會。

衝鋒隊繼續成長，從1922年秋天開始，赫爾曼·戈林（Hermann Göring）也成了希特勒最親密的心腹。戈林是一次世界大戰的空戰英雄，也是普魯士最高戰爭榮譽「功勛勳章」（pour le mérite）得主。他娶了有錢的男爵夫人卡琳·馮·坎紹（Carin von Kantzow）為妻，這位夫人是他因公出差到瑞典時結識的。他曾在慕尼黑大學旁聽歷史課程，但發現政治更為有趣；之後他也曾去聽希特勒的演講。戈林在德國的貴族圈子裡人脈很廣，這一點對於希特勒很有幫助。9月時，戈林受命為衝鋒隊的領導人。

從1923年5月開始，衝鋒隊內部就設置了一組希特勒的隨扈，叫做「阿道夫·希特勒突擊隊」（Stoßtrupp Adolf Hitler）。這個突擊隊是由一群特別好勇鬥狠的年輕人所組成，他們戴著黑色小帽，帽上有個骷髏標誌。一開始突擊隊只有不到20人，但是到了1923年11月，已經增加到大約上百人。此時的突擊隊隊長是演員尤利爾斯·施雷克（Julius Schreck），副隊長是製錶匠埃米爾·莫里斯（Emil Maurice）。不久之後，施雷克和莫里斯都成了希特勒的司機兼貼身保鏢。其他的突擊隊成員，包含藥房助理尤利爾斯·紹布（Julius Schaub），他日後成了希特勒的副官；公務員卡爾·菲勒（Karl Fiehler），後來被納粹任命為慕尼黑市長。還有退役少校華爾特·布赫（Walter Buch），從1933年開始就奉希特勒之命，擔任納粹黨內最高司法官（Oberster

「阿道夫‧希特勒突擊隊」，1923年。站在中間的，就是希特勒的司機兼貼身保鏢尤利爾斯‧施雷克，他日後也被封為「黨衛軍之父」。

Parteirichter）[2]。布赫同時也是馬丁‧波曼（Martin Bormann）的岳父，關於波曼我們會在後面討論。

　　從突擊隊裡面又分出了黨衛軍（Schutzstaffel），也就是惡名昭彰的SS。海因里希‧希姆萊（Heinrich Himmler）自1929年起，擔任黨衛軍的領導人。希姆萊跟隨戈林，幾個月後也加入了納粹黨，由羅姆拉攏他入黨。希姆萊的父親是慕尼黑一位受人尊敬的老師，他本人則在大學就讀農業經濟。瘦削的希姆萊戴著一副細邊圓框眼鏡，留著短短的小鬍子，看起來就像個低調的公務員。但是他絕不像外表那麼地人畜無害，而是一個狂熱的反猶者和種族主義

1929.1
海因里希‧
希姆萊成為
「黨衛軍」
（簡稱SS）領導人。

2　譯注：「黨內法院」（Parteigericht）是納粹黨內的司法部門，最初只是黨內的調查仲裁委員會，負責審理黨員入黨與開除事宜，類似國內政黨的考紀會。隨著納粹掌權與黨國逐漸一體化，1933年正式更名為黨內法院，而且擁有逮捕、羈押、搜索等正式司法機關權限。

者。因為他具有組織能力，而且對希特勒絕對忠誠，很快就在黨內竄升到高位。

周遭

　　此時希特勒的身邊已經圍了一圈親信。最緊密的一圈是他的隨扈，屠夫出身的烏爾里希‧葛拉夫（Ulrich Graf）和販馬商人克里斯提昂‧韋伯（Christian Weber）。幾乎和希特勒形影不離是大學生魯道夫‧黑斯，黑斯同時也是戈林在慕尼黑的大學同學。黑斯是個死忠的希特勒崇拜者，也是個狂熱的仇恨猶太人分子，他在種族民族主義陣營人脈很廣。此外，還有攝影家海因里希‧霍夫曼、記者赫爾曼‧埃瑟（〔Hermann Esser〕邁爾上尉的前新聞主管），以及希特勒在一次大戰中的前上級瑪克斯‧阿曼（Max Amann），也都同屬於最緊密的那一圈。阿曼負責經營納粹黨的黨營事業，包括《民族觀察者報》（*Völkischer Beobachter*）和埃爾出版社（Eher-Verlag），這家出版社是納粹黨當初連同上述報紙一起買下的。恩斯特‧羅姆也經常隨侍在側，他和另外一些人，是追隨者當中少數幾個可以和希特勒平起平坐、講話不必使用敬稱的人。

1922/1923
希特勒和
慕尼黑
的「社會」。

　　1922年和1923年，希特勒開始踏入慕尼黑上流社會的圈子。恩斯特‧漢弗斯坦葛（Ernst Hanfstaengl）外號「普奇」（Putzi），他在1922年聆聽希特勒的演講後，對希特勒印象十分深刻，因而加入納粹黨。漢弗斯坦葛出身自慕尼黑一個富有的出版商家庭，他曾到美國留學，而且很會彈鋼琴；希特勒特別喜歡請漢弗斯坦葛彈奏華格納作品裡面的旋律，因此他常常成為希特勒家中的座上賓。漢弗斯坦葛在人脈和錢脈兩方面大力支持希特勒，但他對於希特勒

胡苟·布魯克曼和艾爾莎（前排）參加慕尼黑皇冠區的一項納粹黨活動，1930到1932年之間。布魯克曼夫妻後面坐的是魯道夫·黑斯，黑斯後面第二位則是阿道夫·希特勒。

那惡劣的餐桌禮儀則完全不敢恭維。「領袖」常把喝一半的紅酒加糖再喝，還喜歡把奶油蛋糕壓成實心。

　　透過漢弗斯坦葛，希特勒認識了反猶書籍出版商胡苟·布魯克曼（Hugo Bruckmann）以及他的妻子艾爾莎（Elsa）。在這之前一年，希特勒結識了柏林的鋼琴製造商愛德文·貝希斯坦（Edwin Bechstein）和他的妻子海蓮娜（Helene），這對夫妻每年夏天固定來慕尼黑和巴伐利亞的阿爾卑斯山度假。經由海蓮娜介紹，希特勒認識了理察·華格納在英國出生的兒媳，維妮弗瑞德·華格納（Winifred Wagner）。

　　1923年10月，希特勒第一次受邀前往拜魯特（Bayreuth），作曲家華格納1876年在那裡建了一座大歌劇院。維妮弗瑞德很快就把希特勒當成德國的救星，盲目地崇拜他。今天我們可以說，艾爾莎、海蓮娜和維妮弗瑞德都算

1923.10
希特勒第一次
拜訪拜魯特。

上｜希特勒、海蓮娜和愛德文‧貝希斯坦在貝希特斯加登（Berchtesga-den），攝於1920年代中期。

下｜希特勒和維妮弗瑞德‧華格納，攝於1933年之後。最左邊的是希特勒的副官布魯克納。在布魯克納和華格納中間以及最右邊，是維妮弗瑞德‧華格納的兩個兒子。穿著黨衛軍制服的是侍從兼隨扈海因茲‧林格（Heinz Linge）

是希特勒集團的第一批女性成員,她們把希特勒當成自己兒子看待。透過她們,希特勒學到了在上流社會圈子裡要有什麼樣的舉止表現。除此之外,這些女性還捐獻金錢給希特勒,供納粹黨開銷和希特勒個人私用。

另一個金主和重要的中間人是商人庫爾特・呂德克(Kurt Lüdecke),據說住在慕尼黑的魯登道夫將軍之所以會注意到希特勒這個人,就是呂德克居中牽線。這位前陸軍最高指揮部的司令官,現在是德國極右派的最重要人物。而魯登道夫的牽線人不久之後也開始金援希特勒。

除此之外,有錢的俄羅斯人也捐了不少,特別是那些在俄羅斯內戰爆發之前就逃到慕尼黑的有錢人,魯登道夫將這些獻金分給不同的極右派團體。透過魯登道夫,鋼鐵工業鉅子弗里茲・提森(Fritz Thyssen)也開始支持納粹黨。希特勒自詡清廉,總是一再強調他不從黨內拿一毛錢。但有確實的案例顯示,部分的捐款最後落入了他自己的口袋。

政變

對威瑪共和來說,1923年是多災多難、艱困的一年。而最能代表這一年的,就是通貨膨脹和希特勒—魯登道夫的政變。貨幣貶值並不是偶然發生的,早在一次大戰結束時,德國就已經負債累累,光帳面上的債務就高達1,500億帝國馬克,這筆錢單單利息幾乎就要吃光國家財政總收入。德國還必須賠償戰爭的損害和重建,這樣戰勝國才有辦法甩脫自己的債務。沒有人知道,這筆帳到最後要怎麼算,德國的國民經濟有沒有辦法承受這麼大的負擔。

在威瑪共和的第一年,高額的戰爭債務導致貨幣貶值,而且政府必須另外舉債才能支付德國的賠款,這讓情

況雪上加霜。1921年1月，戰勝國初步估算德國的賠款高達2,260億金馬克[3]，這份要求立刻在全德國激起公憤。到了下一個月，希特勒的6千名聽眾擠滿了慕尼黑最大的集會場所皇冠區。納粹黨的宣傳照片用鮮明的光暗對比，從希特勒的視角顯示出「忠實」的集會人數。1922年4月，戰勝國將他們的賠款要求降低到1,320億金馬克，以66年的時間分期償還（直到1988年）。即使如此，這還是一筆鉅款，以今天的價值來計算，相當於7,000億歐元。

由帝國總理約瑟夫·維爾特（Joseph Wirth）[4]和外交部長華爾特·拉特瑙（Walther Rathenau）所領導的政府，別無其他選擇，只能答應這些要求，或者至少要有努力嘗試支付賠款的樣子，否則戰勝國威脅要占領魯爾區（Ruhrgebiet）。雖然政府已經盡力負責了，但維爾特和拉特瑙還是被右派詆毀為「履行條約的政客」。1921年8月，極右派暗殺了馬提亞斯·艾茨貝格。艾茨貝格就是一次大戰結束時，簽署德國降書的代表。

1922年6月，外交部長拉特瑙也遭受了同樣的不幸命運。拉特瑙是猶太人，電器集團AEG的領導人、德國戰爭經濟的規畫者，同時也是新興共和國的指標性人物。帝國政府因此制訂《共和國保護法》，但是政府對付右派的手段，遠比對付左派溫和很多。像在巴伐利亞，暗殺行動剛好都和衝鋒隊的外圍脫不了關係，這部法律在這裡就只是徒具虛文。帝國政府對於這種陽奉陰違的行為，也束手

3 譯注：金馬克為1871至1914年德意志帝國時期採取金本位時的幣制，一個金馬克相當於0.358423克的純黃金。
4 編注：約瑟夫·維爾特於1921年5月至隔年11月擔任威瑪共和（1918-1933）總理一職。

無策。

1923年1月，法國和比利時的部隊占領了魯爾區。這裡是德國最重要的工業區，擁有鋼鐵集團公司如埃森（Essen）的克虜伯（Krupp）。這次占領表面上是合法的，因為德國拖欠賠款未付；實際上這是法國的一次試探，想要擴大自己的勢力範圍。這件事情在德國引起了全民公憤，帝國政府號召採取消極抵抗，呼籲魯爾區的工人和公務員全面罷工，政府將會支付他們薪水。同時因為魯爾區的稅收也等於沒了，導致帝國馬克幾乎崩盤。大眾的儲金存款一夕之間蒸發，物價飆漲到讓人目眩的高度。

貨幣貶值的速度有如溜滑梯，對德國民眾心理的影響有如重大災難。從第一次世界大戰開始十年，德國人所經歷到的就是不斷地受到欺侮和打壓，通貨膨脹將這種感覺推到最高峰。戰爭開始之前，德國的經濟蒸蒸日上，擁有進步的社會福利立法和運作良好的國家法制，而現在整個世界好像開始崩壞，所有東西都不再可靠。因為人民大眾並不懂國民經濟的相互關聯，所以各種陰謀論大行其道。人民特別把責任怪罪在趁著通貨膨脹時大賺一筆的猶太商人和貿易商。而對於非猶太人的炒家，則較少怪責。

帝國總理古斯塔夫·施特雷澤曼（Gustav Stresemann）[5]在9月底停止了消極抵抗，因為通貨膨脹和民不聊生讓他難以為繼。另一方面，德國通貨的穩定措施也已經開始，這次危機已經過了最高點。但是施特雷澤曼所採取的必要措施，在極右派陣營引發了新一波的憤怒。此時，衝鋒隊已經和其他兩個準軍事組織合組一個極右派的「德意志戰

1923
魯爾區遭占領。
「消極抵抗」，
貨幣快速貶值。

---

5 編注：古斯塔夫·施特雷澤曼於1923年8月至11月擔任總理一職。

鬥聯盟」(Deutscher Kampfbund)，在施特雷澤曼採取相關措施之後，希特勒取得了德意志戰鬥聯盟的領導權。關於希特勒命令他的手下「向柏林進軍」(類似一年前墨索里尼的「向羅馬進軍」)的謠言，也立刻傳得沸沸揚揚。納粹黨人認為中斷消極抵抗的時機對他們很不利，因為他們的宣傳在危機中特別有效。

為了預防納粹黨人發動政變叛亂，巴伐利亞邦政府實施戒嚴，讓巴伐利亞實質上變成獨裁統治，總理古斯塔夫・馮・卡爾也成了「一般國家專員」(Generalstaat-skommissar)[6]。和卡爾站在同一陣線的是巴伐利亞國防軍指揮官奧圖・馮・洛梭(Otto von Lossow)將軍，還有巴伐利亞地方警察首長漢斯・馮・賽瑟(Hans von Seißer)，兩人也成了巴伐利亞的政治強人。這個三強人領導，依照古羅馬的先例，也被稱做「三巨頭」(Triumvirat)[7]。

三巨頭不只要預防希特勒發動政變，他們還想自己發動政變。三人和柏林的國防軍領導高層暗通款曲，尋求支持，但是遭到拒絕。希特勒的戰鬥聯盟則是依然故我地制訂自己的計畫，他們打算事成之後，推舉前慕尼黑警察局長恩斯特・普納(Ernst Pöhner)擔任新的巴伐利亞總理。然後戰鬥聯盟要進軍柏林，推翻帝國政府，讓希特勒與魯

---

6 譯注：一般國家專員和帝國專員(Reichskommmissar)是1871到1945年間德國的正式職官名。這些專員擁有特定權限，承平時期在中央政府任職，戰爭或衝突時期可以直接插手地方邦政務，並且不受地方議會節制，類似「欽差」、「國王特使」、「特派全權總督」的概念。

7 譯注：Triumvirat一詞來自拉丁文，tres意思是「三」(drei)，viri意思是「人」(Männer)。羅馬史上有所謂「前三雄」和「後三雄」，故翻為「三巨頭」。台灣與中國常把此處的Triumvirat翻為「三頭馬車」、「三駕馬車」，並不正確。

登道夫單獨執政。卡爾、洛梭和賽瑟事前已經得知這份計畫，但是他們沒有採取任何行動。

三巨頭按兵不動，令希特勒大受鼓舞。他所承受的壓力也很大，因為衝鋒隊已經快要安撫不住了，他們要求盡快行動。希特勒認為，如果再拖延下去，可能會讓部隊分崩離析，甚至調轉槍頭對付自己。於是他再次把所有一切都賭在一張牌上——一張由納粹黨在急就章之下發動政變的王牌——就像1921年夏天那次政爭一樣。事後三巨頭應該會識時務地跟隨上來，他在心裡暗暗希望。

希特勒的準備工作做得很糟，整個計畫只有少數幾個人知情，其中包含魯登道夫和衝鋒隊首領戈林。直到起事的前一天夜晚，他才告訴身邊的隨扈：「葛拉夫，明天8點開始行動。」也就是訂在1923年11月8日的晚上。第二天剛好是社民黨人菲利普‧謝德曼宣布這個討人厭的共和國成立5週年紀念日，卡爾受邀到市民啤酒館（Bürgerbräukeller）對這個日子發表演說。納粹黨的高層以為，卡爾會在這次演講中自行宣布政變，好對戰鬥聯盟先聲奪人。

11月8日晚上，大約8點半左右，希特勒調派突擊隊和一些衝鋒隊成員到市民啤酒館，館內已經有3千名卡爾的支持者，擠得水泄不通。他們把一隻機關槍推進大廳，希特勒和他的隨扈隨後出現。希特勒擠到講台，站在一把椅子上面，拔出他的手槍對著天花板鳴槍，要求大家安靜聽他講話。他激動地宣布民族革命已經爆發，巴伐利亞政府已經倒台。如果大廳裡的人膽敢反抗，他將下令格殺勿論。戈林隨後出來打圓場，要大家不要怕，像平常一樣繼續喝啤酒就可以。

與此同時，希特勒計畫中政變最重要的一步開始了：

1923.11.8
政變開始。

他必須讓三巨頭也參加起事。希特勒在隔壁房間對著卡
爾、洛梭和賽瑟下命令，他揮舞著一把手槍，聲稱新的帝
國政府必須在他的領導之下組成；如果政變失敗，他和他
的手下都會飲彈自盡。三人最後告訴希特勒，他們同意參
加他的政變。

希特勒回到大廳，宣布他的行動只針對柏林的「猶太
政權」，明天的「民族革命」如果不成功，他就準備成仁。
這等於眾目睽睽之下發表自殺宣言。沒過多久，魯登道夫
穿著他的帝國軍服出現，希特勒則到隔壁房間偕同三巨頭
一起登上講台。在群眾如雷的掌聲中，卡爾、洛梭和賽瑟
宣布他們支持希特勒的計畫。最後希特勒和四人一一握
手，這實在是一次成功的劇場表演。

然而，這個時候政變卻出了問題。政變分子雖然在羅
姆的指揮下占領了巴伐利亞國防部——也就是洛梭的辦公
室——以及在慕尼黑的警察總局，但接下來他們就踢到了
鐵板。希特勒犯了一個大錯，他離開市民啤酒館到現場去
支援他的手下，只讓魯登道夫陪著三巨頭，結果就是讓卡
爾、洛梭和賽瑟從容脫身。這三個人雖然向魯登道夫發過
誓，承諾絕對不會採取行動對付政變。但是一離開現場，
他們馬上撤回對希特勒的所有保證，還立刻打電話給邦警
察通風報信。

第二天早上，希特勒和魯登道夫終於明白大勢已去。
戰鬥部隊整個晚上都在拚酒和大吃大喝；現在政變分子坐
在大廳椅子上，多多少少都醉意未醒。時間一小時一小時
地過去。然後或許是出於魯登道夫的建議——而不是希特
勒——集結所有戰鬥聯盟人手，排成隊伍招搖過市，支援
還在國防部堅守的羅姆等人。於是2千名武裝人員從市民

啤酒館出發，魯登道夫和希特勒走在最前排旗手後方。

　　當政變分子走到市中心的劇院廣場時，在統帥堂（Feldherrnhalle）附近遇到一隊警察，於是爆發槍戰，造成14名政變分子和4名警察死亡。一名納粹黨當時的重要領導成員瑪克斯・艾爾文・馮・秀伊布納－里希特（Max Erwin von Scheubner-Richter）也遭到射殺。希特勒當時就站在他的旁邊，馬上臥倒在地或是被人撲倒。擊中秀伊布納－里希特的子彈，距離希特勒只有一個手掌的距離。如果當時擊中秀伊布納－里希特的子彈打中希特勒，世界歷史的走向將會完全不一樣。希特勒的隨扈烏爾里希・葛拉夫拚死站在前面替他擋子彈，身中好幾槍，最後還是活了下來。希特勒除了臥倒時肩膀脫臼外，其他毫髮無傷。

　　戈林的大腿中了一槍。另外，警察可能故意不對魯登道夫開槍，他依然站得筆直，接受逮捕時毫不抵抗，但沒過多久就被釋放，因為他發誓不會逃亡。一堆被捕的政變分子，日後都成了納粹德國的領導高官，其中有威廉・弗立克（Wilhelm Frick），之後成了慕尼黑警方的高階官員，還有未來的紐倫堡大區黨部領導（Gauleiter）尤利爾斯・施特賴爾，以及瑪克斯・阿曼・恩斯特・羅姆、威廉・布魯克納（Wilhelm Brückner）等人。

　　其他政變分子都逃跑了。戈林逃到奧地利，在那裡使用嗎啡來減輕槍傷引起的疼痛，卻染上了毒癮。之後他和妻子前往瑞典娘家，撐過了戒毒療程，結果反而變成藥物成癮。1926年，帝國總統給予特赦，戈林才回到德國，仍然是希特勒最親近的心腹。

　　希特勒沒有兌現他的宣言和他的手下一起飲彈自盡。他很快地衝進一輛車子裡，逃往恩斯特・漢弗斯坦葛在上

1923.11.9
希特勒差一點點
被射殺。

1923.11.11
被捕。

巴伐利亞史塔弗湖（Staffelsee）畔的豪宅。1923年11月11日，他在當地被捕。警方將他解送到萊希河畔的蘭茲堡（Landsberg am Lech）監獄，接受偵訊。

——————「……純粹的愛國精神」：——————
從審判到領袖政黨

審判

　　納粹黨、《民族觀察者報》、衝鋒隊和希特勒的突擊隊，在政變未遂之後通通遭到查禁。但是對希特勒、魯登道夫與一眾政變分子的審判即將開始，卻讓巴伐利亞政府很不安。他們害怕三巨頭曾祕密支持戰鬥聯盟這件事，被當庭抖出來，儘管三巨頭並沒有被起訴。基於這個原因，這件案子本來應該由萊比錫帝國法院（Reichsgericht）所管轄，現在改在慕尼黑審理。

　　在起訴書中，檢察官認定希特勒是主謀。卡爾、洛梭和賽瑟對此很滿意，因為他們可以全身而退。但是希特勒本人還更加滿意，因為訴訟給了他機會，可以把自己塑造為政變的「領袖」和發起人。他還相信自己會安全下莊，因為法院怕他會公開揭露三巨頭的政變計畫。

　　慕尼黑大審是右派的嘲諷，被告有希特勒、魯登道夫、弗立克、羅姆、布魯克納、普納，和很多已經被查禁的戰鬥聯盟團體領導人。法官奈特哈特（Neithardt）想盡辦法幫魯登道夫開脫，因為他想要魯登道夫無罪釋放。魯登道夫身著帝國軍服，坐著一輛大轎車前去受審，到了宣判那天甚至還戴上尖刺頭盔；希特勒也把鐵十字勳章掛在西裝上。

政變分子在宣判之前合影，1924年4月1日：希特勒的左邊是魯登道夫，右後方是威廉·布魯克納，右前方是恩斯特·羅姆。

　　希特勒願為政變負上全部責任，但是他自認無罪。他獲准在法庭上滔滔不絕地獨白好幾個鐘頭，捍衛他的政治觀點，他也可以像原告一樣地質問卡爾、洛梭和賽瑟。希特勒強調，這三個人是真正的叛徒，因為他們和他共同策畫這次政變，但卻在關鍵時刻背棄了他和德國人民（！）。

　　法庭宣布魯登道夫無罪。希特勒、普納和另外兩名戰鬥聯盟領導人，依叛亂罪最低刑度判處有期徒刑5年，如果表現良好，可以在半年之後得到假釋。於是所有被告以「純粹的愛國精神與高尚的意志」接受了這份判決。1924年4月1日宣判那一天，可以想見「幹得好啊！」和「萬歲！」的歡呼聲在法庭內此起彼落。

　　黑斯和其他21名突擊隊成員，接受完第二輪的政變審判之後，被拘禁在蘭茲堡監獄裡，納粹黨的核心部隊終於在此大團圓。蘭茲堡成了另類的黨中央，希特勒都可以

1924.4.1
針對希特勒
和魯登道夫的
慕尼黑大審宣判。

在蘭茲堡坐牢：希特勒、埃米爾・莫里斯（左2）、魯道夫・黑斯（左4）

在這裡上朝了。

蘭茲堡

因為審判的關係，希特勒現在成了極右派的超級巨星，蘭茲堡監獄對他來說有如旅館。他住在頂樓一間寬敞的囚室，白天的時候有一間會議室可以供這些政變分子使用，希特勒常常穿著皮褲坐在搖椅上，在這裡悠閒地打發時間。他接到數以簍計的粉絲信件，還有一張專屬書桌可以讓他回信。正因為可以通信，而且信件在監獄裡不會受到審查，所以他有辦法繼續對巴伐利亞的種族民族主義政治發揮影響力。

典獄長是納粹黨領袖的暗中崇拜者，所以盡可能地給希特勒和他的手下方便。美食如流水般地送進蘭茲堡，把希特勒養得白白胖胖，他的手下則是吸菸喝酒樣樣來，聽起來很可笑。1924年4月20日希特勒生日那一天，由祝

壽者獻花簇擁開場，當天「領袖」的訪客絡繹不絕，希特勒接待了超過500名客人。

1924年10月，他開始限制訪客的數量，以便專心完成《我的奮鬥》。寫一本書這個主意，乃是出自於瑪克斯‧阿曼。希特勒希望能夠把他的名氣轉化為金錢。稿紙是由希特勒的女粉絲維妮弗瑞德‧華格納送進監獄的。她可能也買了一架打字機，讓人帶進牢裡給他。大約在6月間，希特勒開始動筆撰寫這本書。

1924.6
希特勒開始
撰寫《我的奮鬥》。

本來這本書應該叫做《四年半對抗謊言、愚蠢和怯懦的奮鬥，一次清算》（*4½ Kampf gegen Lüge, Dummheit und Feigheit. Eine Abrechnung*），而且已經預告要在1924年7月出版。瑪克斯‧阿曼則建議給這本書取個有氣勢一點的書名：《我的奮鬥，一次清算》。剛開始的時候，希特勒原本想要對三巨頭好好地「一次清算」；但不久之後，就發展成希特勒的自傳與描述他個人世界觀的一項計畫。因為希特勒已經感受到成為偉大「領袖」的天命召喚，想要透過這本書公諸於世。

希特勒的德文在拼寫與文法方面有很大問題，而且第一冊也以一種讓人完全看不懂的風格所寫成，必須要靠細心的助理逐字逐句地修改潤飾草稿。儘管如此，《我的奮鬥》毫無疑問地是希特勒的作品。當第一冊問市的時候，有一些報紙用諧音嘲笑這本書是「我的抽筋」（Mein Krampf）。

1925年7月，這本書的第一冊由黨營事業埃爾出版社出版。待希特勒出獄以後，他才開始認真構思續集。第二冊於1926年12月間市。1930年時，兩冊合訂成一本近800頁的普及「國民版」。從那時候開始，特別是1933

1925/1926
《我的奮鬥》
問市。

年之後,《我的奮鬥》就一直是暢銷書,不停地再版,也翻譯成各國語言。這本書讓希特勒以及埃爾出版社大賺了一筆。

《我的奮鬥》在1933年之前有多熱門,我們不得而知。但是看過這本書的人應該會了解,希特勒當時在想什麼,他的企圖又是什麼。事實上,在1920年代中期之後,他的論點並沒有添加什麼新的東西。希特勒與威瑪共和時期的種族民族主義右派分子擁有同樣的信念,他相信是「民族」在創造歷史,而不是個人或社會階級;德意志民族的生存權,遠比1789年法國大革命所宣示的那些基本人權更加重要。根據希特勒的看法,德意志民族這個「種族」,是一個既定事實,只是面臨內憂外患,內憂是現代社會所帶來的軟弱,外患則是讓德國從1918年起就不斷沉淪的猶太人。在《凡爾賽條約》中,猶太人的企圖昭然若揭,目的就是摧毀德意志民族。

相信這種論調的,不是只有希特勒,種族反猶主義在大學生之間特別有市場。通常這些極右派的學生,也就是親身經歷第一次世界大戰與其後續的世代成員,他們可能不再以士兵的角色參與,而是以自願軍團成員的身分。這些年輕人重視「實事求是」,他們反對用暴動或迫害的方式來對付猶太人,這個觀點和1919年以後的希特勒一致。但他們希望國家政策能夠針對這個問題,運用法律的手段將猶太少數族群從德國完全「消除」。所以,如果在1933年之後,發現這些出自極右派環境的法律人或大學畢業生,在黨或國家機構裡位居要津——特別是在國家祕密警察裡面——也就完全不讓人意外了。

大家都知道,希特勒曾是英國毒氣攻擊的受害者。在

《我的奮鬥》中，他如此描寫猶太人：「如果我們在戰爭一開始或戰爭期間，就讓一萬兩千名或一萬五千名希伯來渾球去吸毒氣，而不是幾十萬名各行各業最好的德國工人在戰場上苦苦忍受，那麼前線幾百萬名死者也許就不算白白犧牲了。這兩者魚與熊掌不可兼得：適當時間淘汰一萬兩千名惡棍，也許就是救了一百萬對於未來極重要、普通德國人的命。」

這本書裡面，還看不到後來針對歐洲猶太人系統性大屠殺的相關計畫。但是寫這種文章的人，應該也不反對殺人。希特勒是一個如此固執的反猶主義者，他是真心相信猶太人幾乎無所不能。根據他的說法，猶太人操控了銀行和企業，剝削德國這個質樸的民族；另一方面，他們又是蘇聯布爾什維克統治的幕後黑手。希特勒聲稱，對抗這種幾乎無所不能的敵人，只有一個國家有勝算：就是由他所領導的德國。

這類意識形態對於未來納粹德國的外交政策，影響非常深遠。根據希特勒的看法，對「猶太布爾什維克主義」開戰，乃是德國支配全世界的第一步。而且這樣一來，德意志帝國還可以同時獲得「東邊的生存空間」；靠著這生存空間，經濟才有可能獨立自主。德國應該在歐洲大陸成為殖民大國，特別是在波蘭和蘇聯。這時其他的種族民族主義者還深信，未來一定是屬於德國和蘇聯「共同所有」的，德蘇統一的話，就可以併吞西方列強英國和法國。希特勒這種仇恨蘇聯的論調，在當時仍屬曲高和寡。

納粹黨重新建立

希特勒在蘭茲堡坐牢時，各路人馬山頭開始爭奪種族

民族主義陣營的領導權。剛開始的時候，希特勒還想從牢裡插手這類紛爭，但很快就袖手不管了。當1924年聖誕節前他從牢裡放出來時，整個極右派已經四分五裂，只有一個人能把他們全部統一起來：希特勒自己。

1924.12
希特勒出獄。

　　希特勒本來在幾個月之前就可以申請假釋，但是慕尼黑檢察署大力反對。檢察署最後沒有成功，因為有權決定的邦高等法院相信了典獄長對希特勒的溢美之詞，說他表現良好，已經改過向善。但是現在又出現了一個可能性，會讓希特勒的鬧劇落幕。希特勒是奧地利國民，他在德國犯下政治罪行，必須立即遭返他的家鄉。

　　結果第一個反對的是奧地利聯邦總理。他們也不想收這個燙手山芋，堅稱希特勒因為在德國陸軍服過兵役，已經成為德國人。這聽起來很荒謬，和當初針對希特勒的判決一樣扯。出獄之後幾個月，希特勒絞盡腦汁，希望讓遭返這種事未來不再發生：他到維也納申請放棄他的奧地利公民身分。這樣他只要付出一小筆費用，卻可以得到很大的保障。希特勒直到1932年為止，都沒有國籍。

　　希特勒出獄的時候，國家社會主義似乎已經關門倒店了。如果讓他在監獄裡面坐滿5年牢，或者把他遭送回去，他的政治生涯在實質上就等於結束，但偏偏事實不是如此。

　　這個時候剛好希特勒也得出一個結論，透過政變他是沒有辦法獲取權力的，納粹黨應該要靠參加選舉來取得政權。但是參加選舉的先決條件在當時還不成熟，因為在1923年時跌到谷底的威瑪共和，現在已經穩定下來。造成這一點的最重要原因，就是通貨終於透過膨脹回復穩定。由美國銀行家查爾斯・道斯（Charles Dawes）領導的專家委員會（Sachverständigenausschuss）為支付戰爭賠款制訂

了一套新的計畫，賠款的支付將取決於德國國民經濟的表現，每年支付25億元金馬克。同時美國的貸款也流向德國，原先疲軟的經濟逐漸復甦。

文化上的「美國化」也日益明顯。爵士樂在柏林盛行一時，美國和德國的電影明星到處受人崇拜，尤其這個時候有聲電影已經取代了默片。廣播找到了良好的商機，唱片的銷售動輒幾十萬片。科技之所以能在文化生活中扮演如此重要的角色，歸根究柢是第一次世界大戰所造成的，因為這次大戰算是人類史上首次機械戰爭。20年代中期，因為美式生活方式的影響，又進一步地強化這種科技熱潮。

汽車的買氣也蒸蒸日上，但只局限在買得起的一群人當中。汽車運動也逐漸興盛，這項運動風靡了所有社會與政治陣營，擁有幾百萬的支持群眾。當時在德國被稱作「美式」的，就代表現代文化的核心。當然這種現代文化所碰到的並不是只有一片贊同，同時也遭受到保守和種族民族主義圈子的強烈反對，就像在一次大戰前的繁榮時代一樣。

共和國內部則為了要為外交找出一條新路，而爭論不休。1925年，外交部長古斯塔夫·施特雷澤曼和西方列強簽訂《羅加諾公約》（Locarno）。這份公約意謂著放棄使用武力改變萊茵地區的國界，公約的一方是法國與比利時，另一方是德國，雙方對此都負有責任。英國和已然法西斯化的義大利則答應對西部國界提供軍事保證，如果德國攻擊比利時以及（或）法國（例如1914年那次）；或者反過來，法國向德國進軍（例如占領魯爾區），這兩國有義務為此出兵。

1925
《羅加諾公約》
涉及德國的
西部國界。

1926年，德國正式加入國際聯盟。這項抒解德法緊

1926.9
德國加入
國際聯盟。

張關係的政策也因此有了回報,一次大戰的戰勝國承諾,
在1930年撤出萊茵地區,比《凡爾賽條約》的規定提早
了5年。然後很明顯地,施特雷澤曼並不願意承認德國東
部國界也是不可改變的,所以和波蘭的關係依然緊繃。

　　1924年年底的帝國與地方議會選舉,種族民族主義
陣營的選票大幅衰退。所以巴伐利亞政府認為,就算現在
對納粹黨還有《民族觀察者報》解禁,他們應該也掀不起
什麼風浪,於是在1925年2月,禁令正式解除。不久之後,
希特勒和恩斯特·羅姆決裂了。羅姆出獄以後,又開始涉
足準軍事政治,建立了一個叫「禁止戰線」(Frontbann)的
種族民族主義右派組織,然而希特勒已經不想再捲入這類
政變冒險了。羅姆首先認輸,他跑到玻利維亞,在當地擔
任軍事顧問,開創了一番新的事業。

1925.2.27
納粹黨
重新建立。

　　1925年2月27日,希特勒在政變之後第一次登台演
講。為了宣傳造勢,他選擇了市民啤酒館。因為他曾在那
裡跌倒,他就要從那裡重新出發。於是納粹黨重新建立,
希特勒成為第一號黨員。5千名聽眾擠滿了大廳內外,希
特勒講了兩個鐘頭之久,暢談「德國的未來和我們的運
動」。演講的最後他明確地宣示,除了他以外沒有其他人
有資格領導整個民族:「並不是我個人想要,而是條件規
定如此,讓我不得不然,所以我個人只好負起這個責任。」
演講紀錄在這邊特別強調:「掌聲如雷,高呼萬歲」。

　　然而他還有一個必須認真對付的競爭對手:埃里希·
魯登道夫。在希特勒坐牢期間,這位將軍的領導頗受質
疑,所以希特勒很有技巧地把他解決掉。帝國總統艾伯特
在1925年過世,新的國家元首選舉在即,希特勒推舉魯
登道夫代表納粹黨出來爭奪大位。魯登道夫此舉引起了他

昔日同僚保羅‧馮‧興登堡的憤怒，因為興登堡本身也是候選人。而和興登堡競選，魯登道夫根本沒有勝算。1925年3月底，魯登道夫在第一輪選舉中，只拿到比1%多一點點的選票。他的政治生命自此終結，很快地就從報章媒體的版面上完全消失。

興登堡競選總統，對共和國來說是個沉重的負擔。雖然這位元帥承諾會遵守憲法，而且一開始的時候倒也信守諾言。但他絕對不是一位民主人士，而是屬於沒落的皇朝帝國遺老。此外，興登堡接任總統時，已經是77歲高齡，他的政治判斷能力也不太高明。我們接下來會介紹，興登堡的耳根子有多軟，如何被周遭親信的進言所影響，希特勒又是如何利用這一點。

1925.4
保羅‧馮‧興登堡
成為帝國總統。

希特勒愈出名，他所受到的崇拜就愈多。一位種族民族主義作家曾在1924年希特勒坐牢期間，寫了一本「希特勒的小故事」。在這本書中，希特勒被推崇為「民族希望的活生生化身」。這種造神運動在黨內更加誇張，甚至還提到希特勒的「君權神授說」，說希特勒是被更高的主宰所啟示。魯道夫‧黑斯從希特勒出獄以後，就一直擔任他的私人祕書。他對希特勒無條件地服從，而且在蘭茲堡時就是希特勒最親近的心腹。為了掌握這種領袖崇拜，黑斯少不了在後面推波助瀾。「這個運動，」黑斯寫道：「必須對於領袖天命的絕對正確性，有著絕對的信仰。」結果連希特勒本人都開始相信這類「天命」，且時間愈久，信得愈深。

但是這個時候，巴伐利亞政府突然下令禁止希特勒公開演講，其他的邦政府也陸續跟進。這道命令沒有給希特勒帶來多少麻煩，反而讓他多出很多時間，得以認真寫

作《我的奮鬥》的第二冊。他搬到巴伐利亞的阿爾卑斯山區，貝希特斯加登附近。很久以前他就對於上薩爾斯山區（Obersalzberg）久仰大名了，日後還在這裡蓋了一棟別墅。他在莫里茲民宿（Pension Moritz）租了一間小木屋，準備好好寫作。1925年7月底，希特勒前往拜魯特觀賞華格納音樂節，在那裡待了一週左右。從那時起，他和維妮弗瑞德‧華格納之間就不再使用敬稱，維妮弗瑞德甚至暱稱他為「沃爾夫」（Wolf）。自此之後，音樂節就成為希特勒每年行事曆上的固定行程。

第二年夏天希特勒又回到上薩爾斯山區，準備把書完稿。8月的時候終於完成，包含最後一章關於「東部政策」，以及對蘇聯與「猶太布爾什維克主義」的戰爭。

從1925年開始，一位蘭茲虎特（Landshut）的藥劑師格雷荷‧史特拉瑟（Gregor Straßer）開始策畫黨的組織改造。他將地方組織串連在一起，叫做大區（Gau）[8]，由大區黨部領導（Gauleiter）負責。史特拉瑟在蘭茲堡坐過很短一段時間的牢，當時他是柏林帝國議會裡「德意志民族自由黨」（Deutschvölkische Freiheitspartei，簡稱DVFP）的議員，而德意志民族自由黨則是納粹黨被禁以後發展出來的後繼團體，他們在北德和西德都有地方組織，他計畫讓這些組織都可以為希特勒的納粹黨所用。史特拉瑟比較沒有把希特勒當神崇拜，他提出了一份強烈偏左的政見，希望能為納粹黨人贏得更多勞工的支持。儘管如此，他還是非常支持希特勒，而他的策畫也非常成功。

另外一名重要的新成員是約瑟夫‧戈培爾（Joseph Goe-

1926.6
希特勒任命格雷荷‧史特拉瑟為納粹黨的「帝國組織部主任」(Reichsorga-nisationsleiter)。

8　譯注：大區（Gau）最原始的意義是指日耳曼人自然形成的封閉聚集地，後來引伸發展為地方行政區域。納粹時期，「大區」是正式的黨組織層級。

bbels）。他在大學主修德文，獲得博士頭銜後，想要當作家
一舉成名，不幸失敗了。戈培爾的個子相當矮小，他的右
腳有點畸形，因此有很強烈的自卑感，但是他也非常聰
明，同時野心勃勃。因為他有寫日記的習慣，所以我們可
以得知他和希特勒的關係如何。自從讀了第一冊《我的奮
鬥》之後，他就把希特勒當做天生的民族領袖和未來的獨
裁者。「我是如此地愛慕他！」他在日記上狂熱地寫道。

　　在國家社會主義支持者當中，戈培爾是屬於認為社會
主義重於國家主義的那群人。這一點他和希特勒不同，但
不久之後他就改變看法了。希特勒發現戈培爾的才能，邀
請他到慕尼黑，把他當成貴賓。戈培爾在那裡舉行一場演
講，演講結束之後，希特勒雙眼噙淚和他擁抱，這讓戈
培爾完全折服。「我向著一位偉人、一位政治天才俯首。」
他在日記中如此寫道。自此，他無條件地追隨希特勒。

　　1926年10月，希特勒任命戈培爾擔任柏林大區黨部
領導。在這個共和國首都裡，納粹黨實際上根本不存在，
他們在當地只有幾百名黨員。戈培爾的任務就是藉由廣
大的工人區去占領「赤色柏林」。他一方面把宣傳重點放
在對現代文化的抗爭，而現代文化在當時柏林已經頗為
興盛。另一方面他又鼓動反猶的熱潮，讓衝鋒隊在柏林
暴力示威遊行，對付「赤色分子」和猶太人。在戈培爾無
數次的演講中，他總是穿著一件皮夾克，這種夾克當時
很多共產黨員也很愛穿，同時他的文宣也刻意模仿共產
黨宣傳的風格。

　　希特勒當時36歲，以威瑪共和的標準來看，是個年
輕得不像話的政治家。而納粹黨的宣傳之中，也總是不停
地強調「年輕人」這個字。這絕不是巧合，在威瑪共和中

1926.10
希特勒任命
戈培爾擔任
柏林大區黨部領導。

期，發生了一件影響深遠的政治爭議就是關於「年輕人」的[9]。我們可以說這個年輕人神話，只是剛好被希特勒的黨所利用。因為這個黨是靠領袖信仰才團結在一起，希特勒讓他們成為一體。

1926年7月，納粹黨舉辦重建之後的第一次全國黨代表大會，會議在威瑪舉行，因為希特勒可以在圖林根（Thüringen）邦公開演講。一共有8千名黨員來為希特勒壯聲勢，相當於衝鋒隊人數的一半。在衝鋒隊之中還組成了黨衛軍，這個團體的前身是希特勒突擊隊，一個嚴格篩選的「菁英」團體。

希特勒褒揚黨衛軍，親自授與「血旗」讓他們保管；這是慕尼黑政變時，舉在隊列前方的一面納粹卐字旗，上面沾染了在統帥堂前被射殺的納粹黨人之血，這面旗子變成了某種聖物。希特勒用它來為衝鋒隊新的旗幟與軍旗（Feldzeichen）「祝聖」，他手持血旗然後輕觸這些東西。這個看似莊嚴的滑稽鬧劇，刻意模仿教會的儀式，卻打動了在場所有黨員與衝鋒隊隊員。自此之後，這就成為全國黨代表大會的固定戲碼。

1927年晚夏，全國黨代表大會首次在紐倫堡舉辦，

---

9 譯注：1920年代在德國政治和學圈裡大量出現討論年輕人、年輕世代的議題，該議題最早出現於19世紀末在歐洲展開的現代藝術運動，在法國稱為Art nouveau，在英國為Modern Style，在德國稱為Jugendstil，始於1895年在慕尼黑創刊的藝術雜誌《青年》（Jugend）。新藝術運動不是封閉型的運動，有各種主張和論述，共同趨勢在於主張藝術與生活的結合，要求呈現出新時代的風格。1928年，知識社會學者卡爾‧曼罕姆（Karl Mannheim）發表了《世代問題》（Prblem der Generationen），以社會學角度處理世代差異，將原本藝術運動的議題帶出了新的論述，導致當時的社會民主黨開始思考新生代黨員和黨內老人的關係。

希特勒抵達在威瑪舉行的納粹黨第二屆全國黨代表大會，1926年7月。

與會的人數較少。這也顯示，雖然納粹黨努力想要贏得有民族意識的工人階層的支持，但終歸失敗了。希特勒提出新的宣言，決定專注爭取中下階層，例如那些在商業競爭中，據說受到「猶太」百貨公司財團威脅的小商販。還有農夫也要更加努力收攬。

　　然而事情不會總是一帆風順。1928年5月國會大選，納粹黨的得票減少了2.6%。普魯士本來是威瑪共和最後一個禁止希特勒演講的地方邦，也在9月底解除禁令，眾人都以為國家社會主義要式微了，結果大錯特錯。11月16日，希特勒在首都最大的活動場館舉辦演講，也就是柏林的運動宮（Sportpalast），整個大廳擠滿了1萬6千名群眾，幾乎沒有站立空間。這次演講很成功，希特勒侃侃而談。納粹黨的黨員數也持續攀升，1928年底，已有超過10萬名黨員。

　　值得注意的是，希特勒現在開始淡化他的反猶論調，

1926.11
希特勒在柏林
運動宮演講。

特別是他想要籠絡市民大眾，怕他們被激進的反猶言論嚇跑。所以希特勒把重點放在「民族共同體」上，因為德國的經濟在經過威瑪共和中期的短暫復甦之後，又開始大幅衰退。1929年初，全國已經有300萬名失業者。希特勒為了一己之私，利用經濟危機與社會衝突，大力拉攏失敗者和不滿者。

到1929年的夏天為止，還有一系列的邦議會選舉要舉行，絡繹不絕的競選活動與競選廣告，讓公民眼花撩亂。納粹黨透過持續公開曝光，所塑造的形象是活力有幹勁。希特勒也出來演講好幾次，做為活動的高潮。所以他們的選舉成果有了明顯的進步，但還是沒有超過總選票的5%。

不久之後，希特勒受到中產保守的「德意志民族人民黨」所認同。這個黨的主席是很有影響力的媒體大亨阿弗瑞德·胡根貝克（Alfred Hugenberg）。納粹黨聯合了德意志民族人民黨與其他民族右派團體，發起一項公民請願，想要阻止楊格計畫（Young-Plan）[10]通過，這項計畫涉及德國戰爭賠償的最後規定，賠款將分59年償付。雖然楊格計畫明顯對德國有利，但希特勒和他的同夥仍然用過火的宣傳反對這項計畫，反對由社民黨領導的帝國政府。最後公民請願雖然失敗了，不過希特勒幾乎在一夕之間成為民族右派的政治巨頭。他現在已經不再是來自慕尼黑的極右派的「鼓手」，而是有資格躋身於那些有權、有錢、有影響力的大人物之中。

1929.6–10
納粹黨和
德意志民族
人民黨在
「帝國委員會」
（Reichsaus-schuss）內合作
反對楊格計畫。

10 譯注：楊格計畫（Young Plan）是指1929到1930年間，由美國銀行家歐文·D·楊格（Owen D. Young）主持專家委員會，為德國所制訂的一項新的戰爭賠款計畫。這項計畫讓德國可以分59年賠償1,139億帝國馬克，條件遠較之前寬鬆。

　　1930年5月，納粹黨在慕尼黑城中心的最好地段買了
一棟建於19世紀的豪宅，位於布林納街（Brienner Straße）
45號。這次購屋的資金部分來自於工業界捐款，還有部
分則是來自一項特別募款，由所有黨員強制集資——時間
點剛好落在經濟大蕭條中間。希特勒不久前在布魯克曼那
裡認識了建築師路德維希·綽斯特（Ludwig Troost），授命
他改建這棟豪宅。綽斯特是希特勒第一位御用建築師，
他從青少年時期起就立志成為建築大師。1931年年初，
納粹黨遷入他們的新總部。該棟建築此時被稱為「褐屋」
（Braunes Haus）[11]，因為納粹黨常讓人與衝鋒隊的褐色制服顏
色做聯想。屋內特別設置了一間大廳，慕尼黑衝鋒隊的旗
幟和軍旗都陳列在這裡，其中包括1923年的那面「血旗」。

1931.1
遷入慕尼黑的
「褐屋」，做為
納粹黨中央黨部。

　　希特勒的辦公室位於房子角落的一個大房間，裡面放
了一尊墨索里尼的胸像，一幅希特勒的步兵團在一次大戰
英勇作戰的圖畫，他的辦公桌後面牆上則掛了一幅普魯士
國王腓特烈二世（腓特烈大帝）的肖像。希特勒以普魯士
國王的繼承者自居，他希望自己的領導，能夠奠基在連保
守的德國市民階層也推崇備至的歷史典範之上。希特勒這
個奧地利人實在和普魯士扯不上什麼關係，但是他很推崇
腓特烈二世。

　　納粹黨的宣傳所傳達給黨員的領袖形象是：鎮日坐在
辦公桌旁，憂國憂黨。實際上希特勒很少踏入他的辦公
室，他對於如何駕馭行政機構一竅不通。而希特勒對官僚
體系與文件檔案的反感，早在他掌權之前就廣為周知，常
常讓他手下的工作人員無所適從。

11 編注：褐屋於二次大戰期間遭到炸毀。

1931.2
「皇宮」大飯店
成為希特勒
在柏林的總部。

　　1931年2月起，納粹黨也在柏林設了總部。他們在威廉廣場租下「皇宮」（Kaiserhof）大飯店的最上面一層樓，希特勒在裡面擁有幾間私人房間。從這座大飯店可以遠眺總理府，權力的大門就在納粹黨和他們「領袖」的眼底之下。

希特勒的「私生活」I

自我表現

　　政治生涯剛開始的時候，希特勒把他的外表當成祕密，沒有人可以對著他照相。1923年5月，政治嘲諷週刊《西木》（*Simplicissimus*）[12]曾問道：「希特勒到底長什麼樣子？」這個雜誌最後的結論是：「希特勒根本不是一個人，他只是一種狀態。」這句話可謂一語中的，因為希特勒只想要傳達某些東西，而不是想要表現某個人。攝影記者海因里希・霍夫曼深受希特勒信任，不久之後開始發布希特勒的照片，但是所有取景都經過精心準備與設計，這樣照片才能符合「領袖」的形象。

　　希特勒的招牌標誌就是他那有名的上嘴唇小鬍子（又叫做「希特勒的刷子」），還有凌亂的翹髮，從左邊披在臉上，再配合他用右手撥髮的招牌動作。希特勒有著一個又大又寬的鼻子，近看的話，會發現他的臉並不討人喜歡，他的政敵甚至覺得他醜到家了。但這個時候，希特勒的粉絲一定會拿他那明亮的藍色眼睛來反擊。理由很簡單：希

12 譯注：「西木」（Simplicissimus）這個名字出自於出自17世紀德文作家漢斯・雅各・克里斯多夫・馮・格里美豪森（Hans Jakob Christoffel von Grimmelshausen）的一部小說《傻子西木大冒險》（*Der Abenteuerliche Simplicissimus Teutsch*），西木是書中的主角。

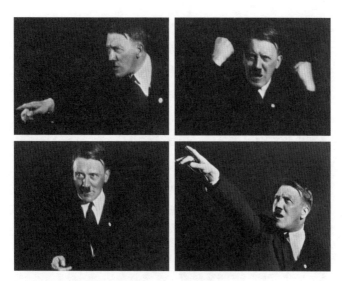

希特勒的演講姿勢，海因里希·霍夫曼所攝，1930年。

特勒握手的時候很用力，同時會故意盯著對方眼睛長長一
段時間，讓對方接納自己，這種演員小把戲百試百靈。

　　如同一位最內行的希特勒傳記作家伊恩·克肖所強
調，希特勒骨子裡就是一個天生的演員。

　　希特勒周遭的人也發現，他這個人是由很多不同的角
色所組成。所有的角色他都能夠完美地扮演，而且幾乎可
以隨心所欲地切換。「真正的」希特勒隱藏在這些角色後
面，他似乎隨時隨地都戴著一個隱形面具。希特勒最怕的
事情就是和人裸裎相見，或者在尷尬的時刻剛好被拍到。

　　希特勒不做運動，但從他可以連續幾個小時、毫無間
斷地舉手行希特勒式致敬，可見他的右手有固定鍛鍊過。
從這一點看來，他的體能無疑地相當好，只是不想張揚。

　　希特勒演講的時候經常汗流浹背，這會讓他體重大幅
下降，但他卻有辦法整場演講都用最高音嘶吼。通常講完

之後，他整個人會精疲力盡，瀕臨崩潰。但這可不能讓別人看到，希特勒的周圍親信會保護他不被外人偷窺。

剛開始的時候，希特勒大多穿著一套藍色西裝，打著一條黑色領帶；平常休閒時，他喜歡穿巴伐利亞式的皮褲。他最常穿、也最喜歡穿的就是制服——和威瑪共和許多熱衷政治的平民一樣。在政黨活動時，他大部分穿著褐色的衝鋒隊制服，只是希特勒不戴小帽，再加上一件馬褲、一雙高筒皮鞋、一圈納粹卐字臂章與皮製肩帶，這就構成一副黨的士兵完美外型，同時他還一直配戴著第一次世界大戰所得到的勳章。1933 年之前，在無數的選舉演講中，希特勒通常穿著深色西裝。無論是出席政治會談，還是受德國工商業負責人之邀發表演講，他都是一襲西裝前往。而且希特勒總是不忘配帶一條領帶，更讓他顯得外型出眾，佼佼不群。

生活習慣

當希特勒沒在構思或發表演講時，他最喜歡的生活方式，就是在年輕時所養成的那些習慣。他大部分時間都窩在自己的住處讀書，一開始是窩在慕尼黑提爾胥街（Thier-schstraße）上的一間寒酸房間裡。希特勒最驕傲的是他的藏書汗牛充棟，其中大多是歷史與軍事相關著作。基本上讀書還不能說是他的習慣，他主要是從報紙上獲得新知，會特別注意哪些東西可以用在他的演講上。

在他的住處外面，有很多他喜愛的餐廳和咖啡廳。遠在披薩店與義大利餐廳大舉進駐聯邦德國[13]之前，希特

13 譯注：雖然威瑪共和也是聯邦制，但一般提到聯邦德國（Bundesrepub-lik），一定是指二戰之後的德國（西德）。

勒就已經是個義大利菜的老饕，常常造訪一家叫做「東巴
伐利亞」（Osteria Bavaria）的館子。這些餐廳都座落在《民
族觀察者報》的編輯部附近，而希特勒又時常來視察編輯
部。他和那些逐漸成形的班底，最喜歡在那附近聚會，特
別是在黑克咖啡廳（Café Heck）。

　　威廉・布魯克納從1930年8月也加入這群班底，他
曾和希特勒一起在慕尼黑受審。他成為希特勒的副官，和
尤利爾斯・紹布一樣，伴隨希特勒左右，形影不離。

　　當希特勒真的需要聽取建議時，他最喜歡先找這個死
忠圈子商量。當時，「我的領袖」這個稱呼還不流行，大
家都尊稱這位黨魁為「希特勒先生」。而就像其他習慣指
揮的人一樣，他自己也只使用姓做為稱謂。在下面的部屬
之間，他們通常稱呼他為「老闆」（Chef）。

　　大部分親近的手下都隸屬於衝鋒隊，每天晚上隨扈會
護送他回住處。希特勒和他的保鏢克里斯提昂・韋伯總是
隨身攜帶一根馴狗鞭，希特勒還配帶了一把手槍。通常希
特勒全身裹在一件深色的長大衣裡面，頭上戴著一頂寬邊
帽子遮住臉，讓這位政黨領袖看起來很像一個黑道老大；
雖然納粹黨當時也和黑道差不多。

　　1925、1926年，希特勒停留在巴伐利亞阿爾卑斯山
的時間，比留在慕尼黑住處的時間還要多。因為這時他擁
有一輛拉風的大賓士車，可以讓他在慕尼黑與貝希特斯加
登之間輕鬆往返。希特勒特別鍾愛賓士這個尊爵不凡的品
牌，這是一輛黑色的敞篷車，擁有兩個後座和壓縮引擎，
價值26,000帝國馬克。希特勒在蘭茲堡坐牢的時候就已
經下訂單了，雖然當時還不知道買車的錢要從哪裡來；最
後是他的金主布魯克曼夫婦送他這部車。當然他不是自己

希特勒和隨從：希特勒右邊是魯道夫‧黑斯，在黑斯與希特勒之間的是尤利爾斯‧紹布，左邊的是威廉‧布魯克納與恩斯特‧羅姆。攝於1931年。

開，希特勒從沒拿過駕駛執照，都是讓別人代勞。

　　當希特勒在隨扈的陪同之下招搖過市時，他看起來比任何時候都更像一個美國黑幫老大。這個架勢也很切合時代：「美國」在當時很多人眼中，特別是年輕人，象徵著一個更好的未來。希特勒和同時代的人一樣，都很瘋現代科技，尤其是汽車。

　　希特勒的生活習慣很奇怪。前面提過他都很晚起床，只有在選舉的時候例外，那時他必須按照戈培爾和他的工作人員所訂的行事曆來作息。希特勒吃得很省，在政變之前他吃肉，也喝一點小酒。從蘭茲堡出獄以後他就只吃素，也完全滴酒不沾。這個飲食習慣的改變，理由其實很簡單：他在蘭茲堡期間明顯地發福了。另一方面，希特勒又嗜吃蛋糕、餅乾與其他甜食，這一點明顯與他時常鼓吹的健康生活方式不符。

從20年代晚期開始，希特勒就做出一副儉樸的樣子，雖然他的生活方式很花錢。一開始的時候，所需的費用都是由他那些有錢的金主買單。1930年起，他因為書賣得很好而大賺一筆，還從商人那裡獲得了不少政治獻金。晚間他喜歡去聽音樂會或看歌舞戲劇表演，也會看看電影，而且總是有隨扈陪同。這些大眾文化當時在柏林相當流行，希特勒也是愛好者之一。

希特勒的日子過得愈來愈好，最明顯的跡象就是他的住處，他也靠住處尋求上層市民階層的認同。1929年他搬進位於慕尼黑高級地段攝政王廣場（Prinzregentenplatz）寬敞的新家，新家在頂樓下面一層，有9個房間。但是門牌上面掛的不是他的名字，而是他的女管家溫特（Winter）女士。

1929
位於慕尼黑
攝政王廣場
的新住處。

同時希特勒也在上薩爾斯山區租了一棟自己的度假別墅，這棟屋子叫做「瓦痕菲爾德之家」（Haus Wachenfeld），視野良好，可以遠眺阿爾卑斯山和奧地利城市薩爾斯堡（Salzburg）。內部有5個房間，一間帶壁爐的大客廳，廚房附帶食品儲藏室，也有浴室和廁所。

希特勒拜訪了住在維也納的同父異母姊姊，這時安喬拉的先生勞勃（Raubal）已經過世，希特勒便請她擔任管家，照看他的度假小屋。表面上安喬拉是承租人，這樣一來希特勒不但可以節稅，還可以隱瞞他在巴伐利亞阿爾卑斯山區擁有度假別墅可住的事實。

1932年夏天，安喬拉代表希特勒委託一位建築師規畫改建，並在希特勒掌權後立刻進行。改建後，有條大馬路直通別墅，房子前面還有一座車庫，車庫上方有個大陽台，房子和陽台之間由一間溫室連結。此外，希特勒還在

希特勒的行館「山宮」,「大廳」裡的落地窗。

房子右手邊建了一棟小木屋,主要是給他的隨扈、副官和醫生居住。

1933
買下上薩爾斯
山區的「瓦痕
菲爾德之家」;
到了1936年,
擴建為「山宮」。

　　不久之後,希特勒乾脆把這棟房子買下來。一座木製大門封住了前面的馬路,在「希特勒家」的門牌旁邊,還掛了一個「內有惡犬」的牌子,禁止他人進入。「瓦痕菲爾德之家」很快就變成大型旅行團參觀的熱門景點,他們跑來上薩爾斯山區朝聖,希望能親眼見到「領袖」。到了1936年,希特勒花費鉅資將這裡擴建為「山宮」(Berghof),他常在這裡上朝開會或接待國賓。這時環繞著溫室有個大陽台,還有「大廳」做為典型的接待室和希特勒收藏的名畫的展示廳。最有名的就是大廳裡那足足有30平方公尺大、可電動升降的落地窗,從這裡可以眺望阿爾卑斯山,一覽無遺。

　　山宮的照片在納粹時代廣泛流傳,甚至還有彩色版,這些照片有助於強化領袖崇拜。馬丁・波曼負責管理上薩

爾斯山區這片所謂的「重點區域」，隨著時間的推移，他將這裡打造成高度維安地區，並且蓋了很多建築物。原來的地主大部分是農夫，受到威脅強迫而賣出他們的土地。

女人

　　希特勒喜歡年輕女性在他身邊，他總是對她們彬彬有禮，這表示他在政治上剛出道時，那些女性金主長輩教他的社交禮儀很有成效。但我們不能因此就下結論說，希特勒很重視女人。從青少年時期開始，他就很瞧不起女性，而且常常表現出對女性的極度反感。他曾一再地表示他不可以結婚，因為德國就是他的新娘。但這份自大只是一枚煙霧彈，用來掩飾他的承諾恐懼與自以為是。

　　1926年夏天，希特勒正在貝希特斯加登的「德意志之家」撰寫第二冊《我的奮鬥》，他在那裡認識了16歲的瑪莉亞・瑞特（Maria Reiter）。希特勒刻意接近這個年輕女孩，讓她感到受寵若驚，這位出名的政治家居然對她感到興趣。希特勒遇見瑪莉亞時，已經37歲了。1926年聖誕節，他送給她一本《我的奮鬥》，上面有他的親筆題辭。兩人魚雁往返，從信裡可以看出，瑪莉亞應該是愛上了希特勒。但是希特勒在回信中，總是以長輩自居，稱呼她為「孩子」，從頭到尾沒有叫過她正式的名字，而是叫她「米琪」（Mizzi）或「米差兒」（Mizerl）。他則是讓她稱呼他為「沃爾夫」（Wolf）[14]。這個化名是納粹黨早期，希特勒為了掩飾身分時所用，但他明顯很喜歡這個會聯想到「狼」、代表力量與狡猾的形象。

1926
「狼」和
瑪莉亞・瑞特。

14 譯注：「沃爾夫」（Wolf）的德文意思也正是「狼」。

希特勒和他的外甥女安吉莉卡・勞勃（Angelika Raubal, 小名叫吉莉）在「瓦痕菲爾德之家」的草坪上，攝於1930年。

1926年底，希特勒寫信給瑪莉亞：「是的，孩子，妳真的不曉得妳對我的意義，以及我有多愛妳。」但是實際上，希特勒對「米琪」並沒有很深厚的感情，第二年年初他就結束了這段風流韻事。戰後瑪莉亞・瑞特聲稱，她曾與希特勒訂過婚，而且和他有過一夜纏綿。這應該不太可能，因為不久之後，希特勒的身邊又有了一個新的女人。

但對於安吉莉卡・勞勃（Angelika Raubal），希特勒顯然真的動情了。安吉莉卡小名叫吉莉（Geli），她是希特勒同父異母姊姊的女兒。

吉莉・勞勃也比希特勒小了20歲，是個年輕又活潑的女孩。她在林茲通過中學畢業學測，然後在慕尼黑申請到醫學系，但不久之後又轉到音樂系。這裡講的是叔叔追求外甥女——就像以前希特勒的父親追求他母親一樣。剛到慕尼黑不久，吉莉就開始和希特勒的司機埃米爾・莫里斯交往。希特勒既生氣又吃醋，於是在1927年12月開除

1927
開始和吉莉・
勞勃交往。

了莫里斯。從那時候開始，有好幾年都是由尤利爾斯・施雷克幫他開車。

1929年10月開始，吉莉表面上向二房東希特勒承租提爾胥街的房間，實際上她是住在攝政王廣場新公寓的一間房間裡。希特勒很寵她，送了她不少禮物和衣服，外出吃飯時也常常帶著她一起去。吉莉陪著他上劇院、看電影，在慕尼黑附近郊遊踏青，甚至一起去上薩爾斯山區。希特勒付錢讓她上聲樂課，但正式的音樂系課程她就沒去上了。

希特勒和吉莉之間到底是什麼關係，目前還不清楚，也不知道兩人到底有沒有性關係。可以確定的是，希特勒把他的小女朋友當成個人財產。照希特勒的想法，沒有他的陪同，她哪裡也不能去。

兩年之後，吉莉終於受不了了，她想要回奧地利，但希特勒不准。1931年9月19日，吉莉被發現死在希特勒的住處，她用叔叔的手槍朝自己的胸口開了一槍。納粹黨聲稱，她是在把玩希特勒的手槍時不小心走火。但是依照另一個版本的說法，她本來只是想用自殺來凸顯她的困境，結果在公寓內因失血過多而死。所有的說法都指出，吉莉之所以會自殺，是被她那占有欲很強的叔叔給逼死的。

希特勒傷心欲絕，她在攝政王廣場和度假別墅的房間都成了另類的紀念館，只有他本人可以進入。希特勒委託旁人根據吉莉的相片畫出好幾幅肖像，懸掛在他慕尼黑的住處。

另一方面他好像也不是真的那麼傷心，吉莉後來葬在維也納的中央公墓，葬禮過後不久，希特勒受邀前往漢堡演講，接受群眾的歡呼。幾天之後，施雷克又馬不停蹄地把他載回維也納，因為希特勒要去看外甥女的墳墓。這是

1931.9
吉莉・勞勒死亡。

19歲的伊娃·布朗，1931年的肖像照，上頭有親筆簽名。

1932
可能在這一年
開始和
伊娃·布朗交往。

1932.8或11月
伊娃·布朗
自殺未遂。

唯一一次，希特勒對吉莉·勞勃致哀。

伊娃·布朗（Eva Braun）取代了吉莉的位子，從1929年秋天開始，她就在希特勒的御用攝影師海因里希·霍夫曼的分店工作。伊娃也比希特勒小了23歲，希特勒可能是在吉莉死亡之後，才認識這位19歲的照相館職員。種種證據顯示，霍夫曼故意在兩人之間穿針引線，以便強化他在希特勒班底當中的地位。

和吉莉不同，希特勒和伊娃的關係一直祕而不宣，大部分德國人都是戰後才得知。她不會在公餘時間陪伴希特勒，在霍夫曼所拍的無數照片中，也很少看到伊娃的身影。當然在希特勒的親信圈子裡，大家都心知肚明她就是希特勒的伴侶，稱呼她為「伊娃」或「EB」。但即使是伊娃，我們仍然搞不清楚，這兩人是否發生過性關係。唯一的證據是戰後才出土的伊娃親筆日記，但這份文件極有可能是偽造的。

有一件事可以確定，伊娃在1932年也曾自殺過，可能在8月或11月。希特勒不想再牽扯到這一類的醜聞，而她則明顯地想對他施壓，結果她達到目的了。最晚從1932年年底開始，伊娃就成了希特勒身邊的女人——儘管只有在他有時間陪她的情況下。1936年2月，就在山宮改建即將竣工之際，她取代了希特勒姊姊安喬拉，成為上薩爾斯山區別墅的女管家。從那時候開始，伊娃就把希特勒的山宮視為第二個家。她和希特勒在一起的時間，實際上只局限於希特勒來這裡度假時。

長久以來，大家都認為伊娃是個膚淺的女人，但實際

上並不是這麼簡單。她下定決心要在希特勒身邊與班底裡面，占有一個不引人注目的位子，如果不是他的話，根本不可能有她的一席之地。毫無疑問地，伊娃很崇拜希特勒，視他為她的「領袖」。但她是否愛他，我們不得而知。反過來說，希特勒也幾乎不可能對伊娃有真愛。

另外一個和希特勒走得很近的女性，是約瑟夫・戈培爾的妻子。希特勒花了很多時間和瑪格達・戈培爾（Magda Goebbels）及其家人在一起，這段友誼讓希特勒遭致一些負面的流言。但是即使希特勒懷抱著某些友誼的情懷，也是對戈培爾夫婦兩人。和伊娃不同，瑪格達可以扮演納粹德國的「第一夫人」的角色，即使丈夫不在旁邊時也一樣。這對夫婦有6個孩子，每個孩子的名字，開始的字母都是H，和希特勒一樣。

權力遊戲

突破

1929年10月24日，紐約證券交易所的股票交易突然崩盤，開啟了世界經濟大蕭條。德國立刻受到影響，因為德國國民經濟相當依賴美國金融機構的貸款。這些貸款在紐約股災之後遭到回收，造成很多企業破產，接著是大規模失業。納粹黨的機會來了。

1930年3月底，社民黨籍帝國總理赫爾曼・穆勒（Hermann Müller）請辭下台，這是威瑪共和最後一任民主政府。穆勒不知道他的政府倒台這件事已經在檯面下醞釀了很久，其中一個關鍵性人物就是庫爾特・馮・施賴謝爾（Kurt von Schleicher）將軍。這位將軍是國防軍內部的領導人物，

1929.10.24
紐約證券交易所
「黑色星期五」，
世界經濟
大蕭條開始。

1930.3
威瑪共和最後
一任民主政府
倒台，海因里希・
布呂寧成為
帝國總理。

和帝國總統興登堡有過密切的合作。興登堡贊同施賴謝爾的建議，應當任命一位新的帝國總理，而這個人必須唯總統的馬首是瞻。現有的人選是海因里希·布呂寧（Heinrich Brüning），他是天主教「中央黨」的政治家，在一次大戰時曾經擔任過軍官，所以和興登堡很投合。

　　布呂寧靠著帝國總統的緊急命令來執政，也就是《威瑪憲法》第48條的規定，只是這些命令事後必須得到國會的追認。1930年7月，布呂寧將一份預算法案提交給國會，大幅消減公共支出預算。因為擔心對於人數節節高升的失業人士雪上加霜，這份法案在國會沒有獲得通過。之後布呂寧以緊急命令的形式再度提出同一份法案，受到社民黨與納粹黨的反對。由於國會不願聽從總理，興登堡下令解散國會。雖然憲法允許這麼做，但在法學家之間仍然有相當的爭議。然而國會改選已經勢在必行，選舉訂於1930年9月14日舉行。

　　這一屆國會原本應該到1932年才改選。可以想見，大選提前有利於激進的政黨，特別是納粹黨，因此解散國會可以說是一項重大的政治失誤。對納粹黨人來說，他們根本沒想到在經濟危機之中還有這種天賜良機，所以高興得不得了。不久之前，希特勒才任命戈培爾為納粹黨的全國宣傳部部長，戈培爾馬上風風火火地投入選戰。希特勒的演講吸引了大批的群眾，9月10日他在柏林運動宮當著1萬6千人面前講演。兩天後在西里西亞城市布列斯勞（Breslau）的演講，則有不下3萬人參與。選舉結果出乎所有人的意料之外，納粹黨獲得18.3%的選票，在國會中占有107席[15]。

1930.9
納粹黨在
國會選舉中，
突破成為
大眾政黨。

15 編注：納粹黨躍升為國會第二大黨。

接近650萬的選民受到希特勒的鼓動，投票給納粹黨，是兩年前的8倍。選民之中有40%的人來自中產階級，但納粹黨在其他的社會階層也有所斬獲。它是德國第一個全民政黨（Volkspartei）——但是，是一個靠抗議起家的全民政黨，黨的組織也遠較社民黨與天主教的中央黨現代化。像這種政黨版圖的突然大變天，不僅是空前，到今天為止也算絕後。納粹黨成功了，它充分地利用了各個階層對於威瑪共和的厭惡。

這已經算是贏到不能再贏。1930年9月開始，納粹黨的黨員數迅速攀升到高峰，年底已經擁有40萬黨員，是一年前的兩倍之多。到了1931年底，黨員數再度翻倍，達到約80萬。納粹黨的聲勢愈來愈強，拉攏到所謂的知名人士也愈來愈多，包括市長和民間社團的領導人。

政治上的手段已經沒有辦法抑止納粹黨人了，帝國總理布呂寧拒絕任命希特勒擔任內閣部長。1930年10月初，希特勒與布呂寧會面，結果這場會面又成了希特勒那招牌的獨白秀，他激動地宣稱，要把共產黨員、社民黨員、法國和俄國「通通消滅」。自此之後，布呂寧就看清了希特勒的本質：一個危險的狂熱分子。而在希特勒這邊，他也帶著仇恨緊盯著布呂寧的一舉一動。

1932選舉年

1932年一整年都被選戰填得滿滿的，由帝國總統選舉揭開序幕，因為興登堡的7年任期滿了。因為支持者的盛情難卻，希特勒只好出馬和興登堡一戰，由戈培爾於2月底宣布他決定投入選戰。

希特勒當時沒有任何國籍，如果想要成為帝國總統，

他勢必要有德國國籍。因為這個原因，布倫瑞克（Braun-schweig）的邦政府任命希特勒擔任政府顧問，納粹黨在這個邦已經是聯合執政的一員。這樣一來，他就自動成為德國公民了。希特勒就職的時候宣誓效忠《威瑪憲法》——但是日後他一有機會，就毀滅了這部憲法。

參加帝國總統選舉的，還有共產黨主席恩斯特·泰爾曼（Ernst Thälmann）。然而態勢從一開始就很清楚，這場選舉注定就是興登堡和希特勒的對決。希特勒展開了一場真正的演講馬拉松，每天在一個不同的城市開講。第一輪投票，希特勒獲得了30%的選票，興登堡獲得49%。由於離帝國總統當選所需的絕對多數還差一點，所以要進行第二輪投票。

1932.3
希特勒在帝國
總統選舉中，
敗給了興登堡。

為了衝第二輪投票，戈培爾和格雷荀·史特拉瑟想出了一個絕妙的主意，就是讓希特勒搭飛機去競選造勢。這在美國已經稀鬆平常了，但在德國還沒有政治家率先想到這一招。1932年復活節過後不久，「領袖」開始了第一次所謂的「德國飛透透」，宣傳口號是個雙關語：「希特勒飛越德國！」（Hitler über Deutschland）[16]。不到一個星期希特勒就舉辦了20場冗長的演講，吸引了接近一百萬人來聆聽，納粹黨辦的群眾活動人山人海。

1932.4.10
興登堡
帝國總統連任。

當時很多人相信，希特勒有個和他長得一模一樣的替身，因為他常常在不同地方出現。1932年4月10日，興登堡在第二輪選舉中獲得了43%的選票，連任成功，但希特勒的得票率也上升到37%。

同一時間，帝國總理布呂寧的時日無多了，原因是布

16 譯注：德文介系詞über有多重意義，除了「希特勒飛越德國」，這句話也可理解為「希特勒君臨德國」（Hitler herrscht über Deutschland.）。

希特勒坐在漢莎航空（Lufthansa）的飛機內，1932年。當時機艙內的暖氣設備不佳，希特勒所戴的帽子，通常是騎摩托車的人在戴的。

呂寧和興登堡在4月13日下令查禁衝鋒隊和黨衛軍。這一手的理由很充分，因為有明顯的跡象顯示，恩斯特·羅姆的黨軍即將發動政變，這個時候納粹黨的黨軍已經膨脹到40萬人。政壇幕後黑手庫爾特·馮·施賴謝爾將軍認為查禁衝鋒隊根本是項錯誤，因為他想要利用衝鋒隊來建立一個未來的軍事獨裁統治。施賴謝爾偷偷告訴希特勒，不久之後國防軍將不再支持布呂寧，興登堡將會放棄布呂寧，衝鋒隊的查禁令會被取消，國會將會重新改選。

　　結果一切都成真：5月底布呂寧辭職下台，幾個鐘頭之後，興登堡告知希特勒衝鋒隊和黨衛軍即將解禁，以及解散國會的相關事宜。新的總理法蘭茲·馮·巴本（Franz von Papen）在1932年6月1日上任，他透過施賴謝爾才有辦法坐到這個位子，大家都知道，他在政治上完全是個傻瓜。

1932.4.10
衝鋒隊被查禁。

1932.6
法蘭茲·馮·巴本成為帝國總理，衝鋒隊的禁令解除。

國會改選在1932年7月31日舉行，整個競選活動充滿暴力，實際上可以說是內戰了。重獲許可的衝鋒隊和共產黨的「赤色戰線戰鬥聯盟」（Rotfrontkämpferbund）幾乎天天都在街頭開戰，造成無數人死亡，光是1932年7月就有86人被殺，大部分都是納粹黨人和共產黨員。7月17日，漢堡的阿通納區（Altona）爆發了一場特別血腥的械鬥。這場衝突由納粹黨所挑起，納粹黨人和共產黨員殺紅了眼，16名無辜的阿通納市民在衝鋒隊人馬撤退之後，不幸被警察擊斃。

1932.7.20
法蘭茲‧馮‧
巴本接管
普魯士邦政府。

帝國總理巴本以阿通納的「血腥星期日」為藉口，接管了由社民黨籍總理奧圖‧布朗（Otto Braun）所領導的普魯士邦政府，自己兼任普魯士代理總理。理由是普魯士政府無法維持境內的安全與秩序，而阿通納當時屬於普魯士。真正的原因是巴本想要建立一個由貴族與軍人統治的獨裁政權，而普魯士正是他計畫中的絆腳石。他所謂的打臉普魯士，實際上是打了《威瑪憲法》的臉，社會民主黨當時對他也無可奈何。

1932.7.31
納粹黨在帝國
議會選舉中
成為最大黨。

與此同時，希特勒還在到處競選，他的第三趟「德國飛透透」一共跑了53個鄉鎮。7月31日的國會選舉，讓納粹黨更上一層樓。總共獲得37%的選票，可以讓納粹黨在國會占有230個席次，成為到目前為止國會最大的政治團體。另一方面，納粹黨沒有達成自己預期的目標，他們原先想要獲得絕對多數，也就是一半以上的選票，希望藉此能讓希特勒單獨執政。

在通往權力的道路上，希特勒也需要他人支持。1932年8月6日，他和施賴謝爾密會，表達希望擔任帝國總理的意願，同時內政部長由威廉‧弗立克出任，戈林出任航

空部長，史特拉瑟出任勞動部長，戈培爾出任宣傳部長。
除此之外，希特勒希望兼任普魯士總理。和施賴謝爾的對
話進行得非常順利，雖然施賴謝爾不打算接受所有要求，
但是他願意盡量滿足希特勒。施賴謝爾對於納粹黨的群眾
支持特別感興趣，他希望納粹黨能夠同意一起支持一位國
防軍的獨裁者──這樣他自己才有辦法單獨執政。

　　施賴謝爾的算計中並沒有考慮到興登堡，老大人雖然
不是議會民主之友，但他也不想讓希特勒擔任總理。這位
有名的元帥一講到希特勒，就很鄙夷地稱之為「那個波希
米亞下士」，他把希特勒的出生地布朗瑙和波希米亞不小
心搞混了。在這種情況下，希特勒再次把一切押在一張牌
上。他要求直接和施賴謝爾與巴本談判，談談為什麼應該
讓他擔任總理。巴本則是打算拋出政府副總理這個位子給
希特勒，如果希特勒幹得不錯，能夠贏得興登堡的信任，
那麼他願意辭職，讓位給希特勒。

　　然而希特勒拒絕了，他的原則是：全碗捧走，不然拉
倒。所以他拒絕動用他的政黨來幫助他人取得權力。納粹
黨支持者一心期待的只有掌握政權，衝鋒隊的成員也感到
很不滿，希特勒犯了一個嚴重的策略錯誤。換句話說：在
1932年8月，本來還有一次機會可以避免未來的大難的。

1932.8
希特勒拒絕
讓納粹黨
加入聯合執政。

遊戲終局

　　1932年夏天開始，德國的經濟環境日益惡化。深秋
之際，威瑪共和的危機來到了最高峰。根據官方說法，這
個時間點大約有600萬人失業，實際上的數目超過800萬。
議會民主完全失去了人民的支持，從1918年起，危機就
一波接著一波，大家都不再相信自由民主能夠解決社會的

問題。納粹黨在他們的競選廣告中，大力強調自己是失業者的最後希望。

　　唯一自始自終都支持共和的政黨，只有社會民主黨，但是它也失敗了。各種利益團體在幕後操控一切，而德國人民根本毫無所知。這些團體有工業大集團、大地主和國防軍，他們希望終結威瑪共和。關鍵性的人物除了希特勒，還有巴本、施賴謝爾和興登堡。

　　施賴謝爾在1932年8月就已經知道，興登堡不打算任命希特勒擔任當總理；但是沒有納粹黨的支持，政府也沒辦法在國會過半；而希特勒又拒絕合作，國家頓時陷入憲政危機。8月底，帝國總統同意巴本和施賴謝爾的建議，決定再次解散國會，於1932年11月6日重新選舉。希特勒再次「德國飛透透」，一共辦了50場演講。選戰很花錢，納粹黨的黨庫選到空空如也。如果這次沒有成功拿到絕對多數，對希特勒和納粹黨來說將是前途茫茫。

1932.11.6 納粹黨在國會改選中得票大減。

　　結果正如戈培爾所擔心的，希特勒離目標還差一大截。納粹黨少了200萬的選票，國會席次剩下196席，選前是230席。希特勒之前拒絕加入政府聯合執政，讓他的支持者很不爽，納粹黨的選舉氣勢已經過了高峰。巴本續任帝國總理，但是在國會裡面支持他的兩個政黨，德意志人民黨和德意志民族人民黨，兩個加起來也才拿10%的選票。巴本重新詢問希特勒，是否願意加入政府聯合執政，希特勒再度拒絕，所以政府在11月17日總辭下台。

　　到底要如何組成一個新的政府，到目前為止毫無頭緒，因為興登堡堅持不讓希特勒擔任總理。這時施賴謝爾制訂了一項計畫，由他來領導德國政府，也讓興登堡放棄巴本。1932年12月3日，施賴謝爾出任帝國總理。他想

失業者在漢諾威（Hannover）勞工局前面排隊，1930年秋天。仔細看的話，後面的營房上有希特勒的競選廣告。

到一招，就是把史特拉瑟拉攏到他這一邊，藉此分裂納粹黨，而且史特拉瑟在工會之間名聲還不錯。施賴謝爾很了解史特拉瑟，知道他和希特勒以及幾個重要的手下不合，彼此的關係很緊張。施賴謝爾認為，如果有人能讓他獲得納粹黨內的大多數支持，史特拉瑟正是理想人選。1932年12月初，施賴謝爾和史特拉瑟密會。

1932.12.3
庫爾特‧馮‧
施賴謝爾
出任帝國總理。

　　然而施賴謝爾高估了史特拉瑟背叛希特勒的決心和能力，雖然史特拉瑟常常批評希特勒，基本上他還是忠心耿耿。希特勒得知了這場密會，他下令史特拉瑟到皇宮大飯店向他報告，結果兩人爆發激烈的口角。12月8日史特拉瑟辭掉所有的黨職，希特勒拆散史特拉瑟的黨部組織，自己接掌了納粹黨的組織領導，最後希特勒將史特拉瑟定調為叛徒，不願饒恕他和施賴謝爾的私下接觸。如果當初施賴謝爾的計畫成功了，德國和整個世界就會倖免於希特勒的獨裁。但是最後計畫失敗了，反而

1932.12.6
希特勒開除
史特拉瑟。

加快了希特勒的掌權之路。

施賴謝爾因為史特拉瑟而弄得灰頭土臉，這讓他幾乎還沒就職就元氣大傷，巴本因此看到了復仇的良機——藉由希特勒和納粹黨的幫忙。但是扯施賴謝爾後腿的不是只有巴本一個，一些專幫東普魯士大地主利益代言的有力人士也紛紛棄他而去，連阿弗瑞德·胡根貝克都轉而反對總理。他本來想要經濟與農業部長這個位子，被施賴謝爾拒絕後，只好押寶在希特勒身上。

1933年1月4日，希特勒和巴本在科隆一位銀行家的屋宅中見面。希特勒從他在1932年8月所犯的錯誤中學到教訓，他對巴本的態度不亢不卑。在巴本看來，希特勒似乎已經不再堅持要擔任帝國總理。他立刻向帝國總統報告會談結果，然後繼續和希特勒談判。

1933.1.18
希特勒和巴本
會談，興登堡
最後同意
希特勒出任總理。

1月18日這兩人再度會面。同一時間納粹黨在小邦立波——代特莫爾德（Lippe-Detmold）的邦議會選舉中單獨過半執政，這個微不足道的小勝給了希特勒新的動力，他再次提高姿態，要求總理大位。他和興登堡的一個政治菜鳥兒子奧斯卡·馮，興登堡（Oskar von Hindenburg）見面會商，巴本也參與其中，一共談了兩個鐘頭之久。在會談中希特勒「只」要求自己出任帝國總理，同時為他的黨爭取兩個部長位子。巴本想要擔任副總理，也就是希特勒的副手。最後興登堡終於點頭，希特勒的掌權之路再無阻礙。

1月28日，施賴謝爾和他的內閣總辭。然而巴本提出了條件：除了這三個位子外，不可再有其他納粹黨員在內閣中任職，希特勒必須要受保守派的部長們制衡。根據巴本的看法，希特勒將被完全架空。巴本提議由胡根貝克出任經濟與農業部長，希特勒則表示，如果胡根貝克贊成在

政府組成之後立刻重新改選，他才會點頭。希特勒想要藉
此改選，讓納粹黨與德意志民族人民黨取得絕對多數，然
後讓國會通過一個自我閹割的授權法案。雙方無法達成協
議，胡根貝克也表示，希特勒這個總理位子應該坐不久。

　　1933年1月29日早上，巴本與希特勒、戈林商討部
長的分配。希特勒擔任帝國總理，同時他在1923年的政
變同志威廉·弗立克擔任內政部長，赫爾曼·戈林擔任普
魯士邦的代理內政部長。巴本續任普魯士邦的帝國專員
（Reichskommissar），其他部長的位子，大部分由原先施賴
謝爾政府的官員留任。巴本和胡根貝克打的算盤是，這些
官員可以充當一道保險，讓希特勒不至獨斷獨行。胡根貝
克甚至說：「希特勒已經被我們架空了。」

　　1933年1月30日上午，希特勒和他的內閣成員在帝
國總統興登堡面前宣誓就職。胡根貝克繼續和他爭論重新
選舉的問題，因為兩人吵得不可開交，所以讓興登堡枯等
了一小時之久。帝國總統雖然心裡不悅，但還是接受了他
們的宣誓。結束的時候他說：「現在，各位先生，和上帝
一起努力前進吧。」

1933.1.30
希特勒成為
帝國總理。

希特勒：無可避免？

　　這到底是怎麼發生的？為什麼像希特勒這種對現代國
家政府工作與行政管理一竅不通的門外漢，視法律為無物
還大言不慚、只會用殺人與恐怖來統治的人，最後可以取
得統治德國的權力？希特勒的崛起，絕大部分原因並不是
在於他有多優秀。在1923年政變之前，他只有在國防軍
裡面接受教育訓練。之後巴伐利亞的司法當局對他放水，
重要的是，地方邦政府也小看他了。希特勒靠著強運和對

手犯錯，躲過了坐牢、子彈和遣返。他的政黨遭遇了數不清的危機，但他仍然屹立不搖，因為他每次都勇於孤注一擲。這種行為在他日後依然故我，例如在外交政策上。

1930年9月納粹黨壓倒性的勝利，乃是一個關鍵性的前提，這讓希特勒的黨成為德國政治的中心。如果不是世界經濟大蕭條，就不可能有這種成功。同理，如果納粹黨沒有轉型為「領袖政黨」，也就沒有這次大勝，而這個「領袖政黨」的黨綱就是希特勒本身。當1932年11月納粹黨好像即將要崩盤時，那些在幕後操盤的黑手才開始對它感到興趣。

巴本和胡根貝克只想在短期之內利用納粹黨，他們想要借助納粹黨那龐大的民氣，來建立一個國防軍和大地主的獨裁統治。這個獨裁統治會禁止勞工運動，永遠杜絕回到議會民主的任何可能。巴本和胡根貝克當初沒有想到，希特勒擴展自己的權力會侵蝕他們的利益。希特勒在謀略上比這些人都高上不只一層樓。

希特勒的獨裁並不是無可避免，一直有機會可以阻止。第一次世界大戰之後的德國政治文化促成了他的崛起，同時也導致站出來捍衛憲政秩序的民主政治家與公民屈指可數。最後威瑪共和被有心人摧毀，而希特勒借此之助，得到了原本依照他自己能力根本碰不著的權力——雖然他的能力也只會演講和煽動。

3

Der »Führer«
「領袖」

　　1933年1月30日上午，希特勒和他的政府成員當著興登堡的面，宣誓忠於《威瑪憲法》。

　　希特勒的同盟伙伴，特別是副總理巴本，在徹底廢除憲法這件事上和他有充分的共識，宣誓效忠憲法不過是逢場作戲罷了，而且他們一定也很想讓勞工運動在政治上閉嘴消音。但是關於這幾點具體應該怎麼做，彼此間就意見紛歧了。新的帝國總理希特勒對此也一知半解，儘管他一心想要獨裁統治。

　　在蘇聯，約瑟夫·史達林（Josef Stalin）也被稱為「領袖」。但和蘇聯不同的是，國家社會主義沒有「純粹的教條」，沒有經典文獻可以讓人引經據典，無論1920年的政黨黨綱還是《我的奮鬥》都沒有這種地位，因為希特勒本身就是黨綱。無論是帝國總統還是軍方，目前他都沒有能力招惹，所以希特勒想要透過合憲的手段來達成他的獨裁。他發明了一種法治國，可以藉由納粹黨之助，讓這個法治國完全聽命於他，事後再加以摧毀。

獨裁統治

1933.1.30
一個轉變？

　　1933年1月30日，威瑪共和終結，開啟了獨裁、戰爭和集體屠殺的道路。希特勒倚靠的是納粹黨，這時納粹黨已經變成了一場集體運動，它的黨員把「領袖」獲取政權視為「新時代」的開端。戈培爾策畫一場火炬遊行來表達這種勝利的爽快感，1月30日晚間，衝鋒隊的人馬成員、德意志民族主義者如「鋼盔團」，全部聚集在政府機關區。

　　仔細檢視的話，這場火炬遊行其實是一場成功的戲劇表演，這一天也稱不上什麼時代的轉捩點。但是「領袖」

希特勒的內閣被相關部門人員與官員圍繞，攝於剛剛宣誓之後，1933年1月30日。

坐者（從左至右）：赫爾曼・戈林（納粹黨籍，帝國不管部部長，專派〔kommissarisch〕普魯士內政部長，1933年4月起任普魯士總理，1933年5月起任航空部長），阿道夫・希特勒（納粹黨籍，帝國總理），法蘭茲・馮・巴本（無黨籍，副總理）。站者（從左至右）：納粹黨經濟事務黨工華爾特・芬克（〔Walther Funk〕1933年3月起任宣傳部國家祕書，1938年2月起任帝國經濟部長，1939年1月起兼任帝國銀行總裁），內閣部會顧問漢斯・海因里希・拉默斯（〔Hans Heinrich Lammers〕納粹黨籍，1933年3月起任總理府國家祕書，1937年11月起任帝國不管部部長、帝國總理府祕書長），「鋼盔團」（Stahlhelm）領導人法蘭茲・賽爾特（〔Franz Seldte〕德意志民族人民黨籍，之後加入納粹黨，任帝國勞動部長），君特・格瑞克（〔Günther Gereke〕基督教國家農民地方人民黨籍，擔任了幾個月創造就業帝國專員），約翰・路德維希・葛拉夫・施未林・馮・克羅希克（〔Johann Ludwig Graf Schwerin von Krosigk〕無黨籍，1937年1月加入納粹黨，任帝國財政部長），威廉・弗立克（納粹黨籍，擔任帝國內政部長直到1943年8月），維爾納・馮・布隆貝格（〔Werner von Blomberg〕無黨籍，1937年加入納粹黨，任帝國國防部長；1935年6月到1938年2月被解職為止，擔任帝國戰爭部長），阿弗瑞德・胡根貝克（德意志民族人民黨主席，至1933年6月擔任帝國經濟與糧食部長）。未在照片中的有康斯坦丁・馮・諾伊拉特（Konstantin von Neurath）男爵（無黨籍，1937年加入納粹黨），擔任帝國外交部長直至1938年2月；法蘭茲・君特納（〔Franz Gürtner〕德意志民族人民黨籍，1937年加入納粹黨），擔任帝國司法部長直到1941年1月過世；以及保羅・馮・艾爾茲・瑞本納赫（Paul von Eltz-Rübenach）男爵（無黨籍），擔任帝國郵政與交通部長至1937年2月。

納粹黨的宣傳海報，1933年。

主張有時需要使用暴力手段來完全改造德國社會，並不僅僅只是宣傳的伎倆。大多數人民都認為威瑪共和失敗了，人們渴望一個強有力的領導迅速帶來一場新的秩序。

因為納粹黨有辦法動員大批支持的群眾，納粹黨的領袖崇拜也傳染給社會和國家，希特勒很快地就在德國人的生活之中無所不在，還被他的黨抬舉為民族象徵。在一張納粹政權初期的海報上，可以看到他等同於一個由無數衝鋒隊隊員所組成的德國；希特勒的頭上有聖靈盤旋，象徵神的祝福。

領袖崇拜對德國社會的衝擊相當廣泛，原因在於一種對於和諧與領導的深切渴望，這種崇拜實際上和希特勒個人沒什麼關係。統治系統之所以能夠運作，乃是人民和「領袖」之間有一種互動，只要他們不屬於新政權的受害者，那麼很多人就願意把希望和期望寄託在希特勒個人身上。

但只有希望是不夠的，還必須要有政績。事實上希特勒在經濟與外交政策上相當成功，這是在他掌權之初大家所沒預料到的。一年之間希特勒和納粹黨對德國所造成的改變，比1918年以來歷任政府加起來還要多。

本來似乎大多數德國人只是在別無選擇之下，緊緊地抱著一個政府救命，但事後的發展，卻讓很多國內外觀察家紛紛跌破眼鏡。這些改變是如此地深沉，改變的速度是如此之快，簡直可以和一場革命相比擬。1934年8月，希特勒成為獨裁統治者。

「一體化」政策

巴本、胡根貝克和興登堡同意了希特勒重新改選的要求，雖然他們明知在策略上這是一招錯棋。希特勒從擔任總理的第一天起就原形畢露：他繼續拚選舉。「民族共同體」就是為了拚選舉的一句口號。從1914年8月開始，很多德國人就夢想民族能夠大團結，希望藉此弭平現代工業社會的緊張與對立。

1933年2月1日，總理透過廣播，發表了一篇長達4小時的「告德意志同胞書」。他為集體失業的苦難唏噓不已，同時用布爾什維克主義的幽靈恐嚇人民，他的政府有一項使命，就是團結復興國家來對抗這項危險。希特勒故意把共產黨和社會民主黨打成一丘之貉：「馬克斯主義分子」已經把德國搞成一片「殘垣斷壁」。但接下來4年他打算怎麼重建德國，希特勒卻完全不提。儘管如此，他還是在結尾呼籲：「現在，德意志同胞們，給我們4年時間，然後再來評價和裁斷我們！」

2月3日，希特勒對陸軍和海軍高層闡述他的內政和外交政策理念，這次他講得更加清楚。當時聽眾有帝國國防部長維爾納·馮·布隆貝格和國防部祕書長華爾特·馮·賴歇瑙（Walter von Reichenau）少將，兩人都是納粹黨員。希特勒談到了「消除民主的弊病」以及「徹底地消滅馬克斯主義」；而未來戰爭的目標，希特勒指出，乃是「用武裝的力量，拓展德意志民族的生存空間」。這空間可能就在東歐。在那裡可以把占領來的土地「日耳曼化」，而且可以「毫無顧忌地遣送幾百萬人出去」，也就是驅逐。希特勒也答應重新實行普遍徵兵制，以及祕密武裝國防軍。

1933.2.1
希特勒的
政府文告。

1933.2.3
希特勒在
國防軍高層
面前講話。

他這一番大膽的戰爭宣告，完全沒有任何矛盾或不通之處。

幾天之後，希特勒在爆滿的柏林運動宮演講，同時透過廣播對全德國放送，正式打響了納粹黨的選戰，整場活動是由戈培爾所主導。希特勒穿了一件褐色的納粹黨制服，他用「國民同胞兄弟姊妹們」來稱呼他的聽眾，愈講愈大聲，大力抨擊馬克斯主義，主張要趕盡殺絕（Ausrottung）。他提出用工人與農民的「民族共同體」來對抗階級鬥爭與議會主義，同時承諾會清理國家的污穢與腐敗。

演講的高潮是一段主禱文風格的公開見證：「有一點我深信不疑，今天辱罵我們的那幾百萬人，總有一天，會轉而支持我們，然後被我們接納，大家一起打拚，努力奮鬥，艱苦卓絕，建立新的德意志帝國（歡呼！）。一個偉大、榮耀、富強、燦爛與正義的德意志帝國──阿門！」

總理身兼上天派遣下來的領袖──這個角色希特勒當仁不讓。他又開始搭飛機，一個個城市飛透透，到處舉辦人氣鼎沸的演講。和以往不同的是，這次有國家電台供他使用，所以被戈培爾充分拿來利用，製造宣傳造勢。而且很快地就有德國工業大亨奉上一筆數以百萬計的政治獻金，把納粹黨原本空虛的黨庫又補得滿滿的，讓希特勒和戈培爾又可以再次大顯身手。

與此同時，戈林正在籌劃讓納粹黨在普魯士掌握權力。去年夏天巴本接管了普魯士政府，現在納粹黨正好以此將計就計。戈林目前是普魯士的代理內政部長，名義上他是巴本的下屬，但是他可以指揮警察，這才是最重要的權力手段。就像大區黨部領導戈培爾所說的一樣，掌握柏林街頭的人，也就掌握了德國相當重要的一部分。衝鋒隊的暴力行為，也受到了戈林所領導政府一定程度的縱容。

戈林命令普魯士的警察在「對抗共產黨
的恐怖行動和暴動攻擊」時，應該毫不猶豫
地使用槍械，不這樣做的人，將會受到處
罰。幾天之後，戈林將5萬名衝鋒隊員與「鋼
盔團」成員，編組成一支所謂的「輔助警察」
（Hilfspolizei）。

這支警察部隊配有武器，而且在對抗恐
怖攻擊時，擁有戈林「開火令」的授權。這
讓衝鋒隊員大為振奮，終於可以公報私仇，
好好地和對手算算總帳。於是共產黨員和猶
太人開始被輔助警察肆意逮捕，劫持到刑求
室，然後受到嚴重地虐待和折磨，甚至遭到
殺害。這同時也是集中營的開端。

難道戈林不怕衝鋒隊這支褐衫軍失控嗎？他其實對這
個風險心知肚明。但戈林和希特勒、戈培爾一樣，都深信
共產黨正在積極籌劃，打算推翻新政府。如果要對這場虛
構的政變先發制人，就要使用暴力引共產黨出洞。一旦共
產黨員發起暴動，那麼他們的黨就會在第一時間被查禁。

2月27日晚間，國會大樓陷入熊熊大火！縱火者是個
年輕的荷蘭人，叫馬里努斯·范·德·魯本（Marinus van
der Lubbe）。他是一名泥水工，曾有一段時間參加過荷蘭
的共產黨，但和德國共產黨毫無關聯。希特勒在2月27日
深夜去了一趟正在燃燒的國會大樓，然後陶醉在復仇的幻
想中：「只要一碰到共產黨的黨工，就應該把他就地槍斃，
每個共產黨的議員都應該在這個晚上被吊死。罪證確鑿，
一切都和共產黨員有關。至於社會民主黨人，現在也沒有
保護傘了。」戈林也發表類似的談話。

保安警察（Schutzpolizei）和
衝鋒隊的「輔助警察」，1933年
3月。

1933.2.17
戈林對
普魯士警察
發布「開火令」
（Schießerlass）。

1933.2.27
國會縱火案。

想要不經法院審判就將人處決，在這個年代還是天方夜譚。但這個晚上，警方開始集體逮捕共產黨的黨工與議員，包括德國共產黨主席恩斯特‧泰爾曼。為了怕內戰爆發，內政部的抽屜裡從1932年11月起，就放了一份宣布戒嚴的計畫書，弗立克馬上把它拿出來用。希特勒一開始還在狀況外；這份發布於2月28日《為了保護人民與國家》的緊急命令，通常也被稱作《國會縱火法令》（Reichstags-brandverordnung），最初並不是他的想法，而是內政部的主意。

1933.2.28
興登堡公布
《為了保護
人民與國家
緊急命令》。

這份法令可以讓憲法所保障的基本權「暫時」失去效力。除此之外，如果任何地方邦沒有辦法採取「必要措施」來恢復秩序，帝國政府可以接管它們的權限。這份法令表面上合乎憲法，因為是基於帝國憲法第48條；實際上它是納粹不義國家的一份基本綱領。

為了證明共產國際的「罪嫌」，警方逮捕了德國共產黨國會黨團領導人，和3名保加利亞的共產黨員。他們和范‧德‧魯本一起在萊比錫的帝國法院受審，最後因缺乏證據而被無罪釋放。這個結果對於這場審判的發動者戈林而言，無異是一記響亮的耳光。范‧德‧魯本則被判處死刑，隨後在萊比錫被斬首。因為希特勒對於危害大眾的縱火行為，特別規定可以用死刑溯及既往，所以這位縱火犯才有辦法被處決。

1933.12.23
帝國法院宣布
國會縱火案
判決。

這種做法嚴重違反了法律古老的基本原則：行為時法律無明文規定，即不得定罪處罰。帝國法院用一種鄉愿的方式應付希特勒：它宣布3名保加利亞人無罪，同時用司法的手段殺害了范‧德‧魯本。希特勒對此很不滿意：他下令設立「人民法院」（Volksgerichtshof），這是政治特別法院。

　　國會縱火案後，納粹黨增強了他們對抗「馬克斯主義」的力道。共產黨人被迫害，部分社民黨人也遭到嚴重騷擾，甚至被逮捕。1933年3月5日，國會選舉的結果完全符合希特勒的預測，新的執政聯盟取得了絕對多數：納粹黨和由德意志民族人民黨所主導的「黑白紅戰鬥陣線」(Kampffront Schwarz-Weiß-Rot) 一共獲得了52%的選票，其中納粹黨的得票明顯上升，成長了11個百分點來到44%。一月的時候希特勒曾經承諾德意志民族人民黨，即使之後納粹黨得票增加，他也不會改組政府，結果選後他馬上就毀約了。希特勒終於得償所願，任命戈培爾擔任「國民教育與宣傳部」(Volksaufklärung und Propaganda) 部長，其中的「國民教育」和啟迪民智完全扯不上關係，而是照著政府意願進行全面性的操控。

1933.3.5
納粹黨和德意志
民族人民黨
在最後一次
「合法的國會
選舉」中，
獲得絕對多數。

1933.3.13
希特勒任命
約瑟夫·戈培爾
擔任宣傳部長。

　　納粹黨的獨裁滿足不了希特勒，他對執政的要求是包山包海的專制，讓人無從脫逃於希特勒。對此宣傳部必須規畫德國社會的「一體化」(Gleichschaltung)。一位歷史學者說得很貼切，戈培爾乃是納粹「意識工程」(Bewusstseinsindustrie) 的主導者與專家。這一點他當之無愧。在德國應該聽什麼、讀什麼和看什麼，都是由戈培爾決定。由他所領導的納粹黨宣傳部門，用「每週語錄」來精神轟炸同黨同志，不斷地向同志們灌輸「領袖」語錄，藉此讓他們忠誠地追隨領袖。

　　戈培爾製作了照片、圖像和海報，把「領袖」的圖像和玉照散播到最小的村莊。這位宣傳部長從以美國為師的商品廣告中，學到很多東西。洗衣粉寶瀅 (Persil) 是第一個利用現代廣告，把形象深印在德國消費者頭腦中的品牌，廣告裡面那個顯眼好記的人物「白衣女孩」(weiße

Frau），代表了乾淨和幸福。希特勒就是政治領域的「白衣女孩」，用他自己的方式建立一個品牌名稱。

希特勒政府是德國第一個為了一己之私，有目的地利用國家電台的政府。電器產業受命生產人人買得起的收音機，這種「國民收音機」（Volksempfänger）在當時相當地普遍，成了戈培爾最重要的喉舌，別名也叫做「戈培爾的凸嘴巴」（Goebbels-Schnauze）。1933年時，全德國大概有400萬台現役收音機；等到戰爭爆發時，這個數字增加到了3倍，而且市面上不是只有國民收音機，還有許多昂貴機種。

同時宣傳部還規定了所謂的「共同收聽」（Gemein-schaftsempfang）。學生、政府工作人員和工廠企業的「效忠團體」，都必須在特定時間集合，一起收聽廣播放送，以便強化共同的歸屬感。

納粹黨把德國共產黨與社會民主黨的新聞媒體據為己有，後來每個大區或鄉鎮黨部的負責人，也都掌握了當地的平民或教會報紙。瑪克斯・阿曼身為新聞部門的帝國領導（Reichsleiter）與納粹黨黨營事業埃爾出版社負責人，不久之後組織了一個龐大的報業集團。一部《報章發行人法》嚴格地限制了報紙出版人的權利，編輯不得不寫那些宣傳部事先交代的東西。戈培爾利用每天宣傳部的記者會，操縱報紙的風向；同時還對地方報紙下達指令，讓他們乖乖服從。

最後戈培爾也把他的手伸進電影業。最初的時候他只想用平面的宣傳製作來發揮影響力，但是電影的大眾市場很需要一些不同的影片，特別是由當紅明星所主演的娛樂片與滑稽片。戈培爾喜歡流連娛樂圈，特別是和一些與他有曖昧關係的女明星廝混。「電影製片們」欣然接受宣傳

部長的邀請，部長則提供經費和角色，委託他們製作電影。

希特勒靠納粹黨獲得了權力，但是當他現在大權在握時，他就不再需要這個黨了。「運動」失去了目標，所以開始了一場「革命」。因為納粹黨的黨工紛紛想盡辦法擠進國家與行政部門工作，黨既然幫助希特勒取得了權力，現在他們想要得到回報。

站在希特勒的角度，他在某種程度上對納粹黨鬆手，因為他還有地方上的各邦要征服，特別是有幾個邦不是由德意志民族人民黨或納粹黨所執政：包括漢莎同盟城市漢堡、呂北克（Lübeck）、不萊梅，以及黑森（Hessen）、巴登（Baden）、符騰堡（Württemberg）、薩克森（Sachsen）、紹姆堡—立波（Schaumburg-Lippe）和巴伐利亞。這些地方邦政府後來紛紛被推翻，藉此讓納粹黨單獨掌權。

整個過程其實非常地簡單：納粹黨的大區黨部領導叫衝鋒隊上街遊行，透過遊行和暴力行為反映出「人民的憤怒」，同時故意製造出「難以控制的狀況」。然後內政部長弗立克就會派出全權代表擔任帝國專員，這些帝國專員當然全都是納粹黨籍。所有事情都在幾天之內發生，也就是1933年3月5日到9日之間。先是「來自底層」的暴力，然後是「來自頂層」合法接管——一個典型的國家社會主義統治系統組成方式。

幾乎所有地方都是立刻補上政府首長，只有在巴伐利亞這個納粹黨的故鄉踢到鐵板，巴伐利亞人民黨（Bayerischen Volkspartei，簡稱BVP）籍的總理黑爾德（Held）抵死不從。但是在弗立克任命法蘭茲・瑞特・馮・埃普（Franz Ritter von Epp）將軍擔任帝國專員之後，黑爾德就放棄抵抗了。埃普順利就任代理總理。黨衛軍的領導人海因里希・

1933.3
「政黨革命」
（Parteirevolution）和納粹黨在地方邦掌握權力。

希姆萊因此從慕尼黑代理警察局長高升到巴伐利亞警政首長。他上任的第一把火，就是把前任官員所製作關於「領袖」的厚厚一疊檔案全部沒收，改放到希特勒私人保險箱內，在戰爭即將結束之前被希特勒下令銷毀。

根據普魯士的前例，巴伐利亞的衝鋒隊也組建了輔助警察。他們在3月上半逮捕了德國共產黨、屬於社會民主陣營的「帝國旗幟黑紅金」（Reichsbanners Schwarz-Rot-Gold）[1]以及社會民主黨的大量黨工。被逮捕的人都關押在納粹德國的第一座集中營內。希姆萊把這座集中營設置在小城達豪（Dachau），離慕尼黑不遠，而且是在眾目睽睽之下完成。希姆萊還親自召開記者會，報紙則大肆報導這座新營地。很快地，「達豪」就成了酷刑和殺戮的代名詞。這麼做也是刻意為之，因為他們想要散播恐懼和害怕。表面上看來，實施「預防性羈押」（Schutzhaft）也是合法的，因為《國會縱火法令》給了它法源依據。

1933.3.22
達豪集中營
啟用。

與此同時，納粹黨的政黨革命已經完全失控。鄉鎮或地方團體的領導人藉著衝鋒隊之助，用暴力把「馬克斯主義」或自由派的市長從他們的官署裡驅逐出去，有的時候甚至加以殺害，然後把自己陣營的專員派任到這個位子。通常衝鋒隊的領導人會接管警察的指揮權。納粹黨黨工的暴力行動，造成民眾巨大的恐慌。

帝國內政部決定在波茲坦召開新選出的國會，對希特勒和他的手下來說，有如天上掉下來的禮物。最初這個決議只是遵循緊急應變計畫：因為剛剛經歷火災的國會大樓

1　譯注：「國家旗幟黑紅金」是1924年建立的一個跨黨派組織聯合，不過實際上由社民黨人主導。這個組織致力於政治和歷史教育，以維護自由民主憲政秩序為己任。

還沒有辦法開會。波茲坦乃是普魯士的象徵，如果帝國總統興登堡能夠出席，將會為國會開幕增添光彩。對納粹黨來說，恭迎總統這件事，正好是為了一己之私而套用普魯士歷史的天賜良機。他們想要傳達的訊息是，普魯士過去的光輝燦爛，已經在國會選舉當中，和納粹的青年運動結合在一起。

當時戈培爾擔任宣傳部長才一個星期，他卯足全力向「領袖」證明他的能力。他實際的貢獻在於利用廣播把重大事件向全國轉播，以及讓其他城市也一起歡慶3月21日這個「波茲坦日」。帝國總統穿著帝國軍服出席，受到群眾熱烈地歡呼。希特勒則簡單穿著一襲燕尾服，態度很低調。甫當選的德國共產黨議員全部缺席，沒有人覺得奇怪，因為他們通通被捕了。

波茲坦的駐軍教堂（Garnisonskirche）裡葬著普魯士國王腓特烈二世，帝國總統和總理在這裡舉行了一場國家儀式，共同紀念這位死去的國王。演講時希特勒中規中矩，刻意表現出政治家風範，然後是長達一個鐘頭的國防軍部隊與納粹黨成員分列式行進。「波茲坦日」引發了民眾真正的熱情。當時在德國普遍認為「第三帝國」——納粹德國，繼受了「第二帝國」——德意志帝國的傳承，並且用真正的全民運動賦予它新的生命。

兩天後一切都回到現實，國會重新召開，這次是在克羅爾歌劇院（Kroll-Oper）。這是柏林市中心一棟閒置的劇院建築。當天的議程是審議《解決人民和國家痛苦法案》（Gesetz zur Behebung der Not von Volk und Staat），這項法案授權希特勒政府，可以不經國會同意發布法律。當時的風向如何，從外觀就可以看出來了。發言台後面牆上神氣活現

1933.3.21
國會在
「波茲坦日」
開幕。

地掛著一面巨幅卐字旗，衝鋒隊成員成群結隊，囂張地包圍了整棟建築。希特勒穿著他的政黨制服出場。

　　儘管面臨被捕的威脅，社民黨主席奧圖‧威爾斯（Otto Wels）還是反對這項法案。威爾斯有名之處在於，他在質詢中勇敢地提到法治國，提到「人性和正義的基本原則，自由和社會主義的基本原則」。他的這句話也廣為傳頌：「你可以取走我們的自由和生命，但無法取走我們的尊嚴。」但希特勒並沒有因此被嚇倒而不敢回應威爾斯的問題，他一臉怒容，在黨羽們震耳欲聾的歡呼聲中，語帶輕蔑與殘酷：威爾斯不該低估希特勒消滅對手的決心。

　　這項所謂的授權法案（Ermächtigungsgesetz）必須要有全體國會議員的三分之二同意，才能通過。納粹黨和德意志民族人民黨加起來，無法達到這個多數。因為社民黨反對這項法律，共產黨又無法出席，所以關鍵就落在天主教的中央黨身上。希特勒在爭取他們的支持時許下承諾，將會維護教會的權益和設施，同時和位於羅馬的教皇國梵諦岡建立起良好關係。最後，中央黨對授權法案投下同意票，國會自我閹割，授與希特勒獨裁統治。這項法案有4年的期限，但是政府也就是希特勒本人可以任意延長。1937年和1941年都曾延長過。

1933.3.23
國會通過
希特勒的
「授權法案」。

　　納粹黨此時已經攫取了地方各邦的權力，但是對於地方邦的存續，希特勒毫無興趣。所有地方各邦都將被「一體化」，從這個典型的納粹術語就知道結果了。各邦在憲法上的權利將被消滅，政府將任命一位「帝國總督」（Reichsstatthalter）來管理，大部分情形就是納粹黨的大區黨部領導。希特勒自己則兼任普魯士的帝國總督，剛好把當前的帝國專員巴本解職。沒過多久，希特勒任命戈林擔任普

1933.4.11
希特勒任命
赫爾曼‧戈林
擔任普魯士總理。

魯士總理。根據《威瑪憲法》，地方邦就是要避免帝國政府擁有太多的權力，但是這個設計最晚在1934年1月就瓦解了，由地方各邦代表所組成的帝國參議院被解散。參議院位於柏林萊比錫街的建築，則成了戈林的辦公大樓。

1934.1
帝國參議院
被解散，
「地方邦的
一體化」完成。

　　希特勒這個時候已經成了政壇的超級巨星。戶政事務所的公務員每天都和家長講得舌敝唇焦，每個新生兒都想要取名為「希特勒」或「希特勒瑞娜」。因為不想把「領袖」尊貴的姓氏搞成菜市場名，所以這些家長只得退而求其次，在出生證明書上改填「阿道夫」或「阿道芙娜」。「阿道夫」成了當時最熱門的名字。幾個月後，希特勒式致敬開始在公眾之間流行起來。1933年6月，帝國內政部長弗立克規定所有公務員都必須行希特勒式致敬，理由是：現在國家由納粹黨的領袖單獨領導，所以原來政黨的敬禮就變成德國式的敬禮，再也沒有比這個更好的方式，更能表現出整個德意志民族和「領袖」團結在一起。

　　1933年5月10日，在柏林以及其他大多數的大學城都舉行了燒書大會。這項活動是由「德國學生會」（Deutsche Studentenschaft）所發起，這個組織自詡為「精神上的衝鋒隊」。極右派學生開始追殺猶太裔的教授、學生和工作人員，根據預先擬好的書單，從圖書館和書店裡挑出所謂的非德意志書籍。在柏林，燒書的火堆就在大學正對面的歌劇院廣場，燒書的時候還有樂隊伴奏。德國猶太詩人海因里希・海涅（Heinrich Heine）的詩集也被燒了，19世紀時他曾寫道：「人們在哪裡燒書，最終將在那裡燒人。」這真是先知的預言。

1933.5.10
各大學城
舉行燒書大會。

　　廣播電台向全德國轉播燒書行動，一個城市又一個城市，每個城市都有特派記者，在柏林《每週一覽》

（Wochenschau）還把整個事件拍攝成影片。《每週一覽》為今天《每日一覽》（Tagesschau）[2]的前身，是在電影正片放映之前播放的重要新聞短片合輯。戈培爾從1933年起就控制了《每週一覽》。

　　燒書行動在人民可怕的冷漠中進行，有些人甚至還表示支持，反正絕大多數的小老百姓很少接觸現代文學。但是在所有受過教育的民眾當中，反對的人也不多，一些作家如格哈特・霍普特曼（Gerhart Hauptmann）和斯特凡・格歐爾克（Stefan George）甚至還為此歡呼雀躍，他們相信自己是在參與一場文化復興運動。而對於納粹的恐怖，則通通視而不見。

　　當我們回顧這段歷史，實在很難想像，當時的德國社會是多麼地擁護獨裁專政。1933年1月以來很多節慶遊行，共同的口號都是「享受生命」。民間社團、衝鋒隊與政黨附隨組織一起在群眾中平和地遊行，卐字旗和其他傳統的符號混雜在一起。公眾生活納粹化的腳步也愈來愈快，「一體化政策」和另一股由下而上的自我一體化同時進行。

　　不久之後，大量的節日慶典活動都和納粹德國的行事曆結合在一起。這表示在很多國家或政黨慶祝活動中，大家都有機會遇到希特勒，聽他講話，或者至少遠遠地看到他，向他歡呼鼓掌，例如4月20日的「領袖誕辰」和5月1日的「國家勞動節」。納粹的節慶行事曆當中最大的群眾活動，就是9月舉行的全國黨代表大會，這個活動在1933年之前，就已經在紐倫堡舉辦過，而且由希特勒拍版定

2　譯注：《每日一覽》是德國電視一台（ARD Das Erste）所製作的新聞節目，從1952年開播至今，是德國歷史最悠久且收視率最高的新聞節目。

1934年9月在紐倫堡的全國黨代表大會，由衝鋒隊和黨衛軍號召的烈士紀念活動。圖片中心處為希特勒（中）、希姆萊（左）和新任衝鋒隊領導人維克多·盧策（右）。

案，未來應該「永遠地」在這個古老的帝國城市舉辦。參
加全國黨代表大會，也給了納粹黨員放浪形骸或招搖過市
大好機會。

　　導演蘭妮・萊芬斯坦（Leni Riefenstahl）是希特勒的友
人，深獲領袖信任，她拍了一部美化1934年全國黨代表
大會的影片《意志的勝利》（*Triumph des Willens*），剛好給政
府拿來宣傳自我形象。

　　但是對希特勒和納粹黨來說，具有最崇高地位的是政
變失敗紀念日。每逢11月8日晚間，希特勒會到市民啤酒
館對著老同志講話。接下來幾天，都是在紀念1923年11
月9日所犧牲的「烈士們」。整個活動一直都是由戈培爾
策畫，他打造了一個令人印象深刻又備極哀榮的場面。全
國黨代表大會和11月9日都極為刻意地模仿基督教，國家
社會主義成了另類的宗教，希特勒則是「運動」的最高祭
司，此外還有殉教聖徒、祝福和奉獻，光明與黑暗。

　　從1934年起，這類黨國慶典活動，都要唱〈德國之
歌〉的第一段（「德國，德國，高於一切。」），以及源自衝
鋒隊的〈霍斯特—威塞爾之歌〉（Horst-Wessel-Lied）（「旗幟
高舉，隊伍整齊」）。所有參加的人這時必須肅立，同時行
希特勒式致敬。在中小學裡，升降旗典禮和高舉手臂齊唱
這兩首歌，已經成了每個人都必須參加的課目，然而「非
亞利安人」還是被排除在外。

查禁工會和政黨

1933.5
「國家勞動節」，
工會被解體，
「德意志勞動
陣線」成立。

　　1933年5月，希特勒政府將所有工會去勢。當時德
意志工會聯合總會（Der Allgemeine Deutsche Gewerkschafts-
bund，簡稱ADGB）至少擁有4百萬名會員，納粹黨並沒有想

要摧毀工會聯合總會這個組織，他們打算乾脆吃掉它。

戈培爾運用他最拿手的宣傳，粉飾遮掩工會運動即將被去勢的事實。5月1日本來是勞工運動鬥爭的傳統日子，現在直接公布成為法定節日「國家勞動節」，同時舉辦大型群眾活動，光是柏林滕珀霍夫菲爾德（Tempelhofer Feld）的活動就有一百萬人參加，戈培爾和希特勒在演講中屢屢提及「民族共同體」。

在歡呼和慶祝的氣氛之後，接下來就是暴力上場了。5月2日清晨，衝鋒隊和黨衛軍的輔助警察大肆出動，按照計畫占領了全德國的工會辦事處與出版社，逮捕了領導幹部與編輯。工會聯合總會名存實亡，他們壓根沒想到會被鎮壓。5月10日一個叫「德意志勞動陣線」（Deutschen Arbeitsfront，簡稱DAF）的組織成立，領導人是納粹黨黨工羅伯特・萊伊（Robert Ley），工會的房舍和財產被都這個組織接收。所有的勞工和雇主都必須加入德意志勞動陣線，因為根據宣傳，資方和勞方都應該團結在「民族共同體」的旗幟之下，泯除彼此的矛盾。

在勞工運動被去勢之後，政府開始著手讓德國社民黨關門。德國共產黨從來沒有正式被查禁，而是透過《國會縱火法令》和集體逮捕，讓他們長期等同出局。1933年6月22日，帝國內政部長弗立克宣布社民黨是「反人民、反國家的組織」，因為部分社民黨領導人逃到布拉格，在那裡呼籲推翻希特勒政府。於是暴力查禁政黨再次出現：衝鋒隊和黨衛軍在柏林科普尼克（Köpenick）追捕共產黨人和社民黨人，500人被捕並受到酷刑，至少91人遭到殺害。「血腥一週」結束時，數以千計的社民黨人被關進監獄。

社民黨被查禁之後，其他政黨發現自己也時日無多

1933.6
德國社民黨
被查禁，
科普尼克的
「血腥一週」。

了。他們終於了解到,因為他們對授權法案投下贊成票,導致自己成為多餘者,只好紛紛解散。7月14日德國政府發布一項法律「反對組建政黨」,條文簡潔扼要:「德國只准一個政治政黨存在,就是國家社會主義德意志工人黨。」

希特勒透過呼籲「人民」來強化他的權力。這一招在1933年3月時非常有效,所以在獨裁專制建立之後,讓他食髓知味。希特勒政府在1933年7月頒布一項法律,讓他可以號召選民來進行公民投票。第一次公投在10月舉行,希特勒出乎意料之外地提出退出日內瓦裁軍會議與退出國際聯盟。這一步很大膽,乃是走向擴充軍備與戰爭的開始。雖然希特勒在5月才剛剛重申過德國愛好和平,但是退出國際聯盟,等於正式宣告結束施特雷澤曼的和解政策。

「領袖」將公民投票和另外的國會大選綁在一起——反正國會大選的選票上也只有一個政黨可以圈選。11月12日,選民面對的是這個問題:「德國男人,還有你,德國女人,是否願為你們政府的這項政策背書?你是否同意,政府本身就是你個人意見和你個人意願的表達,所以願意誠心地擁護政府?」這裡的「政府」指的當然就是希特勒,連名字都不需要多提。

大概有95%的選民圈選了「是」,相當於4千萬名德國人。同樣讓人印象深刻的是國會大選的結果。納粹黨獲得了92%的選民的認可,他們通通同意選票上那唯一的選項。儘管單一選舉舞弊事件不斷,但結果還是精準地反映出民意。所以在1933年12月又追加了一項法律,將納

粹黨的地位提升到「德國國家思想的承載者」,等於用法律明文規定了納粹黨的獨裁統治。

希特勒在新建帝國高速公路的破土典禮，1933年9月。

「民族共同體」

希特勒在民間的名聲，首先而且特別要歸功於他消除了大規模的失業，站在人民的角度，這都是拜納粹「經濟奇蹟」之賜。1936年，德國再度達到充分就業。從一次大戰戰後開始，德國就風雨飄搖，危機不斷，這一年讓當時很多人都有了「好年冬」的感覺。

實際上經濟穩定的原因，是因為擴充軍備和創造就業的措施相結合。這一招不是希特勒發明的，但他卻是第一個實施這種政策的政府首長。這些措施所依循的理論，出自於當時還默默無聞的英國經濟學家約翰·梅納德·凱因斯（John Maynard Keynes）。他主張國家在經濟危機的時候應該大幅舉債，才能刺激經濟和增加需求。

在當時很多人的記憶中，印象最深刻的就是興建高速公路。它所帶來的，遠比希特勒當初所考慮的正面效益

還多上好幾倍。但高速公路也不是他的發明，相關計畫在20年代晚期就已經躺在政府部門的抽屜裡面。希特勒對這個提案大感興奮，不顧帝國交通部和帝國鐵路局的反對一意孤行。1933年9月，舉辦了連接法蘭克福與達姆城（Darmstadt）高速公路的破土典禮，這是一場精心安排的宣傳活動，「勞動大軍」扛著鏟子，在「領袖」面前列隊前進。這些動工和施工照片所產生的效應十分顯著，雖然實際上高速公路對於減少集體失業沒有多大效益。

1933.9
開始興建
「帝國高速公路」。

高速公路和希特勒的集體機動化（Massenmotorisie-rung）計畫息息相關。身為汽車和機械的粉絲，希特勒一直夢想著有一天德國也能擁有像美國那麼多的汽車在路上行駛。所以，當工程設計師斐迪南・保時捷（Ferdinand Porsche）建議他打造一款所有人都買得起的小汽車時，他馬上就大張旗鼓幹了起來。這款車子叫做「國民車」（Volkswagen）³；「領袖」宣稱，不久之後每個德國人都有辦法開一輛這種車，聽起來真的很讓人動心。為了生產這種車子，特地在沃爾夫斯堡（Wolfsburg）附近新建了一座專屬工廠。這個地名本身就有玄機，希特勒給自己取了一個「沃爾夫」的化名，而且經常使用，所以沃爾夫斯堡也等於是希特勒的汽車城。這間企業由萊伊的德意志勞工陣線出資，剛好把從工會接收來的財產拿出來用，以這種方式

1938.8
宣布打造
「國民車」
（KdF-Wagen）＊。

3　譯注：Volkswagen的德文意思就是國民車，台灣代理公司的正式翻譯則是「福斯汽車」。

＊　譯注：「歡樂產生動力」（Kraft durch Freunde，簡稱KdF），是一個納粹政治組織，負責主導和監視人民的休閒活動，「國民車計畫」由他們所負責。依照計畫，每台國民車售價為990帝國馬克（相當於今日4,070歐元），當時的訴求是「如果你每週存5馬克，就可以擁有一輛車。」所以這部國民車也被稱做KdF車（KdF-Wagen）。

希特勒坐在福斯敞篷車之中，1944年年初。坐在後座的是黨衛軍領導
人希姆萊，開車的司機是埃里希・坎普卡（Erich Kempka）。

幫國家省錢。而「國民同胞」（Volksgenossen）則為了他們
的「國民車」努力存錢，雖然最後沒有一個人真正得到這
台車，因為國民車工廠在戰爭時期改為生產軍備產品。只
有希特勒拿到了一台福斯金龜車，當他在上薩爾斯山區散
完步之後，這台車負責載他回山宮。

　　工人這時候已經成了人口當中最大的族群，只要運用
現代商品消費的刺激，國家就可以收服或動員他們。他們
會為軍備工業乖乖工作，不會抱怨政治權利被剝奪或者薪
水過少。這個消費社會其實是以美國為師。除了國民車和
國民收音機，還有國民電冰箱和一堆其他類似的東西。大
部分的消費願望其實都沒有被滿足——大眾消費一直到戰
後在西德才蓬勃發展，納粹時期所喚醒的期待，這個時候
才真正實現。

　　其實值得讓工人滿意新政權的理由實在不多。雖然充
分就業了，但是生活水準卻沒有什麼改善。關鍵在於這個

政權給了上班族一個感覺，社會地位不再取決於薪水袋的厚薄。他們的權利雖然被剝奪了，但至少又有了一份工作和穩定的收入。雖然薪水有點低，但德國工人和員工的休假明顯比以前多得多。勞工去度假在今天是司空見慣，但在當年可不是這個樣子。

度假旅行是由一個納粹附隨組織「歡樂產生動力」所策畫，這是德意志勞工陣線的轄下單位。這給了部分「國民同胞」一個機會，生平頭一遭離開自己的家鄉，參加本來只有中產階級才能享受的旅遊活動。儘管他們只能在度假地點參加納粹黨的團體活動，但可以旅行已經夠讓人滿足了。德國的大眾旅遊從戰前就已經開始，戰後持續達到了一個新的高峰。

納粹德國成功地給了很多德國人平等和歸屬感，僅僅靠強迫是做不到這一點的。但我們不可忘記，所有一切都是靠擴充軍備才有可能的。沒有軍備就沒有充分就業，沒有充分就業就沒有「民族共同體」。

擴充軍備是依靠舉債得來的資金支撐。1933年時，單單為了軍備就計畫投注360億帝國馬克，是整個國家總預算的6倍。這筆錢是透過企業和商業銀行的隱藏性貸款才落入國家手上，之所以要隱藏，是因為擴充軍備必須要祕密進行。如果西方列強太早就聞到違反《凡爾賽條約》的風聲，希特勒相信會在德國還來不及成長之前，就會面臨一場戰爭。

「長刀之夜」

希特勒似乎在短短的幾個月之內，就把所有的德國人都拉到和他同一邊。但在1934年年初，他的統治顯露出

脆弱的一面，到處都是不滿和「牢騷」。因為擴充軍備的結果，經濟陷入危機，讓外資明顯地卻步，同時糧食供應也開始惡化。

衝鋒隊也逐漸脫離納粹黨的掌控，開始威脅到希特勒在掌權之初所結交的軍方盟友。國防軍擁有10萬人，但衝鋒隊人數在1933年年初就已經是他們的4倍。在接下來的一年，這支黨軍就成長到3百萬人，這還沒把衝鋒隊的附隨組織「鋼盔團」之類的成員計算在內。

衝鋒隊成了黨內不滿同志的集合場，他們認為自己是黨內腐敗大老的受害者。那些大老在取得權力之後就尸位素餐，安享榮華富貴，一般黨員卻還要胼手胝足的打拚，因此有必要進一步奪權。衝鋒隊的指揮領導人恩斯特·羅姆就宣稱，1933年1月是國家革命的開始，現在該是國家社會主義本身革命的時候了。

同時左翼政黨的抵抗也相當激烈，本來希特勒以為他們早就無力反抗了。而羅姆對於希特勒一直討好國防軍，早就十分不滿；他認為國防軍應該直接併入衝鋒隊，藉此成為一支國家社會主義的人民軍隊。但是希特勒無法靠著一支民兵隊伍進行一場征服戰爭，他需要的是現代且專業領導的部隊。而在希特勒眼中，羅姆並不是領導部隊的適當人選。事實上羅姆在政治方面很天真，對於自己和組織所面臨的危險渾然不覺。最晚從1934年3月開始，帝國國防部長布隆貝格和他最重要的手下賴歇瑙就開始策畫對羅姆下手，準備解除他的兵權。

大約與此同時，一群保守派的貴族暗中合謀，由巴本制訂計畫，打算推翻希特勒。理由是很多人向巴本檢舉，新政權犯下無數的違法與暴力行為。這群人正氣凜然，指

1934
擴充軍備引起
經濟危機，
致使「國民同胞」
不滿。

希特勒完全是不義國家的精神領袖和推動者，要被解除權力的不只是衝鋒隊而已，希特勒也應當包括在內。軍方應該發動政變，建立軍事獨裁，期待最後君主制能夠在德國復辟。但布隆貝格和賴歇瑙反對，不願冒著風險動用國防軍發動政變來和希特勒對幹，他們想要解決的是衝鋒隊，而不是「領袖」和他的政黨。

1934.6.17
副總理巴本
在馬堡大學
轉而反對
納粹黨
的專制統治。

1934年6月17日，巴本在馬堡（Marburg）大學發表演講，可能就是這場演講讓希特勒動了殺機，決心剷除衝鋒隊領導階層與保守反對勢力。馬堡演講不管在國內還是國外都引起極大的轟動。同時打擊兩個不同陣營無疑是希特勒本人的主意——在權力政治上也是很聰明的一步棋。但有一點可以確定，希特勒一直受到別有用心的錯誤資訊誤導，讓他日益相信衝鋒隊是真心想要推翻他，這讓他再一次地陷入暴怒，理智全然斷線。即使在今天，這一連串事件也常常被誤稱為「羅姆政變」。

政變謠言的始作俑者很明顯地就是黨衛軍。他們把打擊羅姆的行動，看作是擺脫衝鋒隊陰影與獲取權力的天賜良機。同一時間，希姆萊和他的心腹前海軍軍官萊因哈德‧海德里希（Reinhard Heydrich）在柏林獲得了重要的權力位置。此前，希姆萊透過一體化已經把所有地方各邦的政治警察全部收編，除了普魯士暫時例外，因為普魯士有「國家祕密警察局」，總部就設在柏林的阿爾布萊希特王子皇宮（Prinz-Albrecht-Palais），這棟建築幾乎成了納粹恐怖統治的同義詞。現在希姆萊又成了普魯士國家祕密警察（Geheime Staatspolizei，簡稱Gestapo，中文亦翻做蓋世太保）的督察與副首長，只在普魯士總理戈林一人之下。

最後希特勒命令戈林，準備逮捕衝鋒隊的領導幹部和

柏林的保守派人士。他自己則在6月30日清晨飛往慕尼黑，
打算親手逮捕羅姆和他的親信。這票人此時正在巴德維塞
（Bad Wiessee）的溫泉旅館度假中。在巴伐利亞，參與行動
的有警衛旗隊（Leibstandarte）「阿道夫・希特勒」，這是一
支只忠於希特勒個人的部隊，每次出動都搭乘火車。希特
勒抵達慕尼黑時，得知當地的衝鋒隊涉嫌預備政變。希特
勒勃然大怒，親自逮捕了慕尼黑衝鋒隊的最高層領導，並
下令將他槍斃。然後希特勒的車隊迅速趕往巴德維塞。

　　羅姆在溫泉旅館裡從睡夢中被喚醒，赫然看到「領袖」
就站在他的身前。希特勒揮舞著一把手槍，指稱羅姆是個
叛徒，下令逮捕他。隔壁房間裡的布列斯勞警察局長埃德
蒙・海涅斯（Edmund Heines）也被叫醒，這位衝鋒隊高層
領導的床上躺著另一個男人。羅姆、海涅斯和一些衝鋒隊
領導幹部都是同性戀，早就是公開的祕密，只是希特勒之
前一直隱忍不發。戈培爾親眼目睹海涅斯被捕，立刻在接
下來幾天拿這段同性戀情大做文章，用性醜聞來掩飾希特
勒下的處決令。

1934.6.30
希特勒逮捕
恩斯特・羅姆。

　　希特勒和他的人馬接著驅車前往「褐屋」。在納粹黨
中央黨部，希特勒當著一眾黨內與衝鋒隊的高層，突然像
瘋子似的發飆。他是真的飆罵到口吐白沫。堂堂帝國總理
如此真情流露，讓底下諸多聽眾感到錯愕，因為前面站的
可是歐洲最有權力的政府首長。他大聲咆哮說，這是「世
界歷史上的最大背叛」！所有同謀該通通抓去槍斃！

　　希特勒親自勾選了一份死亡名單，並且命令隨後趕來
的警衛旗隊領導人賽普・迪特里希（Sepp Dietrich）：「把這
些衝鋒隊領導幹部以叛國罪通通槍斃！」迪特里希俯首聽
命。於慕尼黑和巴德維塞被捕的人都關在斯塔德海（Stadel-

heim）拘留所內，衝鋒隊的領導幹部在此一個個被處決；處決的武器由國防軍提供，只剩下羅姆還暫時活著。

這時希特勒又飛回柏林，抵達時整個人精疲力盡。戈培爾曾在早上致電戈林，約定好行動密語「蜂鳥」（Kolibri）。然後海德里希派出黨衛軍人馬，按圖索驥去逮捕衝鋒隊領導幹部和「反動分子」。這些人有部分是在阿爾布萊希特王子皇宮的祕密警察監獄內被處決，其他絕大多數都是在柏林里希特菲爾德（Lichterfelde）的警衛旗隊軍營內被槍斃。諸多舊帳藉機清算，希特勒的對手格雷苟·史特拉瑟就是在祕密警察的一間地下牢房內被殺害，然而據官方的說法是自殺。希特勒的前任，庫爾特·馮·施賴謝爾和他的妻子則是在波茲坦自宅中，被祕密警察官員槍殺；施賴謝爾的好友斐迪南·馮·布雷多（Ferdinand von Bredow）將軍隨後也被槍斃。據說希特勒本來也想殺巴本，後來發現這麼做會引發國外激烈反應，所付的政治代價太大而作罷。巴本因此被軟禁在他的住處。之後希特勒派他去維也納，為和奧地利的「合併」預先布局。

這時候希姆萊和戈林開始逼希特勒也對羅姆下手，最後希特勒終於點頭同意，決定竭盡所能地逼他的這個朋友自我了斷。戈林派了達豪集中營指揮官、黨衛軍旅長提歐多·艾克（Theodor Eicke）去斯塔德海。由於羅姆不願自殺，所以艾克和他的助手便用手槍將他就地處決。

至少有85人死於「長刀之夜」，有些人甚至估計犧牲者高達200人。衝鋒隊被新任領導人維克多·盧策「清洗」一遍之後，還剩下哪些人，已經無關緊要。

國防軍領導高層事前就已經得知希特勒要大開殺戒，而且他們還向黨衛軍提供武器和彈藥。對於羅姆的失勢他

們非常高興，但在施賴謝爾和布雷多兩位將軍被殺害這件
事上，又很懦弱地集體噤聲。在內閣裡面，布隆貝格大聲
頌揚希特勒的政治家與軍人風範。布隆貝格和賴歇瑙相
信，他們已經在新國家裡保住了自己的獨立性。與此相反
的是，軍方自己跑去當希特勒的殺人幫凶，成了他的走狗。

　　司法部長君特納聲稱，希特勒的口頭命令和正常法律
一樣有效。連納粹御用法學家卡爾‧施密特（Carl Schimitt）
也主張：「領袖守護法律！」7月3日政府通過了一項法律，
將政府這些殺人行為溯及既往追認為合法。

1934.7.3
《國家緊急防衛
措施法》（Gesetz
über Maßnahmen
der Staatsnot-
wehr）事後將
殺人行為合法化。

　　希特勒首次到波羅的海修養身心，他和戈培爾全家一
起去度假。然後他又回到了巴伐利亞阿爾卑斯山區這個老
地方休假，開始琢磨一場讓大家屏息期待的演講。這場演
講預定7月中在克羅爾歌劇院舉行。無數的衝鋒隊領導幹
部在座恭聽，這些人大都與羅姆行動的被害者相識或熟
識，所以希特勒派了警衛旗隊出場護駕，全副武裝的保鏢
就直接站在演講臺的兩旁。演講極其冗長，通篇都在指責
羅姆和保守派人士。結尾的時候，「領袖」發起攻擊：「每
個人必須永遠記住，如果有人膽敢動手打擊國家，下場絕
對只有死路一條。」

　　這場演講十分成功，希特勒講出了大多數人的心聲。
他「恢復了秩序」，重建了自己的形象。基本上大家都很
高興，因為他終結了衝鋒隊的恐怖行動（即使是以暴制
暴）。雖然一些沒有參與的人也因此遭到池魚之殃，難免
讓大眾很不安，但大家都說這也不能怪希特勒。還有很多
人相信，希特勒對於納粹獨裁的很多罪行毫不知情。這真
是領袖崇拜最糟糕的一種結果，只要用這種方式就可以閃
躲責任追究這類會讓人不快的問題。常聽到的口頭禪是：

「如果領袖知道的話！」領袖當然什麼都知道。公共道德標準墮落的程度，和「領袖」人氣上升的程度成正比。

這個時候帝國總統興登堡的身體狀況愈來愈糟，為了確認興登堡真的快要死了，1934年8月1日，希特勒親自到東普魯士的諾伊戴克（Neudeck）莊園探視興登堡。帝國總統根本認不出他來，還稱呼他為「陛下」。回來之後，希特勒立刻交付了一份法案給內閣，將帝國總統與帝國總理的職權合而為一。隨著興登堡過世，這項法案在隔天立刻生效，也就是1934年8月2日。現在希特勒也是國家元首了。

1934.8.2
希特勒接掌了帝國總統的職權，成為「領袖兼帝國總理」。

同一天，帝國國防部長布隆貝格宣布全體部隊效忠希特勒。這是他自作主張，而不是「領袖」授意。最後在1934年8月19日，德國選民進行公民投票，決定是否要把帝國總統和帝國總理的職權合而為一。超過9成的選票都圈選「是」，投票率大約96%，這個結果實質上等於是對希特勒的肯定。他現在是不容置疑的納粹黨領袖、國家元首、帝國總理與最高統帥，簡短來說就是「領袖兼帝國總理」。

「領袖型國家」和恐怖統治

「領袖原則」

即使很久之後，在許多當時人的記憶裡，接下來幾年直到戰爭爆發都是「好年冬」──一個經濟快速復甦，還算一點小繁榮的年代。有些人甚至過得飄飄然，因為新政權從帽子裡變出很多活動和政績。但是獨裁愈來愈穩固，暴力行動也愈來愈多。

　　希特勒所屬政黨的黨員人數在1933年就已經有了飛越式的成長，一月時總計有85萬名黨內同志，4月時增加到250萬。很多新黨員都是因為有感於這個黨的「年輕」活力，所以想要加入。「三月烈士」（Märzgefallene）這個調侃性的稱呼，原本是以正面意義來指稱1848年的革命犧牲者，現在在這個議題上有了第二重意義：入黨的理由經常只是為了當上識時務的俊傑，希望納粹黨的黨證對自己的前途有所幫助。

　　納粹黨認為自己的責任就是讓德國人通通「一體化」。他們把自己定位是「黨即國家」，在宣傳中將自己描述為「民族共同體」的守護者和保護傘。黨的成長有如大章魚的觸手一樣，深入社會各個階層。

　　1933年夏天，希特勒任命了一群高階黨工擔任「帝國領導」（Reichsleiter），共同組成「納粹黨帝國領導處」（Reichsleitung der NSDAP）。別和「大區黨部領導」（Gauleiter）混淆在一起，「帝國領導」乃是最高的黨內職級。9月時，希特勒將他的蘭茲堡獄友魯道夫・黑斯晉升為納粹黨內「領袖代理」。12月，黑斯成為帝國不管部部長，在政府裡面負責代表黨。表面上看起來他很有權力，但實際上卻沒什麼影響力。黑斯把行政工作都交給了他在慕尼黑中央黨部的「幕僚」（Stab）。

1933.6
希特勒設置
納粹黨的
「帝國領導處」。

　　從1933年10月開始，中央黨部的工作人員就由一個野心勃勃又不擇手段的黨內幹部所指揮：帝國領導馬丁・波曼。他出身自願軍團運動，十年前因為虐殺一位據說是共產黨派來的臥底，在監獄裡蹲了好幾年。當時的凶手還有魯道夫・赫斯（Rudolf Höß），他日後當上了奧斯威辛集中營的指揮官。波曼的部下日漸增加，最後獲得了大權。

1933.10
馬丁・波曼成為
帝國領導，同時
擔任希特勒
代理人魯道夫・
黑斯的「祕書長」
（Stabsführer）。

　　在政黨革命結束，公務階層被「清洗」之後，國家當前的官僚機構大致保留了下來。但是公務員受到納粹黨的壓力，必須服從「領袖原則」（Führerprinzip）。他們有義務行希特勒式致敬，而且從1937年開始，必須宣誓效忠「德意志帝國與人民的領袖，阿道夫・希特勒」。大部分人都選擇用某種或其他方式順應時勢，反抗的人寥寥無幾。不少公務員甚至主動迎合，因為他們打從心裡相信希特勒和納粹黨。

　　在30年代中期，有70萬人擔任黨工如小組長（Zelle）、鄰里長（Blockwart），村黨部（Ortsgruppe）、鄉鎮（Kreis）或大區黨部領導。「偉大的領袖」帶出了無數的小領袖。這類納粹化的外在特徵就是制服與階級肩章等等，相關東西愈來愈多，以至於形成街頭一景。再加上納粹卐字旗林立，這是除了希特勒之外，國家社會主義最重要的標誌。

　　隨著希特勒個人的權力逐漸增加，帝國政府也就慢慢地喪失其重要性。在授權法案出來之前，總理還會在意內閣會議。但不久之後，內閣就淪為希特勒法律提案的橡皮圖章，整天等待法案發到相關部長的辦公桌上。因為黨部機構愈來愈常干涉立法工作，政府也就愈來愈少開會，最後一次是1938年2月5日。

1938.2.5
帝國政府
最後一次開會。

　　希特勒認為，政治場域就像野外叢林一樣，由生存競爭所支配，只有最強者才能存活下來。他把達爾文主義的基本原則運用到政府工作上，因此黨工們必須彼此鬥爭，還要對抗國家公務員、個人全權代表和特別授權代表，對抗想要爭奪權力和影響力的利害關係人。在國家社會主義裡面，接近權力也就意謂著個人可以接近希特勒，所以大家會為此而努力。雖然對大部分納粹黨黨工來說，「領袖」

是一個可望不可及的半神。

　　大家都知道希特勒想要什麼，或是自以為了解希特勒，因為人人都熟讀了《我的奮鬥》。每個人都知道，希特勒把和「敵人」的鬥爭視為國家行動的最高原則；也都知道，希特勒喜歡用最極端的手段來解決問題。所以如何迫害打擊「對手」，乃是一個表現個人優秀傑出的場域。為了爭取權力和影響力，黨工們競相提出各種讓政策日益極端的建議。在希特勒的領袖型國家當中，一直缺乏能夠對於這類極端化踩煞車的安全機制。因此在解釋為什麼納粹德國會犯下如此多的罪行時，這是很重要的一部分。

　　不久之後，希特勒的部長們就很難上達天聽了。只有少數幾個政治人物擁有固定管道可以面聖，例如戈培爾、希姆萊，某段時間的戈林，晚期還有他的御用建築師亞伯特‧史佩爾（Albert Speer）和黨務主管馬丁‧波曼。「領袖」的身邊圍滿了納粹黨老同志、副官和隨扈，這個圈子很難打進去。政府的日常事務由法律人漢斯‧海因里希‧拉默斯打理，他是希特勒總理府的國家祕書。因為在領袖型國家當中，任何決策想要繞過希特勒或者違逆他的意志，都是不可能的，所以拉默斯必須時時請示希特勒。沒多久，他就發現這日益困難，不是副官不讓他面見「領袖」，就是希特勒不想見他。

　　就連一個明確的權限分工，也付之闕如，完全沒有什麼法令可以依循。希特勒只要感興趣或覺得重要，他可以隨時干預任何事情。在法律方面，所謂的「領袖詔令」（Führererlasse）愈來愈多，根據納粹法律專家的意見，領袖詔令等同於法律。拉默斯負責把希特勒的口頭指示改寫成法律或法令，之後「領袖」只要簽名就好了。

所有職業團體和年齡團體都是某個納粹組織的附隨，
甚至同時和好幾個納粹組織有所關聯。納粹黨規畫和滲透
了所有人的生活，連一般日常也不例外，大部分年輕人都
無法免於納粹德國的掌控。希特勒在學校裡是魯蛇一條，
他認為語言和人文學科的基本訓練，如希臘文與拉丁文，
全都是多餘的；反而自然科學、特別是運動，應該扮演更
重要的角色。

「青年」在納粹黨內有著很高的地位價值。「希特勒青
年團」（Hitlerjugend，簡稱HJ）的成員在1934、1935年間大
幅成長，特別是在農村地區，因為年輕人在那裡常常找不
到工作。1934年，基督新教的青年團體併入了希特勒青
年團。天主教青年團體屢經騷擾，最後被查禁，猶太青年
團體也遭到同樣命運。

1935年的全國黨代表大會，希特勒在5萬名亢奮的青
年團成員面前發表演講。他要求未來的德國青年應該：「苗
條修長，敏捷如獵犬，堅韌如皮革，強硬有如克虜伯的
鋼。」1936年起，希特勒青年團成為國家青年團。在「青
年領導青年」的口號之下，加入希特勒青年團和「德國少
女聯盟」（Bund Deutscher Mädel，簡稱BDM），會讓那些不是
市民階級出身的年輕人擁有更好的前途。女孩大部分把德
國少女聯盟看做自由空間，因為她們可以逃避父母的管
教，同時負責管理一些更大的團體。

民間青年運動的傳統仍然持續舉行，例如郊遊和遠
足，當然也少不了塑造意識形態的教育課程。女孩應當透
過「優雅的」體操訓練、郊遊和家園之夜（Heimabend）[4]，學

1936.12.1
《希特勒
青年團法》。

4 譯注：家園之夜是一個類似莒光日的學習活動。女生在每週三晚上固
　定聚會，除了思想教育宣講討論外，還要學習針線與其他手工技能，

習如何成為母親，以及如何為「民族共同
體」服務。納粹黨究竟影響和操控年輕人
到什麼程度，一直有爭議。但值得注意的
是，希特勒青年團成員在反猶暴動的參與
上特別踴躍，例如1938年的「十一月大迫
害」（Novemberpogrom）。年輕人瘋希特勒
並不是事先安排好的樣版，大部分人看到
「領袖」都會歡呼雀躍，並且十分崇拜他。

　　從1939年3月開始，法律規定了少
年團（Jungvolk）、希特勒青年團以及德國
少女聯盟成員的服務役[5]。在這個時間點，
這些青年組織已經沒有那麼具有吸引力，
為了讓年輕人成為更好的戰士，他們必須
參加的軍事訓練愈來愈多。接下來還有勞

「阿道夫・希特勒大遊行」，柏林
的希特勒青年團前往紐倫堡參加
全國黨代表大會，其中一個遊行
單位列隊出發，1937年8月1日。

役和兵役，一生當中大概有20年的青春要被剝奪，戰後
的醒悟更讓他們加倍痛苦。

　　在大城市裡面，有愈來愈多的年輕人，藉著就學義務
來閃躲青年服務役。有些人站出來捍衛自己的獨立性，他
們集結成社團，抵抗國家和青年團的管束，這些人大部分
都屬於勞工階級。在漢堡，出身中產家庭的年輕人被禁止
在公開場合搖擺起舞。一開始是非政治性的抗議，最後通
通都被國家當成政治性的反抗而加以鎮壓。為此青年團內
部設置了警察，叫做巡邏隊（Streifendienst），很多年輕人

1939.3.23
「青年服務役」
（Jugenddienst-
pflicht）。

偶而還會有戶外參觀旅遊活動。
5　譯注：1936年的《希特勒青年團法》已經有強制入會規定，1939年則
　　是進一步規定所有十幾歲的少年都必須加入少年團，同時實施青年服
　　務役。

1940.6
「青年保護營」
(Jugendschutz-
lager) 在下薩克
森邦的莫林根
（Moringen）
成立。

被祕密警察調查和逮捕，在戰時甚至為男孩女孩設置了特別的集中營。但大多數年輕人還是都乖乖地參加服務役。

迫害猶太人

所謂「民族共同體」的反面，就是用恐怖手段對付那些不屬於共同體的人，而是否屬於共同體則由納粹黨來判斷，所依據的可能是政治或意識形態的理由。希特勒掌握權力，對德國的猶太人來說有如青天霹靂，在歐洲這是第一次有狂熱反猶人士成為政府首長。雖然選舉文宣當中刻意不提反猶主義，但自1930年以來，每個投給納粹黨的選民都知道，他們投的是德國最反猶的政黨。在納粹分子眼中，每個猶太人對德國而言都是最危險的敵人，因此納粹黨的暴力行動從一開始就針對猶太少數族群。當時德國猶太族群大概有56萬人，其中16萬住在柏林。

1933年2月和3月，衝鋒隊攻擊了零售商店、律師事務所和醫生診所，猶太人受到公開嘲笑和凌虐。這場騷動在美國引發了強烈的批評，部分美國猶太組織呼籲大家不要買德國商品，抵制德國商品。狂熱的仇猶分子如尤利爾斯·施特賴爾因此宣稱，猶太人已經對德國宣戰了。對希特勒來說這真是天賜良機，正好把黨和衝鋒隊的政治能量拿來對付猶太人。

1933.4.1
反對猶太人
的「抵制」行動。

4月1日，衝鋒隊、黨衛軍和「鋼盔團」人馬在各個零售商店、百貨商店、律師事務所和醫生診所塗上大衛之星，寫上標語如「猶太人去死」。他們還貼上海報：「德國人！起來保衛自己！別跟猶太人買東西！」顧客因此受到驚嚇，根本不敢踏入店內。儘管如此，許多家庭主婦還是很有道德勇氣，繼續在常去的商店購物。這些商店常被一

群密集的旁觀者包圍，他們既沒有表示不滿，也沒有表示贊同。本來戈培爾是希望引發「人民的憤怒」來對付猶太人，在他看來這次行動是個失敗，所以提前終止了。

一週之後，政府發布一項法律，可以強迫社民黨籍或猶太裔的公務員退休。此時所有的公務員都被要求要有一張「亞利安證明」。任何人只要有猶太祖先，依照法律視為猶太人。在這裡我們又可以觀察到這種「由下」和「由上」的交互轉變：先是衝鋒隊和黨衛軍的暴力與抵制，接著是法律。

1933.4.7
《職業公務員重建法》(Gesetz zur Wieder-herstellung des Berufsbeamten-tums)。

對德國猶太人來說，1933年4月1日是一個重大分水嶺，專門針對他們的納粹統治現在才真正開始。其他德國同胞袖手旁觀，這才讓他們認清現實，自己已經被拋棄了，教會對此也是噤聲不語。接下來一整年，有3萬7千名猶太人離開他們的家園，或者滯留國外未返。1934和1935年則各有2萬人。

對於成文法律和行政命令有一項補充，以便對付所謂的德意志民族的「敵人」，特別是猶太人。猶太少數族群的資產都要「亞利安化」：非猶太裔的生意伙伴、競爭對手與納粹黨工往往用很低的價錢，就可以把猶太業主的產業據為己有。1935年底，已有四分之一的「猶太」企業易主。

與此同時，針對少數族群的暴動再次增加，希特勒青年團更是這類暴力行動的常客。希特勒本人則正在努力推動，打算讓國會議員在1935年的全國黨代表大會上通過《紐倫堡種族法案》(Nürnberger Rassengesetze)[6]，這幾項法案

1935.9.15
反猶的紐倫堡法案通過。

---

6 譯注：《紐倫堡種族法案》包含兩項法律：《德國血統和德國尊嚴保護法》(Gesetz zum Schutze des deutschen Blutes und der deutschen Ehre)，即文中所述禁止通婚與婚外性行為，同時還禁止猶太人僱用45歲以下的德國婦女從事幫傭；另外一項法律即是《帝國公民法》。

已經醞釀了很久。猶太人與非猶太人禁止通婚，猶太人和非猶太人之間的婚外性行為將受到刑事處罰。《帝國公民法》(Reichsbürgergesetz)則規定猶太人不再是帝國公民，不可以擔任公職，也不可以投票。紐倫堡法案將猶太人排除在德國社會之外，淪為二等公民。對猶太人來說，這項法案的影響是具有相當毀滅性的。

　　受影響的還包括那些已經皈依基督教信仰的猶太人後裔。因為根據納粹的種族意識形態，他們是不可能拋棄「猶太」屬性的。雖然納粹宣稱猶太人是一個「種族」，但是另一方面他們又說不清到底有哪些無可改變的身體特徵，只好針對宗教信仰下手。猶太人在紐倫堡法案裡面的定義，根據1935年的第一次規定，乃是祖父母當中至少有三個猶太人的人。如果祖父母中有兩個猶太人，或者父母當中有一個是猶太人，則屬於「第一級混血兒」；只有一個祖父母是猶太人，則歸屬於「第二級混血兒」。因此被當成猶太人而被排斥的人，數量直線上升。

　　這大致滿足了國家祕密警察和保安處(Sicherheits-dienst，簡稱SD)裡面那些激進反猶分子的要求，包括年輕的黨衛軍軍官阿道夫·艾希曼(Adolf Eichmann)，他日後負責將猶太人運送到滅絕營。紐倫堡法案允許將猶太人驅逐出境，因為他們的公民平等地位已經被取消了，所以完全可以驅逐沒有任何問題。同時國家也升高了對於少數族群的經濟壓迫。對於猶太人的掠奪，大部分都是毫無組織各行其是，未來國家將會參與分贓。還有那些經歷艱苦的經濟大環境、到了1936年還倖存的大企業，也將被迫「亞利安化」。一夜致富和貪污腐敗都快速地增加。

　　除此之外，想要移民的猶太人還必須繳納「帝國出走

稅」（Reichsfluchtsteuer）。1938年時，帝國出走稅的稅收甚至比所得稅還要高。猶太人在離境之前，必須把大部分的財產脫手給國家。在戰爭爆發之前，這個脫手的比例上升到96個百分點。

1936年起
「亞利安化」
巨大擴展，
「帝國出走稅」
提高。

黨衛軍國家

這個時候，黨衛軍已經成長為納粹獨裁裡面最有權力的組織。1934年7月，希特勒將希姆萊的「黑衫軍」（schwarzes Korps）擢升為獨立的政黨附隨組織，並且親自領軍，這是在獎賞他們殺害恩斯特‧羅姆與其他相關人等。還有1934年6月30日，海德里希晉升為黨衛軍的上級集團領導（Obergruppenführer），這相當於將官階級。

1934.7
希特勒親自
領導黨衛軍，
對他們青眼有加。

1936年6月，希特勒賦予希姆萊「帝國警察職責的一切統籌」，現在他的職稱是「黨衛軍帝國領導暨帝國內政部德國警察總長」。希姆萊自視為納粹德國的警察部長，警察部門包含了治安警察（Schutzpolizei）、隨軍警察（Gendarmerie）[7]、國家祕密警察、黨衛軍保安處與刑事警察。國家祕密警察和保安處後來合併為「保安警察」（Sicherheitspolizei），由海德里希領導。根據希姆萊的想法，保安警察應該是一個打擊力很強的國家安全組織，可以在「民族共同體」的名義之下執行恐怖與暗殺行動。

1936.6
希特勒命令
希姆萊將警察
中央集權化。

這些穿著深色皮大衣的祕密警察官員很快就讓人聞風喪膽，就算你不是政府的反對者，也會望而生畏。保安處

7　譯注：隨軍警察（Gendarmerie）原指附隨於軍隊、維護公共治安的單位。起源於拿破崙時代，然後擴展到歐洲其他國家與法國殖民地。他們是憲兵的雛形，受軍隊或國防部節制，但又不是現代意義的憲兵。30年代德國，某些地區因為偏僻人煙稀少、沒有設立警察局，當地治安就是由隨軍警察負責管理，故中文亦有譯為「農村警察」。

的義工線民負責偵聽人民，定期報告民間的意見與聲音。另一方面，讓人民彼此刺探和舉報，祕密警察可以倚賴德國人民的警覺性而事半功倍。從1933年開始，只要談論領袖、國家和黨，就有可能觸犯「惡意攻擊罪」（Heimtücke）而遭受刑罰。對於這種行為設有一個特別法庭來裁判，這是一個納粹黨的機關，依照希特勒的意見來判決。

　　黨衛軍從1934年7月起，就開始管理所有的集中營。希姆萊負責以達豪集中營為藍本，用國家集中營替換掉那些草創時期「簡陋」的集中營；殺害羅姆的提歐多‧艾克則從達豪集中營指揮官升任到「全國集中營督察員兼黨衛軍看守部隊領導」（ss-Wachverbände）。其實根本不需要集中營，政治上的反對勢力大部分早就分崩離析了。1935年夏天時，「只」有4千名囚犯關在集中營內。儘管如此，1936、1937年還是新建了兩座大型集中營，一座在柏林北方的薩克森豪森（Sachsenhausen），一座在威瑪附近的布痕瓦爾德（Buchenwald）。

1936.7
薩克森豪森
集中營落成。

1937.7
布痕瓦爾德
集中營落成。

　　建立集中營和戰爭準備息息相關。黨衛軍想要在軍備的大餅裡分一杯羹，同時建立起自家的經濟產業，他們的集中營可以提供廉價勞力。另一方面，新建集中營的意義不是只有威嚇納粹德國在政治上的反對者而已。如同黨衛軍高層所言，這些集中營應該有助於讓「民族體魄」（Volkskörper）免於生病或中毒。黨衛軍愈來愈常扮演某種衛生警察的角色，而且只會死守種族主義的基本教條。首當其衝的就是被當成社會邊緣人的那群人，包括同性戀、耶和華見證人信徒、「反社會分子」（Asoziale），以及辛提人與羅姆人（Sinti und Roma）。除此之外，集中營還關了一萬名「職業犯與習慣犯」以及「好逸惡勞者」（Arbeitsscheuen），

這些人都是在兩波大型行動中被捕。

　　辛提人與羅姆人當時還被稱為「吉普賽人」，這種稱呼帶有貶低意味。他們之中有些人乘坐彩色篷車走遍各國，紮營停留的時間或長或短；其他的人則早已定居並融入主流社會，這種情形在西歐司空見慣。該稱呼在德語裡幾百年前就有了，對於這個少數族群的偏見也流傳甚廣。早在希特勒上台之前，這類「反吉普賽主義」就是用醜化敵人的形象來累積能量。在納粹德國，反吉普賽主義又被一群「種族專家」進一步強化。這些專家聲稱，辛提人與羅姆人可以依照天生的特徵分成好幾個種類。刑事警察把對付辛提人與羅姆人視為「潛藏性犯罪預防」的一部分，他們或被關進特殊的監獄，或被當成所謂的「反社會分子」送進集中營。他們的命運和猶太人一樣。

1938.4-6月
黨衛軍行動
「好逸惡勞之地」*
對付所謂的
「反社會分子」。
1936.6
帝國內政部
發布《對付吉普賽麻煩》(Bekämp-
fung der Zigeu-
nerplage) 法令。

擴充軍備和戰爭準備

　　有一件事，每個德國國民政府都會把它視為最高當務之急：取消《凡爾賽條約》。在這個問題上，希特勒和他的保守派盟友絕對沒有什麼意見紛歧。擴充軍備、重啟徵兵制、恢復萊茵地區的「國防主權」、和奧地利合併的可能性——在希特勒上台之後，這些議題都已經開始討論。戰後的秩序已經有很長一段時間不再穩定，希特勒以民族自決為藉口，充分利用敵人的弱點，最後透過暴力與恫

＊譯注：布痕瓦爾德集中營最早被稱作「強制勞動拘留犯之地」(Ar-
beitszwangshäftlinge Reich)，不久之後又被稱作「好逸惡勞之地」
(Arbeitsscheue Reich，簡稱ASR)。這個名詞在兩次大逮捕的公文往
返之中被反覆提到，所以逮捕行動也被稱之為「好逸惡勞之地」行動
(Aktion »Arbeitsscheu Reich«)。

嚇，一舉推翻了備受痛恨的「凡爾賽系統」。

1934.1
德國波蘭
互不侵犯條約。

1934年1月，德國和波蘭締結互不侵犯條約。這是希特勒很高明的一步棋，因為這個條約弱化了法國與波蘭的同盟關係。一年之後最重要的成果出現了：1935年3月10日，戈林公開宣布德國空軍成立。雖然空軍明顯違反《凡爾賽條約》，但西方列強並沒有干預。5天之後，德國政府再接再厲，決議恢復普遍徵兵制，國防軍也正式改名叫「國防武力」（Wehrmacht）[8]。新的國防武力強度訂在50萬人，是當前募兵制軍隊的5倍之多。

1935.3.16
重啟普遍
徵兵制。

一年之後，1936年3月，希特勒決定下令國防武力進軍已經非軍事化的萊茵地區。他的軍事顧問紛紛進諫反對，他們擔心法國部隊會出手干預，而國防武力目前還無法與之對抗。3月7日國會演講，希特勒在震耳欲聾的「萬歲」聲中，宣布德國完整不受限制的主權，在萊茵非軍事化地區已經完全恢復。

1936.3.7
國防武力
占領萊茵地區，
對希特勒的
崇拜達到
新的高點。

真相是希特勒是戰戰兢兢地等待接下來的發展，他再次把一切都押在一張牌上。事實上如果法軍決定反擊，他們可以把國防武力趕出萊茵地區，甚至可能占領全德國，希特勒根本經不起這樣的失敗，他的獨裁統治可能就此結束。但是他很幸運，就好像他這一生常常福星高照一樣，法國毫無反應。

在對抗慢吞吞的法軍上面，希特勒再度賭對了，他現在覺得自己永遠不會犯錯。他不禁十分感嘆，德國人民能

8　譯注：1921年到1935年之間，德軍稱之為「帝國國防軍」（Reichswehr），1935年之後改稱「國防武力」，1955年重新建軍之後稱作「聯邦國防軍」（Bundeswehr）。雖然台灣一般均統稱為「國防軍」，但是德國史學界在三者的使用上有明確的區分，本書作者行文敘述也十分嚴謹，（「國防軍也正式改名叫國防武力」），故將Wehrmacht翻為「國防武力」以示分別。

夠遇到他，他能夠遇到德國的人民，真是一項奇蹟呀。上
天派遣他，希特勒，來拯救他的祖國。他走的路，是上天
所指引的道路。實際上希特勒的使命感，根本和狂妄自大
沒有什麼區別；而他所謂的賭徒直覺，一次押上很高的賭
注，剛好在這一次和接下來幾次都賭對了。德國人民因此
興奮得不得了，對希特勒的崇拜在這一週達到了一個無法
想像的高度。

　　1936年8月1日，希特勒在柏林宣布奧林匹克夏季運
動會開幕。整整兩週柏林光彩奪目，天氣晴朗，到處點綴
著卐字旗與奧林匹克會旗，首都呈現一副世界大同的景
象。德國隊拿到了大多數的獎牌，可是運動會的明星卻是
美國隊的非洲裔田徑選手傑西・歐文斯（Jesse Owens），這
讓希特勒非常生氣。蘭妮・萊芬斯坦拍了一部奧林匹克影
片來錦上添花，但只有少數人知道那完美的宣傳布景幕後
是什麼樣子。很多外國觀光客都對運動會的組織能力，新
德國的強大與表面上的愛好和平印象深刻。

　　在此期間，德國和義大利締結為聯盟。義大利法西斯
獨裁者兼領袖墨索里尼在米蘭的一場演講中，把這個聯盟
稱為「軸心」，這個字十分好記。1937年9月25日，義大
利的「領袖」第一次訪問德國，受到隆重的接待。希特勒
在滕珀霍夫菲爾德的一場群眾活動中，盛讚義大利法西斯
與德國國家社會主義的聯盟，以及墨索里尼「才氣縱橫的
創意活動」。義大利的「領袖」以德語回應，再次重申兩
國堅定的和平願望。

　　接下來發生了什麼事，特別是希特勒身上，應該是不
用再多說了。1937年11月5日下午，希特勒召集陸海空
三軍高層與戰爭部長布隆貝格到帝國總理府。希特勒當場

1936.11.1
墨索里尼提到
「柏林─羅馬軸心」。

1939.5.22
德國與義大利
簽訂《鋼鐵條約》
（Stahlpakt）。

1937.11
希特勒公開
他的戰爭計畫。

闡述他的戰爭大計，強調必須要讓人民不停地前進，否則納粹政權就可能會喪失群眾的支持。希特勒表示，最晚1943年或者1945年，德國就必須要解決它的「空間問題」，也就是發動戰爭。如果在這之前時機許可，他就決定先在1938年攻擊奧地利和捷克斯洛伐克。這樣一來，德國就可以在東邊站穩腳根，壯大國防武力與獲取糧食。英國和法國這兩個對手可以不用在意，他們早就不管奧地利與捷克斯洛伐克。

希特勒的聽眾根本沒有被說服，有些人甚至很震驚，陸軍領導高層擔心的是一場倉促發起的戰爭。但是沒有人公開反對，對於戰爭本身也沒有任何不同意見，只有一些關於達成目標的步調質疑。高階陸軍軍官想要在發起戰爭之前，就完成軍備擴充。希特勒想要先發起戰爭，這樣才能進一步擴充軍備，也就是以戰養戰。

1938年，納粹德國愈來愈極端。內政上從希特勒在2月更換一連串的部長，就可見端倪。這並不是經過事前詳細的策畫，而是偶發的結果：帝國戰爭部長布隆貝格因為草率地和一名妓女成婚而名譽掃地；然後有人指控陸軍總司令維爾納·馮·弗里奇（Werner von Fritsch）是同性戀，這完全是莫須有。但希特勒還是把兩人都解職，同時進行其他改組。外交部由對領袖十分死忠的前氣泡酒代理商尤阿胥·馮·里賓特洛甫（Joachim von Ribbentrop）接任，未來將不再設置戰爭部，而用「國防武力最高統帥部」（Oberkommando der Wehrmacht，簡稱OKW）取代，由威廉·凱特爾（Wilhelm Keitel）將軍領導，直屬希特勒。凱特爾和他的幕僚阿弗瑞德·約德爾（Alfred Jodl）都是唯唯諾諾的軍官，可以讓希特勒隨意操控。軍隊的獨立性就此壽終正

1938.2
新設立的
「國防武力
最高統帥部」
直屬希特勒。

寢，雖然陸軍還是由新任指揮官華爾特・馮・布勞希奇
（Walther von Brauchitsch）上將所領導，而不是聽命於最高
統帥部。

國家社會主義的政治在德國愈演愈烈，促使德國進一
步向外拓展，國家社會主義開始用軍事武力或武力威脅的
方式向國外「輸出」。希特勒下定決心，至少要把奧地利
變成完全依賴德國的「衛星國」。從1920年開始，納粹黨
的黨綱就一直主張要和奧地利「合併」（Anschluss），隨後
希特勒更在《我的奮鬥》用「血濃於水」的同胞關係努力
論述這一點。

當時奧地利的政府是由一半天主教政黨、一半法西斯
政黨所組成。儘管和納粹政權有某種內在的親近性，由庫
爾特・許士尼格（Kurt Schuschnigg）所領導的奧地利政府，
根本不想這麼輕易地就把他們的國家交給希特勒。許士尼
格把墨索里尼視為奧地利獨立性的守護神。奧地利的納粹
黨遭到查禁，因為1934年他們在希特勒的默許之下，想
要推翻政府，當時許士尼格的前任恩格爾伯特・陶爾斐斯
（Engelbert Dollfuß）還因此遭到殺害。

戈林建議希特勒親自和許士尼格會談，藉此施加壓
力。1938年2月12日，會談在上薩爾斯山區舉行。希特
勒帶了大批軍隊，打算震懾許士尼格。他以不可一世的口
吻告訴奧地利聯邦總理，上天揀選他出來，就是要來消滅
奧地利：「誰曉得——說不定一夜之間，我就會出現在維
也納，就像春天的風暴一樣！你可以試試看！」

威脅的效果立竿見影，許士尼格承諾對奧地利納粹黨
解禁，同時會讓他的國家實質上與德國合併，因此就不需
要希特勒所威脅的進軍了。儘管如此，希特勒還是在3月

12日下令占領奧地利。戈林和希特勒強迫許士尼格辭職，
打算扶持一個納粹黨員來取代他。墨索里尼並沒有干預，
讓奧地利自生自滅，他希望這樣一來能讓「軸心國」更具
規模。

　　1938年3月13日清晨，希特勒前往奧地利，開始了
所謂的「友好訪問」。他乘著賓士敞篷車，下午的時候越
過邊界，充滿象徵性地拜訪了他的出生地布朗瑙。接下來
在前往林茲的路上，希特勒的車隊幾乎開不動，因為光是
熱情的群眾就挽留了他們好幾個小時。當「領袖」終於在
晚間抵達了他青少年時生長的城市時，城裡鐘聲齊鳴，市
政廳前的群眾興奮欲狂，希特勒深受感動淚流滿面。看到
群眾歡呼雀躍的場景，他決定完全吞併奧地利。

1938.3.15
希特勒
宣布奧地利
的「合併」。

　　1938年3月15日，希特勒在維也納的英雄廣場對著
25萬人演講。他站在皇宮的陽台上，大聲疾呼：「做為德
意志民族與帝國的領袖與總理，我在此宣布我的家鄉併
入德國！」接下來就是長達數分鐘、震耳欲聾的歡呼與掌
聲。大家想一下：1913年，魯蛇希特勒從從維也納逃往
慕尼黑；不到四分之一個世紀之後，他以萬人景仰的獨裁
者之姿再度君臨。在奧地利獲得重大成功之後，希特勒回
到柏林也受到了熱烈的歡迎。

　　對奧地利的猶太人來說，夢魘是從「合併之日」開始。
希姆萊和海德里希早在幾天之前就抵達維也納，奧地利的
併入伴隨了針對猶太少數族群的暴動。在維也納，猶太人
被迫拿著刷子刷洗人行道，納粹黨的支持者和反猶的旁觀
者在一旁嘲笑，接下來就是無法無天的打砸搶各種暴動。

　　幾天之內就有大約2萬人被捕，其中大部分是共產黨
員和猶太人。林茲附近蓋了一座毛特豪森（Mauthausen）集

中營，裡面的囚犯必須幫一間黨衛軍專屬企業開採石礦，這些石頭用來供應林茲城內那些為了國家與黨的重大新建設。儘管奧地利人在1938年以前沒有被反猶的宣傳洗腦過，但是對於猶太人的迫害，在奧地利比在德國還要激進，這表示反猶主義在30年代的歐洲早就廣為傳播。不久之後，「東部疆域」（Ostmark）[9]也開始包含在反猶宣傳活動中。前一年才在德國開幕的巡迴展「永遠的猶太人」也在維也納展出，吸引了很多的觀眾。「合併」不久之後，艾希曼就到了維也納，負責劫收和驅逐奧地利的猶太人。

就如希特勒在1937年11月所宣布的，接下來就輪到捷克斯洛伐克。捷克斯洛伐克的西北部有一些講德語的少數族群，也就是蘇台德地區的德裔，希特勒主張將這些人迎回家「認祖歸宗」。之所以要這樣做，只是為了在東歐創造一個納粹「生存空間」的第一步。1938年9月12日，希特勒在全國黨代表大會發表了一篇粗暴的演講抨擊捷克人，之後英國首相內維爾・張伯倫（Neville Chamberlain）為了避免戰爭一觸即發，決定親自和希特勒會談。張伯倫在9月15日抵達上薩爾斯山區，希特勒先是十分禮貌地迎接他，然後很老練地和他談判，有時語帶威脅，有時又故示寬容。

然而希特勒根本不接受任何提議，只是不停地提出新的要求，因為他根本不想放棄戰爭。所以英國政府在9月27日告訴希特勒，如果法國決定援助捷克斯洛伐克的話，英國會和法國站在同一邊，但希特勒仍然不惜一戰。隨後

9　譯注：「東部疆域」一說出自希特勒併吞奧地利時的演講。他稱呼奧地利為「德意志人民最古老的東部疆域，德意志民族與德國最嶄新的堡壘」。

墨索里尼跳出來充當調解人，因為他也怕引起大戰，所以希特勒很不情願地同意用會談來解決，避免了戰爭。

　　9月30日清晨，希特勒、張伯倫、法國總理達拉第（Daladier）與墨索里尼在柯尼希廣場的「領袖府」（Führerbau）簽署了《慕尼黑協定》，預告了「蘇台德地區」立刻併入德國與德國出兵占領。

　　英國首相回到倫敦，在群眾的歡呼聲中宣布達成和平。希特勒在柏林也受到了英雄式的歡迎，不是因為他讓蘇台德地區的德裔回歸，這些人根本無關緊要，而是因為他避免了戰爭。捷克政府直到了簽署協定打算分割他們國家的那一天，才被告知。

　　捷克斯洛伐克那塊經濟上相當有價值的地區，只靠一紙協定就兵不血刃地落入德國手裡。《慕尼黑協定》是綏靖政策的最高點，英文稱之為 Appeasement，也就是其他國家應付希特勒與納粹德國的對策。然而在事件中扮演主導角色的英國政府，卻有自己的苦衷。如果在倫敦的人不要再自欺欺人，就會知道德國獨裁者遲早會挑起一場歐洲大戰。因為英國還沒有武裝好來面對這種戰爭，所以他們希望盡量換取時間，但這卻被希特勒解讀為英法兩國既軟弱又容易屈服。

　　另一方面，《慕尼黑協定》弱化了軍方對於希特勒的反抗。一些高階軍事人員與官員本來非常不滿希特勒在總理府裡那一番不負責任的戰爭政策，打算逮捕他然後送他上法庭受審，甚至當場將他槍斃。但這個計畫因為《慕尼黑協定》而告吹了，參與策畫的人狠狠地挖苦說，西方列強的軟弱救了希特勒的獨裁。他們當中很多人，日後也參與了1944年7月20日的暗殺希特勒行動。

大迫害

1938年的激進化主要是針對猶太
人。年初才在奧地利發生過的事，1938
年11月9日到10日之間又在德國上演
了續集。這件事被渲染為「人民自發性
憤怒」的表達，起因是一名年輕的波蘭
猶太人刺殺了巴黎德國大使館的一位工
作人員。凶手的父母是之前德國武力驅
逐波蘭猶太人的受害者，而整個驅逐行
動是由祕密警察主導。大迫害的暴力行
動也是由祕密警察所策畫，甚至遍及全
國各地。這是頭一遭國家機關動用武力
來對付猶太少數族群，打算透過威嚇，

慕尼黑，1938年11月10日深夜凌晨，
「阿道夫・希特勒突擊隊」縱火燒毀
雅各布猶太會堂，事後一名猶太人
扛著猶太會堂的大衛之星。

迫使他們逃離德國。希特勒授命戈培爾，讓猶太人好好嘗
嘗「人民的憤怒」。在獨裁者的命令之下，前「阿道夫・
希特勒突擊隊」在慕尼黑搗毀了雅各布猶太會堂（Ohel-
Jakob-Synagoge），並且縱火焚燒。希特勒的助理尤利爾斯・
紹布也參與其中甚深。

1938.11.9
希特勒下令
針對猶太人
展開暴動。

關於「人民自發性的憤怒」就不用多費唇舌了。但對
於猶太人的憎恨，納粹德國根本不需要去刻意製造，有些
地方在納粹領導高層的指示下達之前，就已經開始暴動；
另外有一些地方在官方宣告大迫害結束之後，又自行持續
了一陣子。這個晚上在德國和奧地利，祕密警察、衝鋒隊、
希特勒青年團和納粹黨黨工四處焚毀猶太會堂與祈禱所，
打砸與劫掠「猶太」商店。大概有1,500間教堂遭焚燒，
超過7千間商店被搗毀，消防隊奉命袖手旁觀。暴動就在

巴登－巴登（Baden-Baden）一列被捕的猶太男人正在黨衛軍的戒護之下行進，右方牆上有個旁觀者正在拍攝影片，1938年11月10日。

德國人民的眼前上演，不時有人爆出歡呼與掌聲，另一些人則是被暴力的規模給嚇呆了，只有少數人表現出對於猶太人的同情。

教會和軍方領導都保持沉默。根據官方說法，這次大迫害（Pogrom）造成了約100人死亡，但有數百名猶太人因為害怕這次恐怖行動而自殺。同時祕密警察逮捕了大約3萬名猶太人，並且把他們送進集中營。被捕的人往往被趕到市中心遊街示眾，而這些囚犯有許多在集中營內被故意虐待致死。在大迫害的後續事件當中，又有多達1,500人喪生。

在「碎玻璃之夜」（Kristallnacht）[10]之後──這是對於大

10 譯注：中文習慣將Kristallnacht翻成「水晶之夜」，事實上德文Kristall
   在此處指的是被納粹砸破的商店櫥窗玻璃，和水晶完全無關。德國史
   學界更常見的說法是「十一月大迫害」（Novemberpogrome）或「大迫

迫害一個比較淡化的稱呼──德國猶太人必須支付大約
10億帝國馬克，用來「賠償」因暴動所造成的可觀財產損
失，儘管這是納粹分子自己所造成的。同時因為職業禁止
法令，大部分的猶太少數族群都失去了工作和收入。也由
於他們愈來愈窮，逃離即將降臨厄運的機會也就愈來愈
小。30年代，歐洲各地的反猶主義日益激烈，願意接納
德國猶太難民的國家日益減少，大家都不想讓貧窮的猶太
移民成為自己的負擔。雖然在1938年有4萬名猶太人從
德國移民出去，但這並未讓納粹領導高層離他們的目標比
較近。與此相反：隨著奧地利的「合併」，又新增了大約
20萬猶太裔國民，較迄今為止移民出去的還多了一倍。
所以不久之後，他們就開始找尋新的「解決」方案。

1938.11.12
戈林制訂了
一套讓猶太人
「贖罪」以及將
他們「從德國
經濟生活中消除」
的方案。

────────希特勒的「私生活」II────────

近臣

希特勒一開始擔任帝國總理的時候，他的生活作息是
很有規律的工作，但不久之後又故態復萌，回復到他在維
也納與慕尼黑當落魄藝術家時所習慣的那種生活。平常和
他相處的人，就和以前一樣，都是他早期金主漢弗斯坦葛
稱之為「市井小民」（Chauffeureska）的那一類人，也就是從
希特勒發跡之初，就陪伴在他身邊的那群草根保鏢、司機
和副官。在帝國總理府裡有個「領袖暨帝國總理私人副官
處」，這個部門成員有他的女祕書約翰娜・沃爾夫（Johanna
Wolf）與克里斯塔・施諾德（Christa Schroeder）。另外一個

害之夜」（Pogromnacht），Pogrom亦有屠殺的意思，但為了避免和之
後的大屠殺（Holocaust）混淆，故譯為大迫害。

希特勒身邊的重要位子是總理府總管阿圖・坎能伯格（Arthur Kannenberg）。這位前柏林酒保負責打理「領袖家務」（採買食物和飲料、裝設收音機、監督廚房等等），同時還扮演宮廷小丑的角色，不時用笑話和彈手風琴來取悅他的老闆。

副官（Adjutant）基本上就是比較能幹一點的跑腿。比起他們正常的職權，希特勒的副官們通常都擁有相當可觀的權力。如果有人想要晉見希特勒，是沒有辦法繞過這群人的；就算你有辦法找到門路面聖，也會發現「領袖」聽得心不在焉，因為沒多久前才有個私人副官進來咬耳朵，傳了幾句悄悄話。

首席副官（Chefadjutant）是先前提過的希特勒政變伙伴威廉・布魯克納，這時候他已經掛上了衝鋒隊的將軍銜。他管理副官處的人事，安排希特勒的行程，負責他的人身安全，規畫旅行，同時與希特勒寸步不離。希特勒身邊的工作人員中，布魯克納最為得寵。

除了他之外，總是隨侍在希特勒身邊的，還有日後晉升為黨衛軍將軍的尤利爾斯・紹布。紹布是希特勒的活筆記本（紹布，給我記下來！），他負責準備熟人圈子的聖誕節禮物，替希特勒付帳單，做所有女傭該做的事。但正因為這一點，儘管布魯克納比較聰明，希特勒還是更加寵幸紹布。1940年他將布魯克納解職，擢升紹布為首席副官。納粹德國的政治與軍隊高層都努力和紹布維持良好關係，有的甚至以諂媚的方式巴結他。

帝國領導馬丁・波曼的弟弟亞伯特・波曼（Albert Bormann）也是希特勒身邊的副官，這兩兄弟的人品都是爛得無可救藥。亞伯特・波曼負責總理府的私人事務，管理希

特勒的私人郵件。據說在他的辦公室裡面有好幾個檔案
夾，上面貼的標籤寫著「瘋狂」，這些都是他和布魯克納
所蒐集的粉絲相關信件。從如雪片飛來的信件與請願書當
中，亞伯特‧波曼可以清楚地嗅到德國民意的風向。所以
他對「領袖」有一定的影響力，這讓他的哥哥很不高興，
因為哥哥是隨著戰爭的進行，跟隨在希特勒的身邊才獲得
重要的高位。

　　軍隊裡面也派有副官充當監軍。從1938年起，「領袖
暨帝國總理」在國防武力的首席副官是魯道夫‧施穆特
（Rudolf Schmundt），他是希特勒在軍隊裡最得寵的副官。
二次大戰期間，軍隊裡的副官遠比以往來得重要，這點很
容易理解，因為他們在希特勒的一眾親信當中，無一不爬
到高位。

　　希特勒在帝國總理府更私密的親信還有帝國領導菲利
普‧鮑勒（Philipp Bouhler），他是「領袖辦公室」的主任，
同時也是他的醫生；在他下面還有隨行醫生卡爾‧布蘭德
博士（Karl Brandt），和希特勒的私人醫生泌尿科專家提歐
多‧莫瑞爾（Theodor Morell）博士。

　　除此之外，幾乎都跟在希特勒身邊的，還有深具生意
頭腦的攝影師海因里希‧霍夫曼。希特勒一直是納粹照片
宣傳的焦點，這些照片都是由霍夫曼所主導拍攝，他擁有
重製希特勒照片的獨家權利。他將這些照片在民間出版成
書，成為年輕人最想要的禮物，每本攝影集都不停地再
版。書報媒體和風景明信片也常常引用他的攝影。

　　霍夫曼向大眾介紹希特勒的「日常生活」，也就是他
像你我一樣的那一面。從這所謂的近身觀察所產生的光芒
效應，就是「領袖」很親民，讓人覺得他無所不能。當然

左｜希特勒在「德國的萊茵河」上，1936年。一張由海因里希‧霍夫曼所安排的照片。
右｜不久之後，希特勒以為沒人注意。

這一切都是事先安排好的。從1933年起，希特勒的照片
如果沒有遵照特定格式，就不准出版。在一次巡視萊茵河
的宣傳之旅中，曾有一名攝影師拍了一張違反格式的照
片，希特勒在這張照片看起來就是一副無精打采的樣子。
在第一張照片我們可以看到，霍夫曼是如何地粉飾「領

希特勒（前景），他的慕尼黑女管家安妮‧薇特（Annie Winter，左）和
他的女祕書約翰娜‧沃爾夫（半被遮掩）在「山宮」的「大廳」，1937年。

柏林，菩提樹下大道，蘇聯大使館前：希特勒（站者）搭乘賓士770 K W 150 II，1939年5月1日。後座左起宣傳部長約瑟夫‧戈培爾和德意志勞動陣線領導人羅伯特‧萊伊。希特勒後面右方是他的侍從兼隨扈海因茲‧林格，開車的是埃里希‧坎普卡。

袖」。不久之後希特勒以為沒人注意了，卻剛好被攝影師拍到：他板著一張臭臉，癱坐在他的位子上。另一張照片是在上薩爾斯山區的模糊快照，顯示希特勒正在要寶。這些照片在他還活著的時候，當然是禁止公開。

希特勒在他的「奮鬥時期」就極為重視個人安全。1933年以後，維安的需求更是大幅升高。一方面是希特勒真的面臨暗殺威脅，有必要提高警覺；另一方面，是領袖神話讓希特勒必須常常在公開場合出現。例如遊行的時候，他總是站在敞篷車上向群眾致意，但這根本只是匹夫之勇，等於給了狙擊手一個良好的靶子。但希特勒卻無法、也不想放棄這種表演。

布魯克納和紹布過去是「阿道夫‧希特勒突擊隊」的成員，這是在20年代就成立、直屬希特勒的菁英打擊部

玩具汽車「領袖的座車」，約1940年。賓士的敞篷車內有4個埃拉斯透林（Elastolin）*玩偶：希特勒（右手臂可動，讓小朋友可以模仿希特勒式致敬）、司機和兩名衝鋒隊成員。

隊。還有創立黨衛軍的尤利爾斯・施雷克，直到1936年他病死為止，一直都是希特勒的司機，之後是坎普卡接替了這項工作。希特勒在掌權的前一年將他和其他7個孔武有力之士一起編入「黨衛軍隨侍部隊」（ss-Begleitkommandos），這支部隊從此成了他的貼身保鑣。希特勒的副官和黨衛軍隨侍部隊主要都是出身於「奮鬥時期」那種充滿暴力的環境。

坎普卡負責希特勒的車隊，這支車隊幾乎都是由尊貴品牌梅賽德斯—賓士（Mercedes-Benz）的車子所組成。1945年時，總理府最少擁有40輛大型賓士房車，希特勒

譯注：埃拉斯透林是德國玩偶玩具品牌。

最喜歡坐的是一部三排座位敞篷車。這部車極盡所能地以先進設備進行改裝，包括車身和車輪都裝上防彈鋼板。有家玩具公司做了這部車的模型，還可以購買穿著制服的「領袖」玩偶，所以希特勒玩偶和他的車子常常被當作聖誕禮物或生日禮物送給小男生。

「隨侍部隊」對於希姆萊有如眼中釘，所以1933年初他乾脆設立了一支「領袖親衛隊」（Führerschutzkommando），由刑事警察所組成，這個精心打造的個人保全比隨侍部隊更好掌控。當「領袖」搭乘汽車上路時，通常有兩輛載著全副武裝隨扈的車子緊隨在後，第一輛坐的是隨侍部隊，第二輛則是希姆萊的手下。這兩組人馬雖然難免會彼此競爭，但總體而言還是能相互合作。

隨侍部隊還包含希特勒的侍從（Kammerdiener）。這些人是從警衛旗隊裡面特別挑選出來的，個個身材高大，相貌堂堂，在旅館管理學院受過訓練後，才派到帝國總理府值勤。希特勒的第一個侍從是海軍水手卡爾─威廉·克勞茲（Karl-Wilhelm Krause），他從1934年7月起擔任這個職務。隨時都要有一個侍從讓希特勒隨叫隨到，例如來幫他穿衣服。乘車的時候，侍從要負責拿取所有希特勒需要的東西，隨時傳遞到前座給他（眼鏡、奶油麵包、藥物）。

隨著時間過去，還有一整票黨衛軍人馬進入旅館管理學院受訓，以便能在希特勒的各種招待會上服務，這些侍者穿著黑色的褲子和白色的夾克，領子上有黨衛軍的SS標誌。他們隨身都配有一把手槍，遇到危險能夠保護希特勒，當然這把槍也有可能被拿來打希特勒。但這些侍者的收入很高，同時由希特勒個人出錢幫他們投保了生命險，讓他們的家人無後顧之憂；而且能夠隨侍在「領袖」身邊，

讓他們倍感榮幸。當隨侍部隊和希特勒一起外出時，他們全都穿著黨衛軍的黑色制服，其中一個侍者會拿著一隻上膛的衝鋒槍坐在車裡，情況危急時他要隨時準備為了「領袖」犧牲生命。

對希特勒的手下來說，「我的領袖」這個稱呼已經朗朗上口。敢用「希特勒先生」稱呼總理的那些老同志，在他的身邊愈來愈少。黨衛軍隨侍部隊都是從布魯克納或紹布那裡獲得指示，侍從則理所當然地由希特勒直接下令。這時他總是使用一種內斂的命令口吻（「克勞茲，明天早上9點叫醒我。報紙和電報放在門口，晚安。」）如果一切都讓他滿意，有的時候他也會說「謝謝」。他的心情陰晴不定，周圍的人愈來愈常要看「老闆」的臉色辦事，克勞茲和布魯克納就是因為瑣事而被解職。

「愛旅行的領袖」

希特勒喜歡被人群包圍，喜歡大型群眾活動，喜歡掌聲和歡呼。1936、1937年間他只有少數幾天停留在柏林，其他時間都是在四處奔波，忙著集會、遊行、閱兵、演講、活動剪綵開幕、和納粹黨高層開會，以及其他類似事務。「領袖」在公開場合露面，乃是領袖神話當中非常重要的組成部分。待在柏林最長的一次，也就是1936年8月，因為奧林匹克夏季運動會他必須停留在首都的那一次。

所以希特勒是個「愛旅行的領袖」。他的交通工具有帝國鐵路局提供給他的專門列車，還有飛機和汽車。基於安全的理由，他每次都到臨出發前才會公布他要去哪裡，以及搭乘什麼交通工具。如果他搭乘飛機，車隊就必須搶在他前面先行到達，以便在降落之後接他前往目的地。如

果他搭乘火車，同樣要有飛機和汽車隨行，這樣希特勒才
能任意轉換交通工具。搭飛機是最方便的，因為搭車的
話，常常會遇到歡呼的群眾而開開停停；飛機也比專門列
車來得快，只是風險也相對來得大。

　　從1942年起，希特勒就使用改良版的「禿鷹」（Condor）
做為他的專機，這架飛機經過了安全性的改裝，擁有重裝
甲和武器。他的座位還內建降落傘，必要時他只要拉下一
根把手，底部的逃生活門就會打開，「領袖」將掛在降落
傘上輕巧地飄往地面，然而這套系統從來沒有使用過。戰
爭結束時，希特勒的機隊大概還有40架飛機。基本上，
這可說是一家為了希特勒與納粹黨高層而開設的航空公
司，甚至有人說這是「領袖航空」。

　　大部分週末的時候，他都在上薩爾斯山區度過，休長
假也一樣。山宮不只是他的住所，也是他的統治之地，這
裡接待過無數國內外的貴賓與大使。由於希特勒常在這裡
度假，所以納粹黨高層也在附近努力拓展宮廷的規模，戈
培爾、戈林和史佩爾在上薩爾斯山區都有住所。希特勒前
腳才剛去度假，他們後腳馬上就跟過去，藉此接近領袖，
或者暗中觀察哪些人有管道可以上達天聽。因為拉默斯處
理政府事務必須要和希特勒保持緊密聯繫，不得已只好在
貝希特斯加登設立第二座帝國總理府，每次希特勒在山宮
度假時，拉默斯和他的工作團隊就在此地駐紮。他們必須
在此等待，直到「領袖」有時間接見他們。

　　希特勒不在的時候，就由伊娃‧布朗管理山上的所有
人員。她經常邀請她的女性朋友以及她們的孩子來作客，
希特勒和客人一般交談時的口氣雖然有點生硬，但也還算
彬彬有禮。他稱呼這些女性朋友為「女士」，服務人員則

稱伊娃・布朗為「小姐」。當有第三人在場時，她稱呼他
為「我的領袖」，他則叫她「布朗小姐」。只有在很熟的圈
子裡，這兩人才會彼此稱呼對方的名字。如果有貴賓來
臨，伊娃・布朗必須留在自己的房間之內不能出現，因為
兩人的關係必須保密。

　　伊娃・布朗熱愛攝影，拍攝了無數在上薩爾斯山區的
彩色窄規格底片（Schmalfilm）。從這些影片上可以看到希
特勒和他的近臣，希特勒和納粹黨高層，以及希特勒和他
的德國牧羊犬布隆迪（Blondi）。伊娃・布朗的攝影也都是
事先安排好的，她是霍夫曼的乖學生，一直都在幫霍夫曼
工作，和大多數德國人一樣，非常相信「領袖」。

財務

　　希特勒剛掌權之初就是有錢人，而且直到12年後他
自殺為止，都可以稱得上家財萬貫。1933年，希特勒宣
布放棄帝國總理的所有薪水，只靠他的版稅收入過活。實
際上他在掌握帝國總統的職權之後，連這部分的薪水也不
放過，而且在其他地方還有龐大的收入。1932年時，希
特勒的年收入大約6萬5千帝國馬克。第二年因為《我的
奮鬥》大賣，他賺了大概有120萬帝國馬克（經過換算大
約相當於26萬歐元）。不過他沒有繳所得稅。從1934年
年底開始，他就沒有繳稅的義務。

　　到戰爭結束為止，《我的奮鬥》一共讓希特勒在埃爾
出版社的帳戶裡，賺進了1,500萬帝國馬克的版稅，其中
一半被他領出來使用。這筆錢其實來路不正，因為戶政事
務所的官員都必須編列預算購買這本書，所有前來登記的
新婚夫婦都會獲贈一本。戰爭爆發以後，國防武力多多少

少也成了《我的奮鬥》自願的大宗客戶。由於發行了無數印有「領袖」頭像的特別郵票，所以郵政部長也必須付費給希特勒，等於白送給他一大筆錢。直到戰爭結束為止，還有高達7億帝國馬克的所謂「阿道夫‧希特勒獻金」流進了希特勒的私人帳戶，這些錢往往都是由企業公司自願捐贈。這些資金被用來支付很多開銷，包括他的賓士車隊。在當了多年的窮光蛋之後，現在他終於賺得盆滿缽盈。

希特勒的錢都花到哪裡去，到今天為止仍然不明，因為他的公私帳戶很少區分清楚，而且單據都被銷毀了。有些被用來改建和擴建他在柏林與上薩爾斯山區的住處，有些花在他私人的藝術蒐藏。除此之外，希特勒還會賞賜有功的納粹黨領導或將領，用莊園、藝術品或高額現金犒賞他們。當然希特勒之所以賞你東西，代表他希望你無條件地服從「領袖」。

希特勒的財務只是納粹黨黨工無恥致富的冰山一角，戈林的貪污腐敗更是傳得沸沸揚揚。前面所提過徵收猶太少數族群的財產，更是為這種致富途徑與裙帶關係大開方便之門。

官邸

新的帝國總理府是希特勒身邊神話的一部分，而且直到今天依然擾嚷不休。這座位於柏林佛斯街（Voßstraße）的巨大建築由亞伯特‧史佩爾設計，並且在1939年初啟用。早在4年之前，史佩爾就依照希特勒親手畫的草圖，在總理府靠近威廉廣場那一側加了一座陽台，以便讓「領袖」站在上面接受歡呼。這個地方可不是隨便選的：希特勒被任命為總理的當晚，就是站在這裡向他興奮的支持者致意。

「領袖的官邸」：舊帝國總理府，威廉街77號，1938年的明信片。

　　當時帝國總理的辦公室就在這扇窗戶後面，不久之後他就嫌它太小了，缺乏代表性。新的辦公室設在舊總理府的後面部分（威廉街77號），但沒過多久希特勒又不滿意這間辦公室。在史佩爾所設計的新帝國總理府裡，希特勒的辦公大廳只是擺設，純粹為了讓外國訪客驚艷。希特勒從來不在那裡辦公。

　　很多人都說希特勒住在新帝國總理府裡。希特勒如果人在柏林，他通常住在舊帝國總理府這棟建築裡面，一間相對而言很小的職務官邸。1934年年初，希特勒把舊帝國總理府成功地改建為「領袖官邸」，結果就是樓下成為接待廳與展示廳的混合，而樓上則是希特勒的職務官邸。從布呂寧開始使用以來，這棟建築終於有所改變，裡面有辦公室、客廳、臥室和浴室，甚至還有一間附帶衛浴的「客房」。這間客房裡面住的是伊娃・布朗，如果她人在柏林的話，雖然這種情況很少。在希特勒自己房間外面，有一間毫無裝潢的房間相鄰，希特勒的女祕書們稱之為「樓梯

1934.5
希特勒搬入
先前改建過的
舊帝國總理府，
將這裡當成
他的職務官邸。

間」。如果希特勒召喚她們來聽寫，她們就先在此處等待。

　　建築內部的設計由葛爾蒂・綽斯特（Gerdy Troost）負責，她是希特勒第一任御用建築師的妻子。如果看過「領袖官邸」的內部照片，一定會對那充滿品味的裝潢感到驚艷。不像大家所想的那樣，希特勒在私人空間上反而比較不強調規模和媚俗，而是著重於一種半市民、半貴族的形象。

　　最引人注目的是他私人辦公室裡有很多書櫃。1933年之前，希特勒就買了很多書，但他永遠只用自己的方式讀書，書本只是用來補強他先入為主的想法。在他上台以後，別人也特別喜歡送他書籍當作禮物，他的書房裡面至少有1萬6千本藏書。例如他擁有英國劇作家威廉・莎士比亞全集，而且還可以逐字引用裡面的名句；還有作家卡爾・邁的作品全集，以及普魯士腓特烈二世的書信集。這些書籍他大部分都沒有讀過，但另一方面希特勒又聲稱，每天晚上他都會讀一本書。讀的可能都是軍事方面的作品。歷史和建築史的文獻，「領袖」也囫圇吞了不少，他在這些領域懂得很多。

　　就像整個「領袖官邸」一樣，他的私人房間也是經過精心設計，裡面的藝術裝潢只有行家才懂得欣賞。希特勒蒐藏的主要是19世紀的藝術作品，他也擁有一些文藝復興時期德國和義大利的油畫精品。他和戈林不同，戈林在戰爭期間搶遍了整個歐洲的藝術品，而希特勒蒐藏中的大多數作品他都有付錢購買，或是從博物館中借出，長期懸掛展覽。

　　他還擁有一張前面所提過母親的畫像，這是希特勒根據克拉拉唯一的一張照片親手所繪，他把這幅畫掛在床

上｜威廉街77號：希特勒「起居大廳」內部一覽，照片視角是左方壁
爐方向，不久之後壁爐上面會掛上勃克林的〈死之島〉。1937年起，在
地毯階梯之前設了一張螢幕供電影放映，螢幕可能是由上垂下或固
定在地上。

下｜同一間「起居大廳」，照片視角是右方音響櫃方向。音響櫃的上方
是一張簾幕，電影放映機的開口藏在後面。

頭。但整個「領袖官邸」都沒有人看過這幅畫，因為它會洩漏希特勒的出身和私生活。希特勒所表現出來的和讓人所感受到的是，他是一個對於藝術與文學有著高尚品味的人，只為德國人民而活，只為德國人民工作，這和實際上他那不穩定的生活形成鮮明對比。

帝國總理府的一樓有間拓寬過的起居大廳（Wohnhalle），很明顯地這裡是希特勒最自傲的地方。進入這座大廳必須經由一道雙扇門，門的兩側掛著巨大的壁毯。裡面有地毯、平台鋼琴和油畫，給人的第一印象就是舒適、豪華與品味。不久之後，壁爐上方掛了一幅19世紀名畫，這是阿諾德・勃克林（Arnold Böcklin）繪於1883年的〈死之島〉（Toteninsel）。今天我們可以在柏林的國家畫廊裡欣賞到這幅畫，博物館的參觀者鮮少有人知道它曾經一度屬於希特勒。

這座大客廳裝設了現代的娛樂科技，讓希特勒完全走在他那個時代的潮流尖端：他和大部分「國民同胞」一樣，是個電影迷。入口的右邊靠牆有一座放置收音機和唱片機的櫃子，上方有一片相當難看的牆壁開口，用簾幕遮住，裡面是一套放映電影的專業設備。從1937年，這套起放映機可以將影像從這壁口投射出來，螢幕則是架在壁爐的方向。

遮住放映機簾幕的左邊設有一座18世紀風格的「女士沙龍」，那裡掛了一幅腓特烈二世的肖像。這幅畫在戰爭期間，一路陪著希特勒到了軍事總部，最後再到了「領袖地堡」。他人生的最後幾天就是呆坐在這幅畫前，瞪著這位普魯士國王發楞，國王在戰事上面顯然比他幸運多了。

穿過一座「抽菸沙龍」可以到達餐廳，餐廳就在希特

勒官邸屋頂陽台的正下方。這間餐廳也會讓人聯想起普魯士的傳統，因為腓特烈二世在波茲坦的無憂宮（Schloss Sanssouci）也有張著名的圓桌。但希特勒的賓客多半只是當聽眾，當「領袖」在他冗長的獨白裡不停地碎碎念時，他們僅能安靜地聆聽。從餐廳出來可以看到一間「溫室」（Wintergarten），這座溫室有個半圓形部分凸出至帝國總理府的花園裡。希特勒很喜歡在這座溫室流連，常常在這裡招待賓客，即使後來新帝國總理府裡有更大空間時也一樣。

這個獨裁者很重視用適當的規格來招待外國賓客，為此還在溫室右邊直角方向、旁邊外交部的花園裡加蓋了一棟兩層樓的附屬建築。這棟建築的大廳很少使用，樓上則是帝國總理府工作人員的職務官舍。30年代中期，甚至還替希特勒的司機坎普卡在外交部花園裡蓋了一棟屬於他的房子。一個司機住在部會的花園裡，這突顯出希特勒的司機兼保鏢擁有多麼與眾不同的地位。

花園裡的大廳建築擁有完整的地下結構，裡面就是供希特勒與親近的手下所使用的防空地堡。希特勒可以從官邸臥房前面的陽台，經過一處樓梯間抵達地下室。

1935–36
在舊帝國總理府附屬建築的地下，建造第一座防空地堡。

日常行程

希特勒每天大約10點開始工作，有的時候甚至中午才開始。第一個行程往往都是先和布魯克納與紹布短暫見面，然後按照一張排得滿滿的出訪行事曆，展開各種預定會議。

從1934年開始，希特勒的日常行程大概都像這樣：前一天晚上他會先告訴侍從，什麼時候喚醒他，第二天要穿的哪套衣服應該先拿出來準備。起床前的一個半小時，

報紙和電報就必須放置在「客房」他臥室門前的一張凳子
上。等時間到了，侍從會輕敲希特勒的臥室門，同時說：
「我的領袖，現在是9點30分。」──或者看當時是什麼
時間──然後等待回話。希特勒會穿著他的老式睡衣走到
門前，打開一條門縫，伸手出去摸索報紙和電報，然後再
躺回床上閱讀。希特勒其實有戴眼鏡，只是不想在公開場
合被人看到戴著眼鏡。當他必須在第三者面前當場閱讀
時，所有的文件都必須打成超大字型版。

　　當侍從在樓下準備早餐時，希特勒會瀏覽一下最新的
報紙和文件，快速地洗個澡，刮了刮鬍子，然後穿好衣
服。大多時候都是穿制服：褐色的夾克，左邊領子上有一
枚金質黨徽；左胸掛上鐵十字勳章與傷兵勳章，左臂配
戴卐字臂章。起床20分鐘後，早餐就已經準備妥當，有
溫牛奶、一些巧克力，幾片薄片麵包，有時候還有茶、全
麥脆餅乾（Knäckebrot）和一顆蘋果。

　　希特勒的早餐大部分是站著匆匆吃完，同時讓人拿來
午餐菜單，選擇中午吃什麼，決定與誰共餐。然後侍從走
在希特勒前頭，幫他打開一扇扇的門，直到他走到舊帝國
總理府樓上的節慶大廳。基本上這是一套宮廷禮儀，過去
會這麼做的都是王子或國王。

　　「老闆」穿過他女祕書們的房間，打個招呼，然後繼
續走向他的副官，開始辦公。一開始總是由拉默斯或新聞
主管奧圖·迪特里希（Otto Dietrich）來報告他們的公事，
接下來預定的行程通常在舊帝國總理府的職務辦公室舉
行，如果拖長到午休就先中斷，下午的活動有時在溫室進
行。除了辦公，還有午餐、晚餐與休閒活動，就這樣填滿
了希特勒的一天。

午休通常是在下午之初才開始，這時希特勒會回去找他的女祕書們，交代寄送禮物、頒發榮譽公民證書或其他類似事項，或是在公文上面簽個名，然後再回住處一趟。之後希特勒再下樓，在吸菸沙龍與大約20名午餐訪客會面。

這些人都是希特勒的副官應他的要求，通過電話邀請來的。大多時候都是大區黨部領導或其他黨工，也有一些能夠隨時求見與希特勒共餐的高層，其中包括戈培爾，希特勒永遠都幫他在對面保留一個位子。如果有女士在場，希特勒會挽著女主賓的手臂到「圓桌餐廳」，坐在中間的桌子，布魯克納和紹布也會在場作陪。大部分時候在希特勒那一桌都是由他主導談話，如果戈培爾在場，宣傳部長也會和賓客聊天，通常相當風趣。簡單的午餐結束得很快，「領袖」完成用餐通常不超過半小時。

希特勒討厭獨處，喜歡被漂亮的女性簇擁，所以他的副官就要想辦法找人和邀請賓客。可能邀請來共進晚餐，或是一起參加藝文招待會，希特勒通常會盛裝前往，同時帶領一票電影明星與著名演員給附庸風雅的主人增添聲色。如果希特勒沒有固定的行程，或者不打算出發到外地度週末，那麼晚餐就會在晚間7點或8點舉行，大多數時候也會邀請幾個客人。晚餐過後，這一小群賓客會前往希特勒的起居大廳，在那裡觀賞電影。

除了一份固定的電影目錄，宣傳部還嚴選了一些最新的影片，名單在晚餐時呈給希特勒選擇。有的時候會連續播放三部劇情片，特別是做為東道主不喜歡某一部影片時，他常常用刻薄的話直接打斷放映。

希特勒喜歡小成本的電影：懸疑片、普魯士影片、海

洋影片等，但他也喜歡美國製作的片子，如華德・迪士尼
的《米老鼠》。1937年聖誕節，戈培爾送了他米老鼠電影
當作禮物（戈培爾在他的日記中寫道：「他很高興，對這
份禮物很滿意。」）另外恐怖片經典《金剛》和美國內戰史
詩片《亂世佳人》也都讓希特勒很中意。至於他有沒有看
過查理・卓別林那才氣洋溢的希特勒諷刺喜劇片《大獨裁
者》，我們並不清楚，但是完全可以想像。

　　接近午夜時分，大家會回到抽菸沙龍，侍從會在哪裡
準備好宵夜。在寒冷的季節，壁爐裡會點上爐火，大家一
邊喝著咖啡、茶和酒精飲料，一邊「八卦」，通常都是聊
一些雞毛蒜皮的瑣事和閒話。希特勒不介意別人在他身邊
吸菸，但他一定搶盡話頭，往往就這樣聊了兩三個鐘頭，
然後他的客人終於可以跟主人道別。

　　但希特勒的一天還沒過完。他會讓人拿來第二天的行
事曆，翻閱一下國家通訊社的報導，然後在大約凌晨4點
時回到住處，臥室裡面已經擺了一杯茶。希特勒基本上不
喝酒，但晚間有時會叫一小杯干邑白蘭地配茶喝。這一點
也不奇怪，因為他經常失眠，往往要到了5點或更晚才就
寢，結果就是他到了中午才會起床。

　　希特勒之所以會過得日夜顛倒、接近中午才起床，那
套家庭電影院設備似乎要負全責。很多人都說，希特勒就
是看《米老鼠》才看得從此君王不早朝。但這些應該不會
對專業政治家辛苦的日常工作造成什麼影響才對。所以換
句話說：希特勒其實只是一個懶鬼。

　　在山宮的日常行程和在總理府差不多。在這裡，希特
勒的近臣晚間也一樣圍坐在起居大廳的壁爐旁邊。這裡的
談話某些部分不會像在帝國總理府裡面那麼勞累，因為希

特勒會針對歷史、建築、藝術和音樂高談闊論。但在這裡沒有什麼真正的娛樂，而且沒過多久，希特勒的那些老調也就一再重彈了。當他發現只剩下他一個人在滔滔不絕、別人都不講話時，就會提議大家來聽聽唱片。到了凌晨希特勒終於退朝就寢時，眾人才在起居大廳裡熱絡起來，直到他們撐不住只得上床睡覺。

Der Kriegsherr
統帥

獨裁者們的協議

　　希特勒渴望戰爭。當他下令撕毀《慕尼黑協定》，並且占領「捷克其餘地區」時，協定上面的墨水還未乾透，最後連斯洛伐克也成為德國的傀儡國。對於入侵捷克斯洛伐克，希特勒表現得像個政治流氓。他在新帝國總理府的辦公大廳對捷克國家總統伊米爾·哈卡（Emil Hacha）施壓，壓到哈卡頭暈目眩，不得不請希特勒的私人醫生莫瑞爾打上一針，才有辦法站穩。最後哈卡簽署了一項請求，懇請德國將其納入保護。

1939.3.15
國防武力入侵捷克斯洛伐克，建立「波希米亞和摩拉維亞保護國」。

　　1939年3月15日的清晨，德國士兵不發一槍一彈就占領了捷克斯洛伐克。人民只能站在街道旁邊，無奈地握緊拳頭。希特勒在中午時分搭乘專門列車出發，準備正式地將他的新領土收入囊中，從今以後這裡叫做「波希米亞和摩拉維亞保護國」（Protektorat Böhmen und Mähren）。第二天希特勒返回柏林，受到了英雄式的歡迎。

　　德國最後一次兵不血刃的征服，發生在1939年3月21日。立陶宛政府在德國的壓力之下，宣布將梅梅爾地區（Memel）割讓給德國。希特勒在乎的不是當地人口占多數的德裔，他在乎的是梅梅爾的港口，以及又多了一個可以對波蘭發動戰爭的據點。這個東邊鄰國已經被一南一北兩隻鉗子緊緊夾住。

　　希特勒本來以為，西方列強會對他撕毀《慕尼黑協定》一事忍氣吞聲，結果他的期望落空了。英國政府宣布，他們會以武力來回應德國接下來的任何征服行動。綏靖政策已經走到了終點，法國政府也決定抵擋德國。而波蘭將是希特勒的下一個攻擊目標。

在希特勒的授意下，但澤大區黨部領導亞伯特・佛斯特（Albert Forster）刻意挑撥波蘭德裔少數與波蘭民族主義分子之間早就存在的緊張關係，給德國製造戰爭的藉口。表面上看來德波衝突「只有」在但澤與走廊地區，實際上希特勒想要占領波蘭，將這個國家整個消滅掉。

獨裁者不想浪費時間，他希望好好利用德國相較於西方列強的軍備優勢。1939年5月23日，他在新帝國總理府的辦公大廳召集一群將領，宣布我們一定要占領外國，才能解決德國的經濟問題。「保全波蘭這個問題就不用再考慮了，只剩下一個決定，如何在適當時機第一時間攻擊波蘭。」除此之外，德國還將穿過荷蘭與比利時攻擊法國，最後在法國的海岸邊上，打倒來自英國的援軍。在希特勒的眼中，和大不列顛一戰具有決定性的意義。他知道英國海軍一定會和一次大戰一樣，對德國的進口實施海上封鎖。

於是希特勒告訴將領們，和英國這一戰會持續很久，這將是一場「生死之鬥」。他指出德國最早的開戰時機（如同在1937年所說的）仍然在1943年。所以很明顯地，德國在當時根本還沒有準備好來應付一場大戰。

另一方面希特勒也告訴所有在場的人，1939年將會對波蘭開戰，預期戰爭的時間將會很短暫，那邊所獲得的戰利品，可以讓德國接下來在西邊發動戰爭。在場的將軍們一定都驚呆了。但和1937年11月那次不同，當他們聽完希特勒的計畫時，卻沒有人表現出不安。6月中旬，陸軍總司令部（Oberkommandos des Heeres，簡稱OKH）完成了對波蘭的戰爭計畫，他們打算用軍事演習來掩飾部隊調動。

蘇聯獨裁者史達林一直小心翼翼地跟隨著西方列強保護波蘭的步調，他很清楚西方列強需要蘇聯的支持。4月

1939.5.23
希特勒宣布他
決定攻擊波蘭。

中旬時，他既和西方列強協商，也和德國談判。史達林想要先知道，到底蘇聯（從1922年底開始，國家正式名稱叫做蘇維埃社會主義共和國聯邦）和兩邊任一方結盟，各有什麼好處。透過間諜，他在希特勒下令之後不久，就得知德國打算在秋天對波蘭動手。

和英國與法國的協商還在慢吞吞地進行，一份由德國提出的草案已經送抵莫斯科，內容提議德國和蘇聯共同瓜分彼此之間的波蘭與波羅的海國家。史達林知道希特勒很著急，所以他故意吊盡了「領袖」以及德國外交部長里賓特洛甫的胃口。

希特勒把歐洲推到懸崖邊上。雖然戰火一觸即發，但他卻一派輕鬆自在，照著他的行程各地到處跑，在柏林根本看不到他的蹤影。1939年整個8月他幾乎都在上薩爾斯山區度過。他在那邊不食人間煙火，過得像世界的主宰。8月12日，義大利外交部長希阿諾（Ciano）來到上薩爾斯山區，他前一天才從里賓特洛甫那裡知道，對波蘭的攻擊行動已然迫在眉睫。希阿諾很生氣，因為義大利事前沒有得到通知，同時也對希特勒開戰的大膽決定感到震驚。這時候莫斯科來了一通電話：他們想要談談德蘇之間的協議，這讓里賓特洛甫喜出望外。

8月19日，德國和蘇聯簽訂了一項經濟合約。蘇聯供應小麥、蔬菜、礦石與其他重要戰爭原料給德國，特別是石油；德國則提供機器與工業產品給蘇聯做為交換。

緊接著就是《德蘇互不侵犯條約》。關於這項協議的消息，一直到8月21日午夜才公諸於世，剎時有如炸彈驚爆，連希特勒的軍事高層也被震得七暈八素，因為他們事前一無所知。史達林不聽勸諫，堅持一定要親自參與談

約瑟夫‧史達林（穿白色夾克者）與德國外交部長尤阿胥‧馮‧里賓特洛甫，攝於簽署完《德蘇互不侵犯條約》之後，1939年8月24日。

判。8月24日清晨，里賓特洛甫和蘇聯外交部長莫洛托夫（Molotow）在《德蘇互不侵犯條約》上簽名，關於如何瓜分波蘭與波羅的海國家的協定，則寫在一份極為機密的附加議定書裡。

　　雖然波蘭和西方列強都宣稱，該條約不會改變現狀，他們也都會信守彼此間的同盟義務。但這當然是倫敦和巴黎當局輸了，因為他們沒有搶在希特勒前面，先和蘇聯締結條約。對希特勒來說，對波蘭的戰爭之路現在開始再無阻礙。

1939.8.23
希特勒和史達林
關於瓜分波蘭
與東歐達成協議。

波蘭戰役

1939.8.22
希特勒解說
他對波蘭的
戰爭目的,
並且要求要
「毫不留情」
(größte Härte)。

想當然耳,希特勒對他的外交妙計得意洋洋。8月22日中午,他在山宮的「大廳」召集了他的高階將領。所有的將軍穿著便服,避免引人注目,大部分人都搭乘飛機前往,希特勒的副官們也都出席。一共有大約50人在場聆聽,希特勒講話時就隨隨便便地倚靠在他的平台鋼琴上。

希特勒首先向將領們說,他認為自己是無可取代的,兩三年之後,也許德國的處境就不像今天這樣幸運,因為:「沒有人知道我還能活多久,所以如果要衝突就趁現在。」所有這些都表現出希特勒的狂妄自大:德國的未來繫於他個人身上。希特勒這時已經50歲了,深信如果要實現他的政策,自己的時間不多了。

但希特勒也強調,德國因為經濟上的原因,正在和時間賽跑。德國只有兩種選擇,現在就出擊,不然「絕對遲早會被消滅」,從波蘭那裡德國可以獲得「穀物、牲畜、煤炭、鉛和鋅」。另一方面,希特勒也對西方列強嗤之以鼻,就他在《慕尼黑協定》上所看到的,他們根本只是「小蟲子」。這些對手本來以為他們和俄羅斯的合約是十拿九穩了,結果被他硬生生地從手上打掉。

中午休息之後,希特勒繼續開講。他重申這是一場和西方列強的「生死之鬥」,並且主張要「消滅」波蘭:「收起你們的同情心,把殘酷拿出來。8千萬人一定要得到他們的權利,他們的存在必須獲得保障。更強的人有權這樣做,必須要毫不留情。」這說明了為什麼德國在波蘭的戰事與占領政策是如此地罪大惡極,罄竹難書。

這時英國首相張伯倫又出面居中斡旋,希望透過談判

為但澤與走廊地區找尋解決之道。但希特勒已經明確告訴
過他的高階將領，戰爭勢在必行。8月22日時他曾說，他
只怕一件事，「不知哪個豬頭又拿一份調解計畫來找我喬
事情！」但之後他開始搖擺，因為害怕西方列強介入。戰
爭爆發前幾天，希特勒與里賓特洛甫和英國方面的談判，
也被宣傳部拿來大做文章；因為希特勒想要讓德國人相
信，他已經為了和平解決方案竭智盡力了。實際上他根本
拒絕了和平解決衝突的可能性，將所有都押在一張牌上，
最後輸個精光。

　　9月1日4點45分，德國以敦睦訪問為名義停泊在
但澤港內的戰艦「什列斯威格—霍爾斯坦號」（Schleswig-
Holstein），開始對西盤半島（Westerplatte）上的波蘭彈藥庫
開火。戰艦上面搭載的德國精銳士兵，也上岸和但澤的黨
衛軍部隊「保鄉團」（Heimwehr）一起占領城市，第二次世
界大戰正式開始。

　　10點左右，希特勒來到位於克羅爾歌劇院的帝國議
會。從帝國總理府過來的一路上沒有什麼群眾，也沒有人
歡呼，這和1914年8月形成鮮明的對比。德國人很怕和
英國、法國衝突，害怕像第一次世界大戰那樣最後造成毀
滅性的慘敗。希特勒在演講中表示，為了維持和平，所有
能做的他都做了，然而波蘭還是對德國動武。「領袖」以
此謊稱。「今天晚上，波蘭首次動用正規士兵對我們自己
的領土開火，從5點45分開始。」希特勒大做文章，講了
一個鐘頭之久，「我們會反擊。從現在起會用一個接一個
的炸彈來報復！」

　　希特勒說他現在什麼都不是，只想當「德意志祖國的
第一個士兵！」他穿著高階將領的「戰場灰」（Feldgrau）制

1939.9.1
第二次世界大戰
開始。

希特勒在克羅爾歌劇院的帝國
議會面前，將襲擊波蘭一事正當
化。1939年9月1日。

1939.9.3
英國及法國
宣戰。

服夾克，上面綴著金色的鈕釦，左邊袖子還別有一只金色的帝國鷹。他說直到勝利那天他才會脫下這身制服──不然就是戰爭結束而無法苟活，因為投降完全不在考量之內。「像1918年11月那樣的事，絕對不會在德國歷史上重演！」實際上希特勒從戰爭爆發開始，就沒人看過他穿便服或納粹黨制服。

9月3日早晨，英國大使韓德森（Henderson）遞交一份最後通牒書，如果德國不在11點之前宣布從波蘭撤軍，大不列顛與德國即進入戰爭狀態。希特勒這時人在舊帝國總理府的溫室，和里賓特洛甫在那裡踱步。據說他既生氣又不知所措，對外交部長說：「現在該怎麼辦？」

這表示希特勒直到最後，都沒有想到西方列強會出兵干預。里賓特洛甫過去不停地向希特勒進言，說這種風險實在很低，藉此唆使他發動戰爭。因為直到英國的最後通牒時限過了，希特勒都沒有採取任何行動，首相張伯倫宣布，大不列顛和德國立即進入戰爭狀態。傍晚時分，法國也跟著宣戰。

戰爭改變了希特勒的生活。單就外觀而言，就是他開始穿起軍隊制服。希特勒對於戰爭很興奮，他想要這場戰爭已經很久了，生平第一次擔任戰爭與戰場統帥。毫無疑問地，他對他的新工作懂得很多，不管是武器、長期戰略還是短期戰術，軍事著作成了希特勒平日閱讀書籍的主要部分。一開始的時候，他把自己的角色界定在高階指揮

希特勒和周圍親信坐在波蘭的鐵路路堤上，由左至右：尼古拉斯‧
馮‧貝洛（Nicolaus von Below, 空軍副官）、格哈德‧恩格爾（Gerhard
Engel）、被遮住者可能是海因里希‧希姆萊、魯道夫‧施穆特（國防武
力副官）、希特勒、馬丁‧波曼。

官，把實際的戰爭事務交給參謀本部（Generalstab）與職業
軍人。但他愈來愈常干涉戰爭的細節，因為過沒多久，希
特勒就相信自己比專業軍事人才更加優秀。

　　所有他停留久一點的任何地方，都是「領袖總部」
（Führerhauptquartier）。對波蘭的戰爭，希特勒主要是在他
的重武裝專門列車上指揮，這部列車漆有偽裝標誌「亞美
利加號」（Amerika），9月3日就從柏林開往前線。同行的還
有希特勒的個人副官布魯克納和紹布、他的多位女祕書和
侍從、攝影師海因里希‧霍夫曼和華爾特‧福瑞茲（〔Walter
Frentz〕希特勒最新的「攝影記者」與彩色攝影師），以及
希特勒的醫生群和軍事副官，包括馬丁‧波曼，還有無線
電員、廚師和許多其他相關人等。專門列車開開停停，讓
希特勒和他的隨從可以下來公開聊天，顯示親民又平易近

人的一面。

到了波蘭之後，希特勒讓人載他前往前線，然後在那邊用望遠鏡觀看德軍進軍；跟隨他在前線跑的車輛愈來愈多。雖然前面還在戰鬥，可能會危及希特勒，但這並沒有讓希特勒卻步，他還是直挺挺地站在賓士車上面，向德國士兵致意。

國防武力在波蘭推進的速度超乎預期地快，敵人大多數的飛機還在地面上就已經被德國空軍摧毀，所以地面部隊和坦克的推進可以得到空中轟炸的支援。這方面最重要的武器叫俯衝轟炸機（Sturzkampfbomber），簡稱「斯圖卡」（Stuka）。這種飛機的前端裝有警報器，在投彈之前俯衝時受到風的驅動，會發出恐怖的呼嘯聲。除此之外，德國空軍還大規模地轟炸波蘭各大城市，無視國際戰爭法當中明文禁止轟炸住宅區、只能針對軍事目標的相關規定。過去德國空軍也曾在1937年4月發動過這類攻擊，目的在散播恐懼——也就是「恐怖攻擊」。當時祕密參加西班牙內戰的德國「禿鷹軍團」（Legion Condor），把巴斯克地區的城市格爾尼卡（Guernica）化為斷垣殘壁。

根據和波蘭所締結的軍事條約，法國有義務在兩週之內對德國發動攻擊。這有可能大獲全勝，因為在西邊的法國部隊是德國的3倍之多。但結果什麼事都沒有發生，因為波蘭很快就被打垮了。西邊的戰事幾個月來大都風平浪靜，波瀾不驚，因此被稱為「靜坐戰」（Sitzkrieg）或「玩笑戰」（Witzkrieg）。波蘭覺得受到背叛，被它的盟友給拋棄了。

9月17日，出乎波蘭政府意料之外，紅軍也開始入侵波蘭。這個發展乃是莫洛托夫和里賓特洛甫祕密勾結的結果。兩天之後在德裔群眾的歡呼聲中，希特勒返回但澤，

「領袖」把這個城市再度收歸帝國。之後他把大本營設在
但澤附近的海邊度假勝地索波特（Zoppot）達一星期之久。
從這裡他兩度飛到華沙邊緣，波蘭首都正受到德國空軍密
集地轟炸，希特勒在空中用望遠鏡觀察。9月27日，華沙
的防衛部隊棄械投降，希特勒返回柏林。10月5日他再度
飛回華沙，檢閱了勝利大遊行。第二天，最後的波蘭部隊
舉起了白旗。

1939.10.5
希特勒檢閱
華沙的勝利
大遊行。

　　沒有人想和波蘭簽訂和平條約，因為不管德國還是
蘇聯都堅稱，這個國家已經不復存在。在德國不允許公
開談論戰爭，但光是死亡人數就可以戳破那故意輕描淡
寫的謊言：一萬名德國士兵陣亡，波蘭士兵的陣亡數則
是6倍之多。

　　9月28日，里賓特洛甫和莫洛托夫簽署《德蘇邊界與
友好條約》，之前的祕密協商也因此搬上台面：自18世紀
以來，波蘭第四度遭到瓜分。

────────── 北歐和西歐 ──────────

　　德國迅速打敗波蘭之後，希特勒已經等不及要進攻法
國了。11月23日，他在新帝國總理府對著大約200名將
領與國防武力高階軍官講話，強調在西邊發動攻勢已經刻
不容緩，勢在必行。但後來因為天候不佳與軍事準備不
及，所以遲遲無法實現，攻擊發動的時程被推遲到1940年。

　　希特勒希望迅速戰勝法國之後，能夠讓英國對戰爭袖
手旁觀。但是德國的戰爭經濟很依賴中立國瑞典所出口的
鐵礦，這些鐵礦都是從挪威北部的港口納爾維克（Narvik）
裝船海運。所以德國希望加緊備戰，1940年4月就有跡象

顯示，英國人打算用他們的海軍搶先對德國下手。希特勒把入侵丹麥和挪威的時間訂在1940年4月9日，而英國戰艦搶在前一天，就已經開始在納爾維克附近的海域布雷。

德國的攻勢出乎所有人的意料之外，丹麥幾乎毫無抵抗就被占領，但是對挪威的行動就沒有這麼順利了。雖然最後德國人成功拿下納爾維克，但對方的士兵也差一點就奪回這座戰略城市。因為與此同時德國也對法國開戰，德國的戰爭對手在那邊更加亟需兵力，所以把部隊從挪威調往法國。因為這個原因，希特勒的國防武力才僥倖逃過第二次世界大戰的第一場大敗仗。

5月9日，希特勒搭乘配有裝甲的專門列車「亞美利加號」，從柏林市郊的一座車站出發。列車一開始先往北開了長長的一段路，以便掩飾「領袖」其實是想去西邊戰場，最後「亞美利加號」抵達萊茵地區的奧伊斯基興（Euskirchen）附近。希特勒和他的隨從們從那裡換車前往艾菲爾山（Eifel）上的「岩巢」（Felsennest），這是戰時第一個「領袖總部」。夜間德軍開始向西邊發動進攻。

一開始的時候是想要像一次大戰一樣，重演希里芬計畫。但是希特勒擔心會和具有壓倒性人數優勢的法國軍隊，形成長期陣地戰，所以乾脆賭上一把：按照埃里希‧馮‧曼施坦（Erich von Manstein）中將的計畫，德軍雖然依舊進軍荷蘭與比利時，但此外裝甲部隊將穿越盧森堡那幾乎無路可行的阿登山區（Ardennen），強行通過法軍防線的薄弱之處，兵鋒直指英吉利海峽海岸，以便建立對英國開戰的灘頭堡陣地。

這次奇襲十分成功，幾天之後荷蘭就投降了。德國空軍將鹿特丹（Rotterdam）舊城化為斷壁殘垣，隨後中立國

1940.4.9
對丹麥與挪威
的戰爭開始。

1940.5.10
德國對法國
開戰。

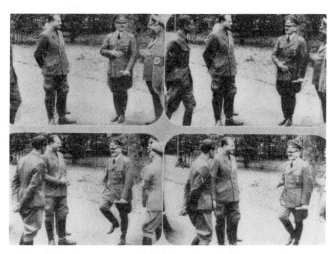

比利時布呂利德佩什（Brûly-de-Pesche）：希特勒在總部「狼谷」
（Wolfsschlucht）聽聞法國政府投降，高興地手舞足蹈。剪輯自攝影
師華爾特·福瑞茲所攝影片，1940年6月17日。

比利時也舉起白旗投降。三天之後，翻越阿登山區的裝甲
部隊前鋒抵達英吉利海峽岸邊，英國與法國部隊被切斷而
且遭到包圍。然而英國戰爭部還是在千鈞一髮之際，成功
地將超過30萬名英軍與法軍從敦克爾克（Dünkirchen）[1]港
撤回英國。

　　這場戰役的下半場，希特勒將他的總部設在比利時首
都布魯塞爾附近。法國防線已經崩潰，完全無法承受現代
戰爭快速裝甲部隊與空軍的攻擊。1940年6月14日，國
防武力進入巴黎。三天之後希特勒在他的總部接獲報告，
由貝當（Pétain）元帥所組的新政府請求停火。他不禁得意
忘形地手舞足蹈。因為當時有拍攝記錄，所以日後這段舞

1　編注：即「敦克爾克大撤退」，二戰中著名的戰略性撤退，從5月26日
　　至6月4日，歷時9天。

巴黎附近貢比涅：希特勒聆聽國防武力最高統帥部總長威廉·凱特爾朗讀德法停戰協定前言，1940年6月22日。

蹈相當出名。

1940.6.22
法國投降。

　　1940年6月22日，法國政府的談判代表在貢比涅簽署與德國的停戰條約——在1918年德國簽署降書的同一節火車車廂之內。希特勒短暫參與了簽約儀式，一言不發地享受復仇的勝利感，「凡爾賽的恥辱」終於洗刷殆盡。法國的北部與西部海岸都在德國的占領之下，南部則成立一個由一次大戰法國名將貝當元帥所領導的傀儡國家[2]。

　　為了慶祝這次大勝，希特勒下令鐘聲齊鳴一個星期，同時旗幟飄揚十天之久。他和過去的老戰友以及親信隨從一起重遊了弗蘭德戰場，一次大戰希特勒曾經在此作戰。6月28日清晨他飛往巴黎並且短暫停留，參觀法國首都。希特勒想要以純粹藝術家的身分拜訪這裡，所以在街

2　編注：由納粹德國所控制的魁儡政府稱為「法蘭西國」，也稱作維琪法國、維琪政權。

頭巡視時，陪同他的是建築師赫爾曼・吉斯勒（Hermann Giesler）和亞伯特・史佩爾，以及雕塑家阿諾・布瑞克（Arno Breke）。希特勒曾經認真考慮過要徹底摧毀巴黎，但後來他覺得，如果柏林在史佩爾的建築計畫之下能夠變得比巴黎更漂亮，那也就夠了。謝天謝地，史佩爾那份針對帝國首都的重新規畫大計，最終沒有實現。

1940年7月6日，希特勒的專門列車返抵柏林安哈特火車站，歡聲雷動史無前例，數十萬人在柏林街頭欣喜雀躍。希特勒一如以往出現在帝國總理府的陽台上，接受人群「萬歲」歡呼的朝賀。一次大戰德國陸軍做不到的事，國防武力在不到5週的時間就達成了。只有從這個背景我們才能理解，為什麼德國人會對這次勝利大喜若狂。「國民同胞們」將這次大勝歸功於希特勒，國防武力最高統帥部總長凱特爾甚至褒揚希特勒是「有史以來最偉大的戰場統帥」（〔größten Feldherrn aller Zeiten〕日後的民間嘲諷將這個稱號縮寫為「Gröfaz」）。雖然希特勒可以說是搶了曼施坦的勝利功勞，但是凱特爾的推崇符合當時絕大多數德國人的感受。希特勒的政治生涯和人氣來到了最高峰。

7月19日，希特勒在克羅爾歌劇院舉行盛大的演講。他在這裡完全以戰場統帥自居，還特別向那些因打贏法國戰役而晉升陸軍元帥的將領致意。對於已經是元帥的戈林，希特勒設計了一門新的軍階，擢升他為「帝國元帥」（Reichsmarschall），這讓戈林非常高興。這場演講，希特勒足足講了超過兩個小時。

演講結尾時，希特勒才抨擊「戰爭煽動者」溫斯頓・丘吉爾（Winston Churchill），並且威脅英國如果繼續執迷不悟的話，將會招致毀滅。邱吉爾剛好在德國對法國開戰當

1940.7
希特勒站在
他權力的高峰。

天，成為英國首相。他反對放下武器投降，也不打算和希特勒一起瓜分歐洲，幾乎在第一時間他就回函拒絕。

1940年7月，希特勒停留在上薩爾斯山區，在那裡和他的軍事領導幹部舉行會議，會議的主題在於如何解決英國。軍事上，只能派遣軍艦登陸不列顛群島，但這個計畫因為德國海軍的載具有限，所以難以執行；同時德國空軍也必須先取得英格蘭南部的制空權。希特勒從一開始就對這份戰爭計畫沒什麼信心。儘管如此，從8月13日起，德國戰鬥機還是從法國北部不停地出擊，在「英倫空戰」（Luftschlacht um England）一役中與英國戰鬥機纏鬥。一旦德國取得制空權，英國將無法挽回局勢，德軍的入侵（「海獅行動」〔Unternehmen Seelöwe〕）[3]也將水到渠成。

1940.8.13
「英倫空戰」
開始。

十天之後，德國轟炸機開始對倫敦的住宅區實施恐怖攻擊，英國空軍的回應是首次對柏林進行空襲。過去戈林曾大言不慚地表示，沒有一架英國飛機可以飛進德國領空，剛好顯示出這類承諾根本是空頭支票。希特勒揚言報復，他在柏林運動宮的一場演講中暴跳如雷，表示要讓英國城市「片瓦不留」。三天後，德國空軍進一步攻擊倫敦的住宅區，但英國轟炸機空襲德國的次數，比起德國攻擊英國還要多。晚上躲進防空地下室，很快就變成德國平民日常生活的一部分。

9月中旬，在英吉利海峽與南英格蘭的空戰來到了最高點。德國空軍無法打敗他們的英國敵人，希特勒只好下令即日起「海獅行動」無限期順延，但德國空軍還是持續轟炸。英國城市科芬特里（Coventry）這個名字因悲慘的遭

1940.10.15
希特勒推遲
登陸英國行動；
之後也
未曾發生。

3　編注：希特勒將登陸英國本土的行動計畫定名為「海獅行動」。

遇而聞名，它在1940年11月14日的晚上被炸成斷垣殘壁。

─────────「巴巴羅薩」─────────

　　1940年6月，德國因打勝仗而志得意滿達到最高峰，希特勒首次提到要對蘇聯開戰。7月21日，在邱吉爾拒絕他的和平提議之後不久，希特勒在上薩爾斯山區命令他的高階指揮官們，準備用武力解決「俄羅斯問題」。然而無須希特勒下令，國防武力最高統帥部和陸軍總司令部早就開始制訂這類相關計畫了。

　　十天之後，希特勒命令陸軍最高統帥部，準備對蘇聯開戰。這個幅員廣大的國家必須要盡快在1941年年初「解決」掉，也就是進行一場「閃電戰」，如此才能逼迫英國和談。一旦蘇聯被打敗，英國只能投降並與德國媾和。形成此次戰役的態勢，剛好和希特勒長期所設定的目標相反。在《我的奮鬥》當中，打敗英國是戰勝蘇聯的先決條件。現在是必須先打敗蘇聯，以便能夠戰勝英國。

　　獨裁者不斷地強調德國在戰爭上面所承受的時間壓力。因為明眼人都知道，美國遲早會出手援助英國，甚至親自參戰。希特勒的戰略可以總歸於一點，就是在美國參戰之前先誅蘇聯、後滅英國，藉此凌駕在西方列強之上，最終德國會和美國一起爭奪世界霸權。

　　戰爭背後的原因是經濟的壓力，可想而知希特勒和納粹黨領導階層就是因為這個壓力，才會導出激進的結論。從合併奧地利以來，德國在經濟上更加依賴廣大的東南歐地區，特別是出產石油的羅馬尼亞更是重中之重。在德國擊敗法國之後，蘇聯也開始染指巴爾幹。而英國的海運封

1940.7
希特勒下令
準備對蘇聯開戰。

鎖一如一次大戰，正逐漸發揮效果，德國的糧食儲備所剩無幾，預期在1941年就要對德國人實施口糧配給限制。從納粹領導階層的觀點，實施這類配給限制會引起民怨，進而會有導致類似1918年戰爭下場的風險，所以絕對要避免重演這種結果。

從簽訂德蘇經濟協定開始，蘇聯就成了德國最重要的農業產品供應國。蘇聯不想按照德國的要求來提高糧食供應的規模，除非德國拿土地來換。從國家社會主義者的觀點，這類對於蘇聯的倚賴是完全無法接受的。因此就有了這個計畫，如果蘇聯不肯乖乖供應的話，就乾脆使用軍事武力自己來拿。

1940.11.12–13
莫洛托夫
訪問柏林。

1940年11月，蘇聯由莫洛托夫率領代表團，前往柏林商談未來的德蘇關係。蘇聯外長主張他們在斯堪地那維亞與巴爾幹的利益，對希特勒來說，這是促使他對蘇聯開戰的最後一根稻草。但是蘇聯代表團並沒有如希特勒在下屬面前所強調的，提出任何軍事威脅。

1940.12.18
希特勒下令
「巴巴羅薩行動」
開始。

12月18日，希特勒下令國防武力一邊與英國作戰，一邊以一場快速作戰打垮蘇俄。他選擇了「巴巴羅薩行動」（Unternehmen Barbarossa）[4]做為代號。中世紀時，「紅鬍子」皇帝腓特烈一世（Friedrich I）曾帶領一支十字軍前往耶路撒冷討伐穆斯林；而對蘇聯的戰爭，就是希特勒討伐「猶太布爾什維克主義」的十字軍，同時也是為了獲取他從《我的奮鬥》開始就一直念茲在茲的「生存空間」。因此其他的軍事可能性就不用再考慮了，希特勒打定主意要選擇最激進的方案。他再次孤注一擲，在對法國取得大勝之

---

4 譯注：「巴巴羅薩」是音譯，Barbarossa的意思是紅鬍子。

後，似乎一切都有可能，可以隨所欲為。

　　死忠的反猶分子赫伯特‧巴克（Herbert Backe）當時擔任帝國糧食部的國家祕書，他從1941年年初就制訂了一套「飢餓計畫」，同時獲得了希特勒的首肯。在這項計畫之中，國防武力應該一邊推進，一邊「就地取食」，士兵應該取走當地居民的糧食，這樣德國人民就不會挨餓了。而且這項計畫絕對是認真的。「這個地區將有幾千萬人成為多餘，因而死亡。」一份德國文件如此寫道。1941年5月初，一份跨部會國家祕書的會議備忘錄中記載，如果要繼續進行戰爭，「整個國防武力必須從戰爭第三年起在俄羅斯就地給養。如果我們把這塊土地上所有對我們有用的東西通通拿走，無疑地會有上千萬人餓死。」

1941.5
決議餓死蘇聯
數以百萬計
的人口。

　　因為蘇聯的平民百姓絕對不會乖乖地吞下這種殺人政策，所以碰到任何抵抗都必須用最猛烈的武力加以鎮壓。希特勒和他的軍事將領認為最有可能抵抗的人就是猶太人；按照納粹的說法，蘇聯的國家與黨機構都是由猶太人所掌控。所以結論是只要殺光所有的「猶太布爾什維克主義分子」，那麼蘇聯就會垮台。因此戰爭逐漸往掠奪戰與滅絕戰發展，早在1941年初就可見端倪。戰略的、經濟的與意識形態的戰爭目標，彼此緊密相聯。

　　紅軍比起國防武力能夠動員更多的士兵與坦克，希特勒和他的軍事參謀對此心知肚明。這場戰役是一場豪賭，一切都取決於第一週能不能取得一場快速的勝利。藉著德軍坦克推進和德國空軍支援，敵人的大量軍隊將會被包圍殲滅。希特勒下令，德軍最晚在1941年秋天，必須推進到從白海旁的港口城市阿爾漢格爾斯克（Archangelsk）到窩瓦河（Wolga）下游的阿斯特拉罕（Astrachan）這一條線。這

兩座城市距離蘇聯的西部邊界都有幾千公里之遙。這項計畫是軍事上的瘋狂，混合了經濟壓力、狂妄自大和低估對手才有辦法制訂出來。

1940.9.27
德、義、日簽署
《三國同盟條約》
（Dreimächte-
pakt）。

在對蘇聯開戰之前，還有巴爾幹與北非戰區。因為希特勒最重要的盟友、義大利的「領袖」墨索里尼，自己也制訂一套戰爭計畫。墨索里尼之所以要發動這幾場戰役，只是為了在希特勒面前保住面子，因為他的「軸心國」盟友不停地打勝仗。「義大利領袖」決定也給德國一點顏色瞧瞧，所以他單方面發動戰爭，事前沒有通知希特勒。為了保住「軸心」，希特勒必須兩次緊急救援義大利，一次在北非——希特勒派了埃爾溫‧隆美爾（Erwin Rommel）將軍前往——另外一次在希臘。

1941.3
南斯拉夫在
加入後發生
軍事政變。
1941.4
巴爾幹戰役
開始。

希臘戰役的代號是「瑪莉塔行動」（Unternehmen Marita），戰火也波及南斯拉夫。南斯拉夫和匈牙利、羅馬尼亞與保加利亞不同，拒絕加入軸心國。對南斯拉夫與希臘的作戰從1941年4月6日開始，在1941年4月21日結束，剛好是希特勒52歲生日的第二天。希特勒再次以偉大勝利者之姿回到柏林，受到英雄式的歡迎，不過這也是最後一次了。

1941.5.11
魯道夫‧黑斯
飛往英國。

然後他前往上薩爾斯山區。5月11日，他收到一份驚人的大消息，納粹黨內第二號人物、「領袖」的代理人魯道夫‧黑斯已經飛往英國。黑斯從大戰開始就日益邊緣化，反而他的辦公室主任馬丁‧波曼權力愈來愈大。此外黑斯跟希特勒一樣，向來深信如果要向「布爾什維克主義」開戰，德國一定要和英國結盟才有可能致勝，所以黑斯單槍匹馬想要說服英國政府。

黑斯這個人剛愎自用，自以為是。他根本沒有想過英

國政府會不理睬他的和平提議，但事實擺在眼前，邱吉爾
拒絕會見黑斯，把他關在英國監獄裡直到戰爭結束。希特
勒對於黑斯飛往英國事前並不知情，他的「領袖」權威因
為他的代理人一意孤行而受到巨大的傷害。於是希特勒
親自兼任黑斯的職務，波曼則擔任「黨魁辦公室」(Partei-
kanzlei)主任，此後他就不離希特勒左右。1943年4月，希
特勒任命波曼為「領袖祕書」。波曼是納粹德國最有權力
的人之一，他很殘暴，很有執行力，但他沒有自己的理念，
只是一昧地死忠於他的「領袖」。

1941.5.12
馬丁·波曼
成為納粹黨黨魁
辦公室主任。

　　同時希特勒也開始要帝國領導和大區黨部領導鞏固領
導中心，這些都是他黨內最重要的支柱。5月13日在上薩
爾斯山區的一場演講中，他成功地演活了一個角色：是黑
斯欺騙了「領袖」，背棄了「領袖」。接下來出現了一個罕
見的場景：在場大約70人一致起立，一言不發地圍繞在
「領袖」身邊。希特勒倚在他起居大廳巨型落地窗前的一
張大地圖桌上，雙眼噙淚（可能是裝的）。最後戈林以在
場所有人之名向希特勒保證，他可以相信部屬們毫無保留
的忠誠。黑斯危機終於過去了。

　　這時希特勒把新的對蘇聯開戰時間訂在1941年6月
22日，剛好是德法停火協議簽訂週年。在柏林的人都知
道，天氣扮演了一個決定性的角色。秋天時可以預期會有
季節性的降雨，冬天則有極地般的低溫。如果「閃電戰」
沒有即時獲勝，那麼整個戰役計畫就會陷入危險。「領袖」
再次把一切都賭在一張牌上。

　　1941年6月22日凌晨3點半，開始了世界歷史上最龐
大也最可怕的戰爭，「巴巴羅薩行動」。約莫300萬國防武
力士兵和大約60萬其他盟國士兵，分成三大集團軍（Hee-

1941.6.22
德國襲擊蘇聯。

resgruppe），越過蘇聯邊界，整體長度從波羅的海到喀爾巴阡山脈（die Karpaten）。剛開始的時候，他們面對的是大約250萬紅軍士兵。

國防武力一開始大獲全勝。對紅軍來說，這次攻擊完全出乎意料之外。史達林就像癱瘓了一樣，幾天之後他才在廣播談話中呼籲他的士兵和人民投身「偉大祖國的戰爭」，紀念將近130年前俄羅斯成功擊退法國皇帝拿破崙的軍隊。蘇聯獨裁者下令組織游擊隊，也就是沒有穿著軍服的武裝團體。史達林的呼籲對希特勒和他的領導幹部來說適逢其會，因為這樣一來，他們可以拿抵禦游擊隊攻擊做藉口，放手大殺平民百姓。

1941年6月底，中央集團軍（Heeresgruppe Mitte）已經占領了白俄羅斯的比亞韋斯托克（Bialystok）和明斯克（Minsk），俘虜了超過30萬蘇聯士兵。接下來是一系列的其他包圍戰，到1941年秋天為止，有超過300萬名蘇聯士兵被德軍所俘虜。儘管連番大勝，實際上「巴巴羅薩行動」的整個計畫從1941年7月開始就已經失敗。因為紅軍頑強抵抗，延遲了德國的推進達數週之久。

希特勒在8月時甚至曾考慮過和史達林締結和平協議，但這個想法一直都沒有後續行動。德軍的傷亡持續升高，7月底時已經有超過20萬德軍軍官和士兵負傷、失蹤或陣亡，4週之後傷亡數字增加到30萬人。9月底，超過半數的德軍坦克不是已經毀損，就是不堪使用；到了12月中，已經有16萬德國士兵在東線捐軀，接近60萬的國防武力成員不是負傷就是失蹤。接下來幾年，這個數字還要再大幅攀高。

9月19日，德軍占領烏克蘭首都基輔。一個星期之後，

圍繞這座城市的大戰終於結束，70萬名蘇聯士兵被俘。
南方集團軍（Heeresgruppe Süd）接著占領了克里米亞大部
分地區，以及工業重鎮頓涅茨盆地（Donezbecken）。與此
同時，國防武力圍困了列寧格勒，打算餓死這座城市。希
特勒明確表示，他不打算占領列寧格勒，而是等城破之後
將它夷平。雖然國防武力沒有成功占領列寧格勒，但是城
裡超過80萬居民被餓死，大部分人都熬不過1941年的冬
天。這類集體死亡在德國一直被刻意忽略。

　　莫斯科也面臨同樣的命運。10月2日，中央集團軍開
始向蘇聯首都進軍，這次進攻的代號是「颱風」（Taifun）。
這是一次大冒險。在閃電戰失利之後，攻擊蘇聯首都或許
是勝利的最後一線希望。雖然國防武力在月底之前又連續
擊敗了紅軍兩次，但此時秋雨已經開始連綿了，氣溫可以
冷到零下50度。攻擊一方國防武力的單兵前哨已經可以
用望遠鏡看見莫斯科克里姆林宮的高塔，但接下來再也難
越雷池一步。因為陸軍指揮部未能即時籌劃運補保暖衣
物，讓德國士兵在酷寒當中受苦受凍。

1941.10.2
德軍對莫斯科
發動攻勢。

　　當希特勒在1941年的聖誕節前，呼籲人民捐出冬衣
給東線部隊時，德國人才知道情況不妙。「國民同胞們」
有充分的理由擔心受怕，因為紅軍這時候已經展開一場意
想不到的逆襲。蘇聯士兵和德國士兵不同，他們擁有最好
的冬季裝備和更好的武器，一時間似乎紅軍可以輕易碾碎
德國的東部戰線。

1941.12
「閃電戰」在
莫斯科前失利。

　　在這種嚴峻的情況下，希特勒禁止部隊指揮官任何從
俄羅斯前線撤退的舉動，他們必須原地竭盡所能地固守崗
位。但之後希特勒允許部隊轉進到西方約100公里的防禦
陣地。德國士兵在那裡度過了1941年冬天。這個冬天即

使按照俄羅斯標準也是酷寒異常。這段時間很多德國士兵死於饑寒交迫，或是死在紅軍的槍下。

東部戰線在希特勒的「堅守令」之下，瀕臨崩潰之際最後終於守住，「領袖」視為他個人的功績，他認為這代表更堅強的意志再次獲勝。這種自吹自擂也不能說是完全錯誤，但並不是他的「堅守令」在軍事上力挽狂瀾於既倒，而是他另一道策略轉進的命令。眾多將領早就希望撤退了，但這類要求一律被希特勒鄙視。他在莫斯科的「勝利」餘波未平：懦弱的陸軍總司令華爾特·馮·布勞希奇（Walther von Brauchitsch）元帥被他撤職，希特勒自己親自接掌陸軍總司令部。

1941.12.19
希特勒接掌
陸軍總司令部。

希特勒和他的將領一開始想要的是一場短暫的雙線戰爭，結果現在德國必須同時面對東線與西線的強大敵人，打一場持久戰。雖然戰爭還沒有輸，因為納粹黨領導階層很快就讓自己的人民接受這場戰爭將會曠日持久。希特勒的軍事領導能力應付不了挑戰，他擔任軍事統帥時，只有在對手弱勢與情勢對他有利時，才會打勝仗。

希特勒身邊頭腦比較清楚的人，從1941年底就已經主張透過和平談判來結束戰爭。然而希特勒過去曾經多次明確表示，他絕不考慮投降或是一個沒有「最終勝利」（Endsieg）的和平協議，之後他一直固執地堅持這一點。

「狼穴」

1941.6月底
希特勒進駐
「狼穴」。

1941年6月23日中午，希特勒搭乘他的專門列車從柏林出發，前往新的「領袖總部」。去年11月他派遣副官四處尋訪一處適當地點，最後選定了東普魯士拉斯滕堡

（Rastenburg）附近的一塊地區。這塊地區交通便利，有一條鐵路穿越，讓希特勒可以搭乘他的火車往返。拉斯滕堡裡還有一座機場，裡面的飛機隨時待命，供他和他的部屬們使用。負責興建高速公路與地堡的希特勒全權代表弗里茲・托德（Fritz Todt）受命建造這座總部，並且在1941年4月竣工。希特勒命名為「狼穴」（Wolfsschanze），他對「狼」有偏好，還拿來當作化名。

　　從戰爭開始，希特勒就一直希望他能離戰場愈近愈好。雖然他也可以從柏林指揮戰事，但他想要傳達給士兵們一個訊息：你們的最高統帥就在你們的身邊。因為希特勒和他的將領們預期對蘇戰爭將會很短暫，所以原先他只想在狼穴停留幾個月，最後卻待了超過3年。國防武力最高統帥部和陸軍總司令部當然也必須在東普魯士設置據點，同樣情況還有帝國元帥戈林和黨衛軍領導人希姆萊，只要他們沒有出訪旅遊，就得過來報到，他們的辦公處所設在狼穴附近幾公里處。帝國總理府的負責人拉默斯則必須在德國首都與狼穴之間來回穿梭。

　　這塊地區為了防備空襲，種植了高大的樹木，同時蓋上偽裝網，這樣從空中不易發現，而炸彈也從來沒有掉到希特勒的總部之上。狼穴居住者唯一必須忍受的攻擊，就是成群結隊的凶猛蚊子，這在夏天成了一大麻煩，因為狼穴位於馬祖里（Masuren）森林沼澤區的中央。

　　總部的建築設施竣工之後，設置了三道封鎖圈，由德軍與黨衛軍成員把守。第一道封鎖圈是戒備最森嚴的區域，裡面有著希特勒私人的「領袖小屋」（Führerhaus）。這是一棟看起來很普通的大型木屋，入口設有列柱，旁邊就是希特勒的防空地堡。除此之外，在俄羅斯戰役開始時，

這塊地區又陸續建了許多新的地堡，供希特勒身邊不同的人使用。

　　戈培爾大部分時間都待在柏林，但定期過來參見上奏，狼穴對他來說就像一個舒適的度假勝地。與此相反的是國防武力指揮參謀部（Wehrmachtsführungsstab）部長阿弗瑞德・約德爾（Alfred Jodl），他把總部稱之為修道院和集中營的混合。但是其實他從來沒有參觀過集中營內部，所以根本不曉得裡面的實際狀況到底如何。狼穴是一個絕對女賓止步的男人世界，除了希特勒的女祕書之外，沒有其他女性可以進入。希特勒的身邊大約有40個人待命，大約2千人在狼穴這裡工作，除了負責看守的黨衛軍成員，其他大多是國防武力的相關人員。

　　希特勒在狼穴裡一直穿著高階指揮官制服，同樣的款式他有好幾套，他的侍從必須注意希特勒有沒有因為不小心而服裝儀容不當；他在柏林的理髮師也一直在總部待命，以便能夠維持「領袖」的髮型。希特勒在東普魯士的生活重心，就是每天中午召開的大型軍事情勢會議，往往持續兩個小時甚至更久，所有戰場的地圖都會一張一張地呈現在希特勒眼前，上面標明了國防武力和敵人部隊的位置。因為只有蘇聯戰場持續地激戰，而且希特勒對於「巴巴羅薩行動」的涉入也最深，所以這個戰場最受他關注。

　　軍情會議之後就是更多人員參與的午餐，希特勒的位子永遠都在餐桌的正中間。餐廳就跟建築整體一樣，陳設非常簡單。不久之後，房間前面掛了一幅蘇聯軍隊的大紅星旗，這是德國部隊繳獲的戰利品，用意是要大家牢記主要敵人。午餐之後希特勒接見來賓和訪客，接著女祕書們陪他共進咖啡和蛋糕。然後是第二輪的軍情會議，大約傍

晚6點舉行。晚餐通常會延到第二次會議之後才進食，希特勒的共餐客人有時必須忍耐3個小時，因為他常常滔滔不絕地講上很久。

　　每週都會在電影室放映好幾次最新的「每週一覽」毛片，取得希特勒首肯後才會在德國的各電影院播放。娛樂片倒是很少放映，為了給希特勒提供一點消遣，波曼帶來了「領袖」在上薩爾斯山區的唱片收藏。沒多久這裡就迴繞著單一老調，和希特勒在度假行館聆聽音樂時每次播放的一樣。

　　晚餐之後接著就是希特勒日常行程的最後一項節目，和特定人員一起喝茶聊天，希特勒的女祕書們克里斯塔‧施諾德、格爾達‧克里斯提昂（Gerda Christian）往往必須再次參加，1943年起還要加上格特勞德‧楊格（Gertraud Junge）。因為希特勒愈來愈少在德國人民面前公開演講，狼穴裡面也幾乎不需要任何聽寫工作，所以他的祕書們每個都無聊得要死，她們幾乎只是來這裡陪希特勒聊天。很快地，喝茶時間就被人視為畏途，因為「領袖」一講就一發不可收拾。對蘇聯開戰之後的第一週，他陶醉在德國主人奴役俄羅斯「原住民」的殖民願景；之後他滔滔不絕地談到他的青少年時代、他的「奮鬥時代」，關於猶太人、關於德國的未來，或是關於吸菸的危害，這還只是他不停重複當中的幾個話題。每天的行程愈來愈晚結束，所以喝茶時間常常午夜才開始，可能會拖到清晨時分。在希特勒本人上床睡覺之前，沒有人可以就寢。

　　如前所述，從1941年12月19日開始，希特勒同時身兼德國陸軍總司令。戰爭時期從來沒有其他國家元首像希特勒一樣，對於戰事的細節纖毫必較，史達林、美國總統

羅斯福和英國首相邱吉爾都未曾如此，他自己給自己添加了巨大的工作負擔。在戰爭之前，「領袖」就常常表現出勤奮與幹勁，但現在他想要單獨掌控所有領域。

希特勒所背負的重擔危害到他的健康，莫斯科城下的危機讓他白髮蒼蒼。希特勒吃得很少，而且吃的東西也都不健康。對外他表現出對於「最終勝利」斬釘截鐵般的自信，但同時也給自己施加壓力，他愈來愈難入眠。他的長篇大論其實對他而言，是多少排遣一下內心當中戰爭日常壓力的一種方式。

私人醫生莫瑞爾建議希特勒要經常運動，但希特勒每天頂多和他的牧羊犬布隆迪一起短暫地散散步。莫瑞爾還發現希特勒有心臟病，只是他認為病情還沒有立即的危險。1942年，私人醫生注意到希特勒的左臂有明顯的顫抖，但兩年後他才做出正確的診斷：「領袖」罹患了帕金森氏症，這是一種腦部與神經的疾病，無藥可醫而且遲早會導致死亡。莫瑞爾負責每天幫他的病人注射和開藥，延緩他的身體惡化，並且讓他保持活力。希特勒的身體狀況每況愈下，特別是從1944年起，但他心智並沒有受到影響。

1942.12
莫瑞爾注意到希特勒有帕金森氏病症狀，但當時不知病因。

────戰爭轉捩點────

1941年的冬季危機是第一個戰爭轉振點。希特勒和他的軍事將領們將一切都賭在一張牌上，現在一翻兩瞪眼，高額的賭注首次沒有贏得彩金。彷彿在嫌對蘇聯和英國同時開戰還不夠艱難，希特勒隨後還對美國宣戰。1941年12月11日，他在帝國議會一場醞釀良久的演講中，公開宣布此事。希特勒並不是被迫做出這個荒謬的決定，最

1941.12.11
希特勒對美國宣戰。

重要的理由是德國已經和日本結盟了。在希特勒宣戰的前幾天，日本的機群才偷襲了珍珠港，這是美國在夏威夷島上的重要海軍基地。羅斯福總統因此對日本宣戰，希特勒的德國也隨之被捲入。

與此同時，德軍正在準備再次進攻蘇聯。基本上這是第二次的「巴巴羅薩行動」，而不是僅僅新的一波攻勢。「藍色行動」（Unternehmen Blau）的重點在於蘇聯的南部地區，希特勒想要攻克史達林格勒，這是窩瓦河畔一座重要的工業城市，距離這條俄羅斯最長河流的西岸超過40公里遠。但對希特勒而言更重要的是，可以奪取蘇聯在高加索與里海沿岸的油田。他講得很明白，如果他沒辦法拿下這塊地區和石油，這場戰爭就不可能打贏。高加索因此成了最重要的目標。

然而希特勒想要的是「同時」占領史達林格勒和高加索，而不是有先後次序。所以他將南方集團軍分兵成兩部分，北軍向史達林格勒挺進，南軍則進攻裏海岸邊的巴庫（Baku）。集團軍分兵的結果，導致這兩個目標一起落空。

「藍色行動」從1942年6月底開始，7月中旬希特勒將他的總部遷往烏克蘭的文尼察（Winniza），距離東普魯士大約3個鐘頭的飛行時間，他想要盡可能地親臨史達林格勒與高加索等戰場。新的總部代號是「狼人」（Werewolf），這個名字結合了希特勒的化名和日耳曼民間傳說的神話怪物。因為天氣因素與蚊害更烈，在狼人的生活條件遠比在狼穴更糟。夏季戰役失利之後，1942年10月底又回到了狼穴。

面對德軍在蘇聯南部的夏季攻勢，紅軍的迎擊出人意表，和一年前在他們國土上的戰鬥如出一轍。為了避免再

1942.6.28
德國對蘇聯的
夏季攻勢開始。

1942.8月底
史達林格勒
攻防戰開始。

次落入大型戰場口袋然後被殲滅，紅軍遭遇國防武力時首
先撤退，讓德軍奪回他們1941年冬季的原先陣地。1942
年8月23日，弗里德里希・包路斯（Friedrich Paulus）將軍
率領第6軍團抵達史達林格勒北麓，開始圍困這座城市。
因為史達林格勒是以蘇聯獨裁者的名字命名，希特勒希望
拿下它來增加威望；基於同樣理由，史達林也是不惜一切
代價想要阻止「他的」城市被占領。

德國空軍整日轟炸這座城市，造成大約4萬人喪生，
於是蘇聯當局將大約30萬居民撤往窩瓦河對岸的安全區
域。但城裡還留有一萬名居民，他們必須在國防武力與紅
軍士兵之間的激烈戰鬥中掙扎求生。11月中旬時，史達
林格勒大約有九成完全毀在德國人手裡。守軍倚靠窩瓦河
背水一戰，抵抗得非常激烈。

11月19日蘇聯軍隊在城市的西北方與南方展開反擊，
師老兵疲的第6軍團在幾日之內就被包圍，突圍的希望非
常渺茫。希特勒下令在救出被圍德軍之前，對史達林格勒
空運補給物資與糧食，但實際上飛抵這座城市的運輸機遠
遠不足所需。被圍的士兵和去年一樣，缺乏保暖衣物。死
於飢餓和凍傷的士兵，比起在戰鬥中陣亡的還要多。

12月12日，一支德軍坦克部隊嘗試從南部突破包圍
網。但坦克只開到史達林格勒城外大約50公里處，因為
紅軍的抵抗相當猛烈。之後在12月21日，希特勒的解圍
行動再次失敗，士兵的命運也因此被註定。1942年聖誕
節，被圍困者的士氣相當低迷。

儘管第6軍團的處境毫無希望，1943年1月8日包路
斯還是拒絕了蘇聯的招降。於是紅軍在1月25日開始了最
後一波大型攻勢，將整個包圍圈分割成南北兩個部分。5

德軍在史達林格勒投降後：市中心裡一隊被俘虜的德國士兵，背景是穀倉的廢墟。可能攝於1943年2月。

天之後，包路斯在一封電報中恭祝希特勒的掌權紀念日，藉此向「領袖」效忠。然而包路斯心知肚明，希特勒應該對第6軍團的滅亡負上最大責任。

　　1月30日，希特勒單方面地將包路斯晉升為陸軍元帥。這也算是明確要求包路斯寧死不能投降，因為迄今為止從來沒有任何德國陸軍元帥投降過。但是第二天包路斯和他手下的軍官就被蘇聯俘虜，希特勒知道之後勃然大怒，照他的看法包路斯必須自戕，才能避免投降的恥辱。

　　2月3日國防武力最高統帥部在廣播放送當中宣布，第6軍團已經「戰至最後一口氣」，他們在不利的情勢之下面對敵人的優勢兵力，已經全數殉國，完全被殲滅。納粹政權下令舉國哀悼3天，商店和電影院全數關門，收音機裡只剩嚴肅的音樂。這場敗仗透過宣傳轉變成了勝仗：好像包路斯和他的部下阻擋了布爾什維克主義入侵

1943
1月底–2月初
第6軍團在
史達林格勒投降。

歐洲，同時避免讓人知道其實包路斯和他的士兵已經被俘虜。然而蘇聯廣播已經搶先一步報導有超過9萬名德國士兵在史達林格勒被俘，謊言宣傳讓人逐漸對納粹黨的領導失去信心。

在德國人的記憶中，30萬名在史達林格勒被圍困的士兵這個數字扮演了一個很重要的角色，實際的數字可能少一些。在比較新的統計中，大約有6萬名德國士兵死在包圍網裡。和德國相比，蘇聯的傷亡高到不成比例，將近有一百萬紅軍在史達林格勒一役中陣亡，死在城裡的平民不計其數。

史達林格勒是戰爭的第二次大轉折，蘇聯這一方終於取得了行動的主導權。希特勒說過，這場戰爭如果沒有油田就不可能贏。按理他應該想辦法結束戰爭了，但這類事情卻沒有發生。

這場仗在心理上也是一個戰爭轉捩點，對德國人的震撼相當深刻而且明顯。希特勒自己就是陸軍總司令，無法推卸責任給其他代罪羔羊。很多德國人對於戰爭的傷亡都心裡有數，只是不敢說出口。人民和「領袖」之間的連結開始發生裂痕。

對希特勒德國的戰爭重擔，紅軍扛了主要部分，史達林因此日益急切地催促他的盟友羅斯福和邱吉爾，從西方登陸歐洲大陸，以便減輕蘇聯的負擔。但入侵法國這件事，史達林還要等上一陣子。1942年11月，英軍與美軍占領了法屬北非。同時在埃及已經推進到阿拉曼（El Alamein）的隆美爾裝甲部隊也遭遇慘敗，當時隆美爾的任務是在北非阻擋西方列強部隊的腳步，但沒有成功。最後在1943年5月，德義聯軍在突尼斯（Tunis）投降。

1943.5
德義聯軍
在北非投降。

　　其後不久，美國和英國把兵鋒指向西西里島，並且將
之占領。對義大利法西斯的領導階層來說這是一個信號，
表示站在德國這一邊的戰爭是毫無勝算的。7月25日貝尼
托・墨索里尼被推翻下獄，9月初他的繼任者與美國和英
國簽訂停火協議，英美的部隊現在可以在義大利的西南海
岸登陸了。

1943
9月底-10月初
義大利退出
「軸心國」；
國防武力
占領義大利。

　　最重要的盟友居然背信忘義，希特勒大發雷霆，他派
遣傘兵和武裝黨衛軍的菁英部隊到義大利一個山村，將墨
索里尼解救出來。在希特勒的施捨之下，前「義大利領袖」
在義大利北部建立了一個法西斯傀儡政權，但他也日薄西
山了。

　　義大利在10月對德國宣戰，國防武力占領義大利，
並在這裡艱苦地抵禦英美部隊的進攻，可惜最後徒勞無
功。1944年2月，因為匈牙利想要取消和「軸心國」的盟
約，國防武力也循同樣模式進駐匈牙利。

1944.2
德國占領
匈牙利。

　　1944年6月6日，美國、英國和加拿大的部隊在法國
諾曼第（Normandie）海邊登陸，這個「D日」（D-Day）是迄
今為止戰爭史上最大的登陸行動。希特勒等待這次進犯已
經等了很久，幾乎可以說是渴望了。他相信德國會打敗敵
人，把他們通通趕進海裡。之前法國海岸的防務準備，由
甫自北非以戰爭英雄之姿回歸的隆美爾元帥負責。

1944.6.6
西方列強
登陸諾曼第。

　　但隆美爾和德國在西線的最高指揮官，在運用裝甲部
隊方面有著嚴重的意見紛歧，隆美爾力主布置在諾曼第沿
岸，他的上級則堅持布置在後方。因為同盟國事前成功地
迷惑了德國人，讓他們以為攻擊將在海峽沿岸進行，所以
諾曼第的登陸行動過了好幾個鐘頭之後德軍才搞清楚，這
並不是一次誘敵佯攻。

其中一處登陸海灘駐守著精銳的德國部隊，攻擊的一方傷亡慘重，才把這處海灘拿下。但是綜合來講國防武力的反應不夠快，和希特勒的期待相反，西方列強在歐洲大陸站穩腳跟，開始向德國挺進。

1944.6.22
蘇聯夏季攻勢
開始，中央
集團軍潰敗。

1944年6月22日是德軍攻擊蘇聯的3週年紀念日，紅軍做了一個極具象徵意義的舉動，他們在這一天開始全面反攻已經瀕臨潰敗的中央集團軍。這才是打敗德國關鍵性的一役，而非諾曼第登陸。8月底時，國防武力還能在維斯瓦河（Weichsel）、拉脫維亞（Lettland）和東普魯士邊界暫時抵擋紅軍，但蘇聯部隊何時越過德國邊界，現在已經是時間問題了。

————————「總體戰」————————

從莫斯科危機開始，德國與其戰爭經濟就在相對很短時間之內，調整為持久戰。這就是為什麼戰爭還能持續這麼久，以及為什麼1942年秋天之前，國防武力似乎還是所向無敵。

1942.3.21
希特勒任命
弗里茲·饒克爾
為「勞動事務
一般全權代表」。

希特勒任命圖林根的大區黨部領導弗里茲·饒克爾（Fritz Sauckel）為他個人的「勞動事務一般全權代表」（Generalbevollmächtigte für den Arbeitseinsatz）。饒克爾是個不擇手段的納粹分子，他的任務就是把所有德國占領地區的勞動力帶回國內。一開始的時候是打算使用蘇聯的戰俘，然而在1942年初，大部分的蘇聯戰俘不是餓死，就是已經被槍斃，取而代之的是「招募」來的平民。

戰爭時期至少1,200萬名外國強制勞工（Zwangsarbeiter），在農業以及特別是工業上取代德國人，因為有愈來

愈多的德國人被徵召進入國防武力服役。多數的非志願勞動力都來自波蘭和蘇聯，其中大約有半數是年輕女性。他們被關在服務單位旁的特別勞動營之內，這類勞動營遍布德國各地，星羅棋布。不久之後，每個德國人的家裡附近都有一座這類勞動營，裡面發生了什麼事，大家可以親眼目睹。

在軍備工廠中，這些「外國工人」往往必須在惡劣的條件下工作。他們還常常受到德國工人的欺負，因為德國工人自以為比他們「高人一等」。而且強制勞工在面臨愈加頻繁的敵軍轟炸時，也沒有防空地堡可以躲；他們之中有數萬人死於空襲。

希特勒對弗里茲·托德倚重甚深，之後提拔他為軍備部長。1942年春天，托德死於空難，於是希特勒倉促之間，決定由他的御用建築師亞伯特·史佩爾來接任。史佩爾擔任軍備部長，就像當建築師一樣有天分，特別是在組織管理的領域。他成功地讓德國戰爭物資的製造大幅提升，這也讓他在希特勒的內部圈子裡占有不可或缺的一席之地。他之所以能夠成功，是因為他比起陷於為戰爭趕工的前任，更能駕馭德國各大工業的領導階層，同時也更能將軍備製造合理化。

1942.2.8
希特勒任命
亞伯特·史佩爾
為帝國武器
與彈藥部長
（1943年6月起
改為帝國軍備與
戰爭生產部長）。

另一方面，史佩爾大量地使用饒克爾提供給他的勞動力，甚至還向希姆萊討要集中營裡的囚犯，或者下令事業主管向希姆萊轉達這類的要求。他之所以這樣做，絕不是要把犯人從集中營裡面拯救出來，而是打算在他們被送回集中營之前，充分剝削這批勞動力。當然戰爭結束之後，史佩爾又有完全不同的說詞。

希特勒在戰爭後半段開始神隱，對納粹德國的政府

施政造成很大的問題。「領袖」停留的地方，離德國首都
與慕尼黑愈來愈遙遠，也愈來愈少在公開場合露面。從
1941年秋天起，希特勒總共只在柏林和慕尼黑停留少數
幾天。對德國人來說，納粹德國的「好年冬」已經過完了，
他們雖然不會懷疑「領袖」，但對納粹黨角色的批評逐漸
增加，像是黨內大老逃避兵役、過著遠比常人奢侈的生活
等等。

　　戈培爾很快就發現，因為希特勒過分關注軍事上的成
果，弱化了他在政治上的領導能力。他一再地要求希特
勒，那些他還不熟悉的軍事事務可以委交給將領們去處
理。政府的運作日益不彰，雖然在戰爭期間希特勒簽署了
大約400份的「領袖詔令」，然而大部分都是由拉默斯先
擬好草案，用來規範內政事務及充當法律。但是戈培爾、
波曼和史佩爾也有辦法影響希特勒，因為他們可以直接上
達天聽。希特勒在戰爭期間的內政決策，最後往往都是隨
機決定。

　　如同一位歷史學家所描述的，德國成為一個「領袖
不在家的領袖國」。一方面他的權力範圍包山包海毫無限
制，另一方面他使用這些權力又無章可循。單單從現實的
理由就知道這種做法幾乎是不可能的，因為任何人處在這
樣的環境，都沒有辦法單獨領導像二次大戰德國這樣一個
現代國家。

　　在史達林格勒的戰爭轉捩點過後，1943年2月18日，
戈培爾在柏林運動宮舉辦了一場臭名昭彰的演講。一群從
死忠納粹黨徒和各界名人（例如劇院演員或電影明星）裡
精心挑選出來的聽眾坐在一間大房間裡，戈培爾回憶起在
東部戰線陣亡的德國士兵，以及戰士們在史達林格勒的

1943.2.18
戈培爾在
運動宮演講。

「英雄事蹟」。他污衊德國的戰爭對手，
說戰爭是他們先挑起的，同時也批判猶
太人在幕後操縱一切。接著戈培爾反問
他的聽眾十個問題，每個問題大家都齊
聲大喊「是的！」

　　演講的高潮是這個問題：「你們想
要總體戰嗎？如果戰爭比我們今天一時
所能想像的更加全面、更加極端，你
們還想要總體戰嗎？」回答的是響亮的
「是的」和「萬歲」呼聲，所有人都跳
起來，高舉右手臂行希特勒式致敬。運

柏林運動宮裡戈培爾的演講聽眾，
1943年2月18日。

動宮的演講是宣傳部長最有名、同時也
是最邪惡的演講，他希望德國人要準備
為了戰爭要更加打拚。特別是他想要傳達給希特勒一個信
號，「領袖」從現在開始為了德國的勝利應該不擇手段，
不必再考慮到人民了。全體德國社會應該要軍事化，為了
勝利一心一德，有人犧牲也在所不惜。

　　但是希特勒知道維持人民安居樂業很重要，儘管戈培
爾說了重話，之後有很長一段時間他都沒有大動作。1944
年夏天才做出一次重大改變，每週的工作時數調高到超過
70小時，電力和瓦斯的消耗也開始設限。

　　「整體戰」因此意謂著對內的完全控制。從1943年8
月起，黨衛軍領導人希姆萊同時也擔任帝國內政部長。德
國人現在完全生活在一個警察國家，任何人關於戰爭情勢
不經意的一句話，都可能被祕密警察逮捕，甚至以所謂的
「打擊民心士氣」（Wehrkraftzersetzung）罪名被判處死刑，集
中營系統的囚犯人數也大量增加。

1943.8.24
希特勒任命
海因里希・
希姆萊擔任
帝國內政部長。

德國人對「總體戰」感受最深的是英國與美國飛機的轟炸攻擊，1943年，空襲增加到前所未有的程度。在過去兩年的戰爭歲月當中，空襲成了日常生活裡的痛苦經驗。德國空軍的戰鬥機不夠，對轟炸機毫無招架之力。對手的數量優勢不久之後就變得很大，讓他們實際上能夠整天轟炸，美國負責白天，英國負責晚上，所有飛機都從英國起飛。

大城市和周邊市郊都設有高射砲，當德國空軍通報敵機臨空、防空警報響起，這些高射砲就開始射擊。因為男人都被送往前線，缺乏人手來操作這些高射砲，所以沒多久之後就交給年輕的高中生負責。他們在希特勒青年團中已經受過基本軍訓，懂得服從命令，當他們把敵人的轟炸機從天空上打下來時，常常當成是他們個人的成就，復仇的快感扮演了某種角色。但是對於領導階層的不滿也逐漸增加，都是他們把德國和這些高射砲射手帶到如此可怕的境地。

1943夏天
盟軍使用燃燒彈
轟炸漢堡，
造成「烈焰風暴」。

大轟炸常常帶來恐怖的「烈焰風暴」，1943年7月底及8月初在漢堡就發生過，那一次死了35,000人。轟炸城市所帶來的大火需要很多氧氣，它們劇烈地吸取空氣，形成一道名副其實的風暴呼嘯過街。地面零星的小火逐漸結合成單一的大火，溫度高到不可思議，沒有人可以從裡面逃脫。

被轟炸得最嚴重的城市當然是柏林，但希特勒每次碰到空襲都安然無恙。就算整個城市化為斷垣殘壁，他也無動於衷。他曾不只一次冷血又滿意地表示，敵人的轟炸為戰後納粹化的都市更新清出了不少空間。他對轟炸所造成的損害從來都是正眼也不瞧一下，也未曾拜訪過受到空襲

重創的城市，只有戈培爾偶而出面。在如詩如畫的上薩爾斯堡山區，「總體戰」的現實差距對比最為強烈。

對德國人民的日常經驗來說，空戰的另一面可是十分慘烈的。大城市的居民根本整夜無法入睡，即使進了防空地堡，恐懼依然存在，因為上方的房子有可能被完全摧毀，將地堡的避難者埋在地下。如果被烈焰風暴吞噬，防空洞也可能變成死亡陷阱，裡面的人不是窒息就是被燒成焦炭。

空襲的目的在於持續給德國人製造恐慌，驅使他們起來反抗希特勒。但是被炸的人都是心力交瘁、精疲力盡，在這種條件之下他們哪裡還有力氣起身反抗政府？他們對轟炸的反應完全和預期不同，除了冷漠，還有憤怒和仇恨。這股情緒較少指向應該為一切負責的自家政府，而是歸咎於敵人的飛機和派遣飛機過來的政府。

但是還有其他全然不同的反應態度：很多人偷偷地說轟炸是德國人罪有應得，是來懲罰德國人對猶太人所幹的事情。但是對於還必須在城市裡工作的猶太裔德國人來說，每一枚炸彈都是一個巨大的危險，會讓他們喪失不久之後就會得救的希望──因為他們沒辦法進入防空地堡避難。

1944年10月18日，納粹黨宣布成立「德國國民衝鋒隊」（Deutscher Volkssturm），老人和小孩必須站出來對抗紅軍的坦克，這讓國民衝鋒隊裡的「男人」（常常都只是一些半大不小的孩子）傷亡數目很高。國民衝鋒隊也是最後一次為了「奮起抵抗」而徵兵，儘管在宣傳上大張旗鼓，但他們在軍事上的作用幾乎等於零。戈培爾對人民的期許是：透過納粹黨團結一致，在黨的領導下邁向「最終勝利」。現實上卻是黨衛軍和警察用盡各種恐怖手段，讓德

1944.10.18
由希姆萊和
納粹黨各大區
黨部領導所率領
的「國民衝鋒隊」
成立。

國人不管你喜不喜歡都必須死撐到底。黨衛軍領導人希姆萊從1943年8月起擔任帝國內政部長。1944年7月21日起，他同時也是預備部隊的指揮官，前一天才剛剛有一枚炸彈在狼穴裡面爆炸。

反抗與刺殺

迴旋空間

想要反抗極權政府的人，都是賭上自己的性命。在國家社會主義的獨裁之下，只有少數人能夠鼓起勇氣，敢於冒著自己和家人的生命危險。而依照公民勇氣有不同的反抗，例如透過拒絕行希特勒式致敬來表達。但是單單這樣的行動就有可能被國家視為反抗，因而遭到迫害。

所有從事反抗國家社會主義的人，一定會抵觸到納粹政權為了自己動員而來的民意。我們在閱讀這本書時，可以看到各種見風轉舵、望風而倒的事情層出不窮，還有歡呼雀躍的「國民同胞」，以及為了德國人的性命必須犧牲其他異族，讓他們戰時在德國的占領與剝削之下受盡折磨。

很多納粹德國的國民都同意國家使用暴力來對付假想的敵人，而且無論是用來對內或對外都無動於衷；有的從中獲利，有的冷眼旁觀這類暴力，或是乾脆自己行使暴力。一邊是從袖手旁觀甚至積極參與，另一邊是要冒著生命危險來反抗。兩者之間一定有許多行動的迴旋空間，但是很少有人選擇另一邊的做法，因為大多數人根本沒想過要反抗，或是根本不敢反對政府，還有就是德國人在戰時特別只關心自己的事情。從史達林格勒的戰爭轉捩點開始，納粹德國的恐怖手段也增長到無法無天。

1936年10月,漢堡碼頭工人奧古斯特·蘭特梅瑟(August Landmesser,圓圈處)是唯一拒絕行希特勒式致敬的人。蘭特梅瑟之後因為涉嫌「玷污種族罪」(Rasseschande),和他的猶太女友一起被送往集中營監禁。1944年在國防武力的一支刑罰營(Strafbataillon)*部隊之中喪生。

　　大家真的有辦法起身反抗嗎?在納粹政權早期唯一能有限度免於「一體化」的社會力量,就只有天主教會和基督新教教會。國家社會主義掌權之後強調反宗教和反教會,雖然希特勒不斷地主張上帝的啟示,某種「天命」或類似的東西。心靈的和教會的機構在日常生活上屢遭惡意刁難與騷擾,有一段時間甚至使用莫須有罪名來羅織構陷神職人員。許多牧師被逮捕送進集中營,特別是那些天主教會人士。和戈培爾不同,希特勒放了教會一馬,沒有對教會大「清算」,因為他不想在信徒間引發騷動,所以打算把消除神職人員這件事延到戰後再處理。

1935-1937
納粹宣傳
反對天主教會。

＊譯注:刑罰營(Strafbataillon)是二次大戰時,國防武力裡面由囚犯組成的部隊,包含士兵和平民,由隨軍警察管理。他們裝備很差,專門用來從事自殺任務或高危險任務。

這樣就開啟了某些迴旋空間，很多信徒拒絕神化希特勒，他們透過對基督教的堅定信仰，來捍衛他們內心的獨立性。但是出自教會的組織性抵抗，則從來沒有出現過。最主要的原因是教會在面對國家與黨時，還保有很小的獨立行動可能性，他們不想拿這個去賭。之後我們會提到，教會的領導代表挺身抗議對病人與身心障礙者的集體屠殺。但是教會對於迫害猶太人基本上保持沉默，我們只能看到極少數例外。

在納粹德國中，反抗只限於少數個人與團體，而且他們也和社會相當疏離。那些被迫害、被殺害的人，幾乎沒有任何機會威脅到希特勒的統治。當共產黨員即使面臨集中營的威脅，還是印製地下報紙，這就是反抗；如果猶太人努力求生，這也被當作是反抗。想要殺死希特勒，算是反抗當中最激烈的形式。實際上這類暗殺只可能出自兩類人選：獨行俠或者來自政權的中心。

艾爾塞的炸彈

希特勒對於自己生命受到威脅心知肚明。1939年他在他的將領們面前提到，隨便一個「傻瓜」就有可能透過暗殺將他消滅。1939年11月8日晚間，為了紀念政變，希特勒在慕尼黑市民啤酒館發表演講，在場有接近3千人準備聆聽「領袖」訓示。講台的後面有一根大柱子，用來支撐上方的一座陽台與啤酒館的屋頂。柱子裡面有一顆定時炸彈正在倒數。

製造炸彈的是34歲的施瓦本（Schwaben）[5]木匠約翰．

1939.11.8
慕尼黑市民
啤酒館遭到
炸彈攻擊。

5　譯注：施瓦本是傳統德國的地理區，相當於今日德國巴登—符騰堡邦南部、巴伐利亞邦西南部、瑞士部分東部與亞爾薩斯。

格歐爾克・艾爾塞（Johann Georg Elser）。艾爾塞在20年代曾有一段時間參加共產黨的紅色戰線戰士聯盟（Rotfront-kämpferbund），但是他的刺殺動機並不是黨派之見，而是出自於政治判斷力。艾爾塞十分確信，只要希特勒在位就代表工人完蛋，而且希特勒還想要發動戰爭。為了阻止這個結果，所以獨裁者必須死，最好戈林和戈培爾也跟著陪葬。

艾爾塞在採石場找了一份工作，神不知鬼不覺私藏了不少炸藥，然後這個手巧的木匠用兩個時鐘精心打造了一個定時起爆器。1939年夏末，他開始直接相關的準備行動。他一共去了市民啤酒館至少30趟，吃點小東西，接著藏在走廊裡等待夜幕降臨。艾爾塞在希特勒所站之處的後方柱子上挖了一個洞，然後他用一個特製的蓋子把洞封好，讓人幾乎看不出來。到了早上艾爾塞再次躲起來，等到中午營業時間人聲鼎沸，他再提著一口小皮箱離開啤酒館；箱子裡面裝著徹夜工作所挖的石礫。

11月6日晚上，艾爾塞一切都準備妥當：炸彈已經安裝在預定的位置。艾爾塞把起爆器定在11月8日晚上9點20分，因為一般情況希特勒會從8點30分開始連續講上一個半鐘頭。前一天晚上艾爾塞再次檢查市民啤酒館，看看是否全部就緒。放炸彈的小洞密封得很好，除非把耳朵貼在柱子上，不然聽不到定時起爆器的滴答聲。一切正常。接著艾爾塞登上開往康斯坦茲（Konstanz）的列車，以便能就近逃往瑞士。

希特勒這一天忙著準備德國在西邊開戰，所以市民啤酒館的集會比往常來得早。晚上8點10分希特勒開始他的演講，到了9點07分他就已經結束，帶著隨行人員離開啤酒館。由於天候不佳，所以他不搭飛機，改搭專門列車離

慕尼黑，在格歐爾克·艾爾塞炸彈暗殺之後，傾頹的市民啤酒館，
1939年11月10日。

開；而希特勒又從來不允許遲到，這就是為什麼他要提早
出發的原因。

在希特勒離開市民啤酒館的10分鐘之後，艾爾塞的
炸彈引爆了。柱子倒塌，走廊和部分屋頂也一樣，坐在柱
子附近的6個「老同志」和一個女服務生當場死亡，之後
另一個黨內同志在醫院裡傷重不治。至少有36名聽眾受
傷，部分生命垂危。希特勒差一點點就被殺死。

與此同時艾爾賽在康斯坦茲附近，想要越過邊界時被
捕。等到慕尼黑的炸彈爆炸之後，德國海關才意識到他們
抓到了暗殺嫌犯。希特勒和祕密警察高層都相信，獨行俠
艾爾塞是奉了英國情報單位之命，所以打算在「最終勝利」
之後才公開審判他。艾爾塞被送到薩克森豪森集中營。戰
爭結束前不久，黨衛軍將他帶往達豪集中營，然後在那裡
將他殺害。

　　1944年7月20日之前，沒有人像他一樣，只差一步就可以殺死希特勒。如果艾爾塞成功了，歷史將有完全不同的走向。戰後很多人都說，如果艾爾塞當初殺了希特勒，希特勒將成為歷史上的偉人。但我們也不應該忽略，當時納粹政權已經開始了一系列的屠殺：集中營、迫害猶太人、在波蘭的集體槍決、殺害精神障礙者和身罹絕症的病患——炸彈爆炸之時，這些都在如火如荼地進行著。偉大的人是格歐爾克·艾爾塞，而非希特勒。但這位刺客失手了，所以戰爭持續下去。

「白玫瑰」

　　所謂反抗也可能是號召推翻希特勒，慕尼黑有一群大學生就是這樣做。這個團體以漢斯·蕭爾（Hans Scholl）和蘇菲·蕭爾（Sophie Scholl）兄妹為首，自稱為「白玫瑰」（Weiße Rose），團體成員都是出身受過教育的基督教家庭。最初蕭爾兄妹熱衷於國家社會主義的「民族共同體」理念，也加入了希特勒青年團。但是納粹德國對付民間青年運動與教會的手段與方式，把他們推到政權根本上的對立面。

　　他們之所以要積極從事對抗希特勒，是因為團體成員在東歐親眼見證了德國的暴行。1942年，漢斯和他的兩個朋友威利·葛拉夫（Willi Graf）與亞歷山大·施莫若（Alexander Schmorell）在波蘭當兵時，曾有一次奉命去觀看一場集體槍決，他們也知道華沙猶太人隔離區裡的情況有多麼的可怕。同時這幾個朋友也看出，這場戰爭沒有什麼獲勝的希望。

　　從波蘭回來以後，漢斯和施莫若共同撰寫了四波批評政府的「白玫瑰傳單」，蘇菲可能也有參與，然後在1942

1942.7–1943.2
「白玫瑰」散布
了6波傳單。

年夏天郵寄給慕尼黑與其他城市的不同人士，當然是以匿名方式。他們要求收信人將傳單內容抄寫下來，繼續散布給愈多人愈好。在這些傳單之中，撰寫人譴責「最恐怖的以及從任何角度來看都是無法無天的罪行」，其中包括殺害超過30萬名波蘭猶太人。他們呼籲在軍備工業以及其他地方消極抵抗，清除「法西斯主義」，甚至號召要「消滅褐衫軍」。打倒國家社會主義可比戰勝布爾什維克主義要重要多了。

從1942年秋天開始，團體核心除了蕭爾兄妹、施莫若和葛拉夫以外，還有大學生克里斯多夫・普羅布斯特（Christoph Probst）和哲學教授庫特・胡伯（Kurt Huber）。而在「白玫瑰」的外圍則有無數的支持者和協助者。這個團體使用一種清晰又有力的語言，因為他們希望德國大眾能夠站出來反抗。對這個團體來說，希特勒無異是人形惡魔。為了重建全歐洲的基督教道德和人性之愛，德國必須在軍事上被打敗。

第6波傳單印了大約1,000份，明顯是以年輕大學生為訴求對象。其中一部分如同以往使用郵寄，其餘的傳單則由蕭爾兄妹在2月18日偷偷帶進大學裡，在課堂之間散發，他們不知道大學在好幾天前就已經被祕密警察持續監控著。當蘇菲將一大疊傳單從樓上灑向大學建築的中庭時，剛好被學校工友發現。校工抓住了漢斯與蘇菲，並且把他們交給祕密警察。當時漢斯的口袋裡放了第7波傳單的草稿，這份傳單是由普羅布斯特撰寫，所以普羅布斯特也被捕。之後，葛拉夫、施莫若、胡伯和眾多的「白玫瑰」支持者也跟著下獄。

蕭爾兄妹為了幫朋友們脫罪，一肩承擔了所有罪責，

他們在祕密警察的審訊中也勇敢不屈。事發才4天，漢斯、
蘇菲和普羅布斯特就被移送到柏林「人民法院」（Volksge-
richt），由惡名昭彰的審判長羅蘭‧弗萊斯勒（Roland Freis-
ler）審理。弗萊斯勒這個法律人一向把他的法官工作當成
為了「領袖」的戰士行動，所以判決結果遠在審判開始之
前就已經確定。1943年2月22日，蕭爾兄妹和普羅布斯
特被判處死刑，並且在同一天被送上斷頭台斬首。接下來
在4月，弗萊斯勒也將胡伯、施莫若和葛拉夫判處死刑，
無數的「白玫瑰」相關共犯在第二波審判中被判處刑期相
當高的有期徒刑。1943年6月，希特勒親自駁回了施莫若
和葛拉夫的特赦請求。

1943.2
蕭爾兄妹被
逮捕並被處決。

1944年7月20日

　　和「白玫瑰」有類似想法的還有律師赫爾穆特‧詹姆
斯‧馮‧毛奇（Helmuth James von Moltke）等一群人。戰爭
爆發時毛奇32歲，他在大學畢業以後拒絕進入公職擔任
法官，因為他不想和納粹黨扯上關係。於是他開始執業當
律師，幫助那些受迫害猶太人在移民或想要移民時，保護
他們的財產不會被納粹黨「亞利安化」。因為家庭的緣故，
他在英國擁有良好的人脈關係，他也曾去那裡研讀英國法
律。1943年夏天，他將「白玫瑰」的第6波傳單帶往英國。
這份傳單被英國飛機在德國各大城市大量散發，號召推翻
希特勒。

　　同時，毛奇也主持一個反對派的討論會，討論會有
時在他西里西亞克萊紹（Kreisau）的莊園聚會（因此也被
稱作「克萊紹集團」〔Kreisauer Kreis〕）。克萊紹集團成立於
1940年，在1942、1943年間曾多次聚會，主要是討論納

1940-1944
「克萊紹集團」，
保守派的
政權反對者。

粹被推翻後，德國應該何去何從這個問題。他們主張一切
國家行動必須以人性尊嚴為基礎，而人性尊嚴在我們今天
的基本法當中，被尊為憲法的最高原則。和「白玫瑰」類
似，毛奇和他的同伴們都相信納粹政權可以從內部推翻。

　　戰爭拖得愈久，獨行刺客就愈難接近「領袖」。所以
想要成功的話，這個人必須是希特勒身邊的領導階層。
在這一點最有名的例子就是 1944 年 7 月 20 日，史陶芬堡
（Stauffenberg）伯爵的刺殺行動。這群決心進行刺殺並勇於
發動政變的人，都是完完全全地貴族出身、保守派與德國
裔。他們之中有不少人，曾經或長或短地贊同過國家社會
主義。

　　從 1938 年起就有一群高階軍官強烈地反對希特勒。
雖然當時曾經有過推翻獨裁者的計畫，但因德國在戰爭中
無往不利，所以國防武力中的反抗勢力幾乎沒有什麼機
會。情勢對職業軍官來說實在很艱困。此外，他們還必須
宣誓效忠希特勒。和「領袖」不同的是，宣誓對他們來說
意義重大，誓言是無法輕易背棄的。

　　軍方的反抗勢力或多或少和克萊紹集團都有著緊密的
關係，史陶芬堡和毛奇也是表兄弟。和毛奇不同的是，史
陶芬堡深信希特勒必須死。這群人密謀的目的是為了結束
這場毫無希望的戰爭，同時也讓外國看到還有「另一個」
且道德上更佳的德國。這位反對派的軍官並不想回到民
主，而是建立一個如同他在威瑪晚期所期望的威權國家。

　　但這些都是枝微末節。在這個案子上，一次成功的刺
殺就可以拯救很多人的性命，也才能夠防止納粹政權臨死
前用瘋狂的恐怖手段反撲。如果希特勒死了，希特勒的反
對者和納粹黨徒之間極有可能爆發內戰。這將會縮短戰

爭。各參戰國大約有半數士兵，都是在1944年7月20日之後才喪生的。

　　要怎麼進行刺殺呢？隨著對蘇聯的戰爭愈來愈無望，軍中的反對派決定動手。他們在1942年3月聚會，並且暗中和弗里德里希・奧爾布里希特（Friedrich Olbricht）將軍取得聯繫，他是位於柏林班德勒街（Bendlerstraße）一般陸軍局（Allgemeines Heeresamt）的負責人。這個部門以「華爾奇麗雅」（Walküre）[6]為代號，設計了一套行動計畫，整套計畫只有希特勒本人或後備部隊司令弗里德里希・弗洛姆（Friedrich Fromm）上將能夠下令啟動，派遣士兵平息國內的動亂；原計畫設想的是數以百萬計的「外國工人」（Fremdarbeiter）發起暴動，當時對這類暴動的恐懼十分普遍。沒有人注意到這些暗中策畫的人，將「華爾奇麗雅」拿來私下運用。他們巧妙地修改了計畫，讓這套計畫不再是保護政府，而是用來推翻政府。

　　但要如何接近希特勒呢？這是一個關鍵性的問題。希特勒的身邊永遠圍繞著一群全副武裝的隨扈，而且他經常在最後關頭變更行程計畫。希特勒的副官曾透露，希特勒出外時會穿著一件防彈背心，他的帽子也用鋼片加固，以防止頭部中彈。這或許有點言過其實，但這群密謀的人表示，在這種先決條件下，他們沒辦法用一把手槍就打死希特勒。

　　1943年初，他們錯過了兩次刺殺希特勒的機會。軍官亨寧・馮・特瑞斯寇（Henning von Tresckow）曾將一枚炸彈偷偷運上希特勒的飛機，但是最後沒有爆炸。特瑞

1943
改寫「華爾奇麗雅」計畫成為針對希特勒的政變。

6　譯注：華爾奇麗雅即北歐神話中的女武神，中文或譯為「女武神行動」。

斯寇的好友魯道夫─克里斯多夫・馮・葛斯朵夫（Rudolf-
Christoph von Gersdorff）在某次希特勒參觀展覽時也有機可
乘，只是來不及引爆制服口袋裡的炸彈，接下來就再也找
不到機會了。他們一直在找一個能夠接近希特勒的刺客，
如果找不到就只能繼續等待「領袖」其他的外出機會，否
則刺客必須要有辦法進入希特勒的總部。

唯一被列入考慮的人，就是克勞斯・馮・史陶芬堡
（Claus von Stauffenberg）。他是後備部隊的參謀長和代理司
令官，因為這個職位，他可以參加希特勒總部的會議。但
是又有一個問題，刺殺成功之後，後續計畫又絕對需要史
陶芬堡的參與。一旦政變成功了，之後他人一定要在柏
林；他同時身兼刺客和「華爾奇麗雅」政變的領導人。

1944.2–7
希特勒最後
一次停留在
上薩爾斯堡山區。

希特勒愈來愈少去上薩爾斯堡山區。最後一次是
1944年2月底，他在他的度假行館裡逗留了幾個月，也就
是說希特勒離開了狼穴。之所以要長時間離開東普魯士，
是因為紅軍已經離他的總部相當近了。為了避免遭到蘇聯
轟炸機的攻擊，狼穴的建築必須大幅改建，地堡也需要強
化。從7月6日開始，史陶芬堡三度參加在貝希特斯加登
舉行的軍事會議，每次他的口袋裡都放了炸藥，但是都沒
有機會引爆。

不久之後，希特勒離開上薩爾斯堡山區──再也沒有
回來過。他顯然知道自己再也不會回來，因為戰爭已經輸
定了。希特勒在他收藏的名畫前面站了良久，像是在跟它
們告別一樣。在他離開之時，希特勒對他內臣裡少數幾個
繼續留在「山上」的男女說「大家保重」，而不是「再見」。

7月14日接近中午時分，希特勒再次進駐狼穴。史陶
芬堡藝高人膽大，他打算再次把炸藥放在手提包內偷運進

去。7月20日早上，他和副官維爾納・馮・海夫滕（Werner von Haeften）中尉一起從柏林飛往拉斯滕堡。一輛車在機場接了他們兩人，隨即開往狼穴。到了以後，史陶芬堡問國防武力最高統帥部領導人凱特爾，哪裡可以讓他換件襯衫，因為夏日天氣炎熱，這個請求並不突兀。

史陶芬堡公事包內放了兩公斤的炸藥，還有為兩包炸藥準備的定時引爆器。在一個更衣的小房間內，史陶芬堡和海夫滕倉促地將兩枚炸彈裝配起來。因為時間很短，中途還受到一個士兵打擾，兩包炸藥史陶芬堡只來得及完成一個，並且放進公事包內。如果這兩個人有更多的時間，爆炸之後絕對沒有人可以倖存。

當史陶芬堡走進戰情營房時，會議已經進行到一半。因為他在北非作戰時受了重傷失去一隻眼睛，同時幾乎是半聾，所以史陶芬堡要求在「領袖」附近幫他安排一個位子。他的要求獲准了。接著他將公事包放在桌子底下，但是離希特勒還是有一段相當遠的距離。沒多久之後史陶芬堡就離開了，這也沒什麼不尋常，因為每日的戰情會議一直都有人進進出出。這位上校將他的軍帽與皮帶掛在衣帽間，看起來好像他馬上就會回來一樣。

實際上，史陶芬堡和海夫滕急急地請求安排一輛車，載他們前往機場。大約在下午1點15分時炸彈爆炸了，但在這之前不久車子便已升火待發。憑藉著運氣和膽量，史陶芬堡和海夫滕最後終於離開了狼穴。爆炸之後半個小時，這兩位人已經在空中。史陶芬堡深信希特勒已經在爆炸中殞命，事實上他的炸彈對戰情營房造成了巨大的破壞，幾乎可以說是炸成碎片。爆炸當時在場的24人當中，有11人重傷，其中4人在事發後不久或幾週之後傷重不

治。幾乎所有在場的人都因爆炸的巨響而耳膜破裂,很多人受到燒傷和碎片傷。

1944.7.20
希特勒在「狼穴」
遭到炸彈刺殺。

　　希特勒剛好只受了輕微小傷。爆炸的時候,「領袖」正彎腰伏在戰情桌上,用手肘撐著下巴;這救了他一命,因為桌子擋住了部分爆炸威力。凱特爾雙眼噙淚抱住希特勒:「我的領袖,您還活著,您還活著!」希特勒穿過營房廢墟走向大門的時候,被火焰燒到他的褲子和後腦。然後他前往地堡,由私人醫生莫瑞爾幫他診療。希特勒的右手臂有傷口,左手臂腫脹擦傷,雙手和大腿有燒傷和碎片傷,以及額頭上有割裂傷口,雙耳耳膜都破裂;他的傷勢其實不像之後納粹宣傳中所講得那樣輕微,但也不是嚴重到必須住院。

　　他接見了他的部屬隨從,怒氣衝天,但又不經意地顯露出一絲劫後餘生的驕傲。希特勒的夾克、褲子、白色長內褲都被炸得破破爛爛,這些衣服碎片被當作戰爭勳章,送到上薩爾斯堡山區給伊娃。希特勒相信他之所以大難不死,是因為「天命」再次顯靈,上天希望他能完成他的工作,事實上他只是再一次地走了狗屎運而已。

　　同一時間,密謀者們都在柏林等待刺殺的消息。這時後備部隊司令弗洛姆已經知道希特勒仍然活著,只受到輕傷。於是負責啟動整個政變計畫的弗洛姆,不願按照先前的籌謀簽署命令,就這樣史陶芬堡和同謀者的命運大抵上被決定了,其中4人包含史陶芬堡,當天深夜就在班德勒街被槍斃──由弗洛姆下令,因為他想要掩蓋自己曾經參與政變準備的事實。

1944.7.20-21
史陶芬堡和
他的同謀者
被處決。

　　午夜之後不久,希特勒在一個廣播談話中,告訴德國人民關於這次刺殺,以及他奇蹟般地逃過一劫。他也對政

變分子展開殘酷的報復，無數涉及這次政變未遂的高階軍官，不是自殺就是被強迫自殺，其中包括陸軍元帥埃爾溫・隆美爾。

弗萊斯勒的人民法院奉命公開審判所有在7月20日被捕的人。在希特勒的命令之下，整個審判過程都拍成影片，所有的被告都被祕密警察殘酷地刑求，迫使他們供出同謀的姓名。他們被監獄特別加以標示，同時讓他們穿上襤褸的民間便服。弗萊斯勒表現得特別凶狠，他對著這些人咆哮，讓他們幾乎沒有發言的機會。這些人對於自己會被判處死刑也心知肚明，但他們站在人民法院裡受審所表現出來的風範，仍然讓人敬佩。

希特勒希望看到這些被告「像宰殺牲畜一般」地被吊死，而不是把他們槍斃。實際上的做法就是在普洛澤湖（Plötzensee）監獄行刑室的鋼梁上懸掛了一根又一根S型的鉤子，用途和屠夫鋪裡的肉鉤一樣。這些鉤子上都掛了繩結，劊子手再將死刑犯吊上去，讓他們窒息而死。有的很快死亡，有的要經過一段漫長而痛苦的掙扎。為了更進一步羞辱這些受刑者，劊子手還把他們的褲子脫掉。

整個處決過程還在希特勒明確的命令之下，拍攝成影片。「領袖」看了處決的照片，但他是否也看了處決的影片，目前仍不得而知。影片曾在狼穴當著一大群黨衛軍軍官面前播放。

1944年7月20日之後，有超過200人被處決。對於政變分子的家人，希姆萊用他稱之為「老日耳曼」（altger-manisch）的方式來處理，也就是所謂的親屬連坐（Sippen-haft）。所有參與者的孩子都和母親分開，關到哈茨山（Harz）上的一家青年旅館內。他們的未亡人都被關押，有些被

送進集中營。一直到戰爭結束，才阻止了政府對他們趕盡殺絕。

針對希特勒的反抗行動並沒有獲得社會的支持，密謀的人對此心知肚明。他們了解自己一旦失敗，就會在德國歷史上被打成叛徒，但仍然願意承受這個污名。「背後一刀說」從1918年開始就被納粹反復宣傳、這份記憶此時就實際顯露出威力，史陶芬堡的刺殺並不被當時大多數德國人與大部分軍官所認同。很多「國民同胞」都說，當聽到希特勒大難不死時，他們鬆了一大口氣。即使「領袖」長期沒有露面，但是和希特勒的既有羈絆仍然相當明顯，甚至還因刺殺而有所強化。

但是不久之後風向就變了：大家都想藉著戰爭結束擺脫「領袖」，而且愈早愈好。此時很多人都把希特勒比擬成邪惡的劊子手，他的統治現在土崩瓦解了。更常見的說法是，希特勒只是倚靠他最死忠的老同志、大區黨部領導，以及黨衛軍的恐怖機構。曾經有一個歷史學者講得很精準，這個政權此時來到了「暴走大開殺戒」（Amoklauf）的最高潮。

希特勒的身體狀況日益惡化，特別是他所受的傷，遠比對外所宣稱的還要嚴重許多。雖然他的帕金森氏症外在症狀消失了幾個星期——刺殺在某種程度上有震撼治療的效果——但是他也因內耳受傷，有很長一段時間無法直立或維持平衡。

他對將領們的不信任，上升到了偏執狂的程度。希特勒聲稱，所有他在軍事上的失利，都只能用背叛來解釋。這時的軍事會議完全是一種折磨，他動不動就大發脾氣，最終他把自己當成是德國命運的行刑者。

5

Der Massenmörder
屠夫

戰爭與暴力

屠殺歐洲猶太人

「領袖」和「民族共同體」

希特勒並沒有親手殺過任何人，在一次世界大戰擔任傳令兵時可能也沒有。他也從來沒有去視察過集中營或滅絕營，但儘管如此他仍然是個屠殺劊子手。

將近1,400萬平民——也就是戰爭中沒有參與戰鬥行動的人——在他的統治之下被強行奪去了性命，其中大約有600萬猶太人和800萬非猶太人。上面所說的數字包含了300萬蘇聯戰俘，他們不是餓死就是被槍斃；100萬所謂的游擊隊陣亡者，死於蘇聯、南斯拉夫和希臘；還有大約100萬的餓殍（不包括紅軍士兵）、幾十萬死於德國恐怖統治之下的蘇聯和波蘭人民、約莫25萬名身心障礙者和數字幾近相同的外國強制勞工，以及至少10萬辛提與羅姆人（吉普賽人）。

史達林也造成了幾百萬人死亡。單單從受害者人數來看，希特勒的罪行相形失色。如果要說兩者有什麼不同的話，就是希特勒是基於「種族」理由屠殺，而另一方的屠殺是發生在戰爭行為的框架之內。國家社會主義政權的屠殺和德國的戰爭密不可分，而戰爭又和經濟的目標緊密相連。因為國防武力占領了外國，集體屠殺才會發生；國防武力還幫忙掩飾集體屠殺行為，默許對於平民的違法殺戮，或者乾脆自己展開屠殺。

蘇聯的恐怖統治是專門針對自己的國民；與此相反，大部分德國罪行的受害者都是外國人：接近96%。這些罪行主要是在二次大戰期間所犯下，絕大多數也都是發生在德國與奧地利的國界之外。

身為國家元首和戰爭統帥，二次大戰期間由德國人和其他外國協助者所犯下的罪行，希特勒責無旁貸。但他個人在這裡面扮演了什麼樣的角色，又是另一個很不容易回

答的問題。因為希特勒所下達的屠殺令幾乎只透過口頭，而且他也一直非常小心翼翼，不和德國的罪行牽扯上關係，他擔心「領袖」的形象因此受到損害。

　　在兩個案例上，希特勒曾經下達過書面殺人命令。第一次是在1934年的「長刀之夜，他勾選了一份處決名單；第二次則是1939年核准「安樂死行動」（Aktion Euthana-sie），這個我們會在下一節詳細討論。希特勒口頭上的屠殺命令只有在少數情況下，才由黨衛軍領導人希姆萊以書面記錄下來。因為有關於希特勒做為屠殺劊子手的文獻如此稀少，所以戰後很多極右派聲稱，這根本不是他的意思；或者就算有這些罪行，他也是到很晚才知道，罪責應該由希姆萊和黨衛軍來承擔。這種說法是想要幫希特勒個人脫罪，但最終還是被歷史研究的成果所推翻。

　　這一章的重點在於歐洲猶太人的屠殺，也就是大屠殺（Holocaust）[1]。歷史上從來沒有一個國家，試圖將整個種族從新生兒到老祖父徹底地趕盡殺絕，這裡我們所講的是「種族滅絕」（Völkermord）。大屠殺是一件泛歐洲規模的罪行，在世人的記憶中留下深刻的痕跡。大約有570萬名猶太人在二次大戰中被殺害。從挪威到希臘的海島，從法國大西洋沿岸到高加索山區，這些區域的猶太人被驅趕導致死亡（「驅逐」〔deportiert〕），或是被槍砲毒氣殺害。而實際上的殺戮行動，是在德國占領的東歐進行，戰前絕大多數猶太人都居住在這個區域。這裡的受害者數目，遠遠超過在德國的以及歐洲大陸其他地方。

1　譯注：「Holocaust」這個字出自希臘文holókaustos。holós意思是「全部」，kaustós則是「焚毀」。現在這個字已經專門用來指稱納粹對於600萬歐洲猶太人的種族滅絕行動。

在希特勒眼中，猶太人就是一切可恨現代性（Moderne）的化身，同時也是共產主義的代表。他和他的劊子手致力於把世界從猶太人手中「拯救」出來，並且感到理直氣壯。在《我的奮鬥》中，希特勒就已經宣稱猶太人根本就是德意志民族的敵人，而猶太裔的德國人和奧地利人又特別危險，因為他們傷害了所謂的「民族共同體」。希特勒深信全世界的猶太人都精誠團結，萬眾一心，只為了將他們的大敵德國從裡到外完全毀滅，如同他所妄想的一次大戰結局一般。不少「國民同胞」都在散播這類猶太人陰謀對付德國的瘋狂想法，在國家社會主義的意識形態中，德國人是猶太人的受害者，而不是凶手。根據這個世界觀，如果德國想要贏得第二次世界大戰，必須要先消滅猶太人。

大屠殺的特徵就是暴力與殘酷。這類的殘酷也表明，戰時德國社會對猶太人的憎恨是多麼地根深蒂固。至少有20萬人可以歸類為凶手，反猶主義對他們來說天經地義，根本不會受到質疑。

戰爭與暴力

「安樂死」

世紀交替之際，極右派陣營很流行社會達爾文主義，其基本主張就是「劣等人」應該要被淘汰。一次大戰戰後，德國神經科醫生與法學家已經在要求將「消滅沒有存活價值生命」一事合法化，也就是殺害病人與身心障礙者。他們用德國士兵的巨大傷亡與經濟上的論證來支持這類要求，與其在醫療與看護機構裡供養這些「無存活價值者」，

這是一個特別極端方式的「優生學」（Eugenik）。不只在德國，這類學說在其他歐洲國家、甚至在美國也很流行。很多支持者覺得優生學特別新潮，因為可以用科學來證明。然而優生學逐漸染上種族主義的色彩，特別是在國家社會主義的德國。

在希特勒上台的幾個月之後，他的政府在1933年7月14日通過《遺傳病後代預防法》（Gesetz zur Verhütung erb- kranken Nachwuchses）。至少35萬人被強制透過手術絕育，讓他們生不出孩子，其中大部分是女人。手術過程很痛苦，經常導致死亡。受到波及的不只是遺傳疾病患者，還有在社會上很礙眼、不受歡迎的邊緣人等，其中包括辛提與羅姆人。從30年代中期開始，黨衛軍和警察機構的領導階層就把他們的恐怖手段，當成是在為「民族體魄」（Volkskörper）服務，「淘汰」弱者和所謂的敵人有助於種族民族主義的「換血」（Erneuerung）。為了要實現這個願景，必須要投入科學與現代的技術。

1933.7.14
法律規定
強制絕育。

繼續推動「淘汰」的力量，來自於國家社會主義的醫生群體。1935年，希特勒就已經答應一名在納粹黨負責衛生事務的高級黨工，一旦戰爭開打，他將允許殺害身罹絕症的病人。希特勒的理由是：在戰時，公眾比較不會去關注這一類的殺人計畫。

1935.9
希特勒宣布
戰爭開始之後，
他將允許殺害
身罹絕症的病人。

不同的納粹組織致力於種族研究和優生學，這個研究議題在30年代很興盛，同時也受到國家的資助。「遺傳與相關重病的科學分析帝國委員會」（Reichsausschuss zur wissenschaftlichen Erfassung von erbund anlagebedingten schweren Leiden）由一群醫生所組成，他們根據自己的理解開創了一門現代醫學，而且這個委員會和「領袖辦公室」關係密

希特勒接見納粹少年團成員，1939年12月。右2（戴眼鏡者）是帝國領導菲利普‧鮑勒，最右邊的是希特勒私人副官亞伯特‧波曼。

切。領袖辦公室是納粹黨的機構，不是國家機構，但卻設在新帝國總理府之內。辦公室主任是帝國領導菲利普‧鮑勒，他的下屬有希特勒的副官亞伯特‧波曼，波曼同時也負責希特勒的私人辦公室；還有經濟學家維克托‧布拉克（Viktor Brack），他是一名黨衛軍高階軍官。

很可能就在1939年初，希特勒經由他的辦公室，開始關注一個天生嚴重殘疾孩子的病例。負責治療的醫生是萊比錫的小兒科教授，他勸告家長讓這個孩子被賜死。因為這屬於違法行為，所以教授建議家長去向希特勒請求許可。這份請願書遞交到波曼的辦公桌上，他立刻告訴希特勒。希特勒派了他的醫生布蘭德博士前往萊比錫，替這個孩子做詳盡的檢查，然後使用藥物讓他「長眠」。之後希特勒口頭下令，所有和父母一起生活的罹病孩童，一律加以殺害。

BERLIN 9 1.Sept.1939.

Reichsleiter B o u h l e r   und

Dr. med. B r a n d t

sind unter Verantwortung beauftragt, die Befug -

nisse namentlich zu bestimmender Ärzte so zu er -

weitern, dass nach menschlichem Ermessen unheilbar

Kranken bei kritischster Beurteilung ihres Krank -

heitszustandes der Gnadentod gewährt werden kann.

希特勒的「安樂死」命令，1939年10月，溯及至9月1日生效。命令的下方是帝國司法部長君特納博士的手寫筆記：「由鮑勒在1940年8月27日轉交給我」。在此之前，帝國司法部長從來不曾就希特勒的殺人授權之事獲得通知！

　　1939年8月開始，所有醫生、助產士和兒童醫院都必須將3歲以下嚴重殘疾的孩童向各地衛生局通報。他們假裝要用最新的科學發現來治療這些孩子，並且把這些小病人移送到各特殊的「兒童專科部門」（Kinderfachabteilungen），實際上這些地方都是兒童屠殺站。家長們被要求同

意這種由醫生囑咐的治療，他們不知道自己的孩子是被增
加藥物劑量所殺害，埋葬在院裡的某個地方。然後家長會
收到虛情假意的慰問信：您的孩子不幸因病過世，但他也
因此從嚴重的病痛中解脫。至少有一萬名孩童和青少年死
於這個計畫，還有一大部分未浮上檯面。

1939.10
希特勒簽署
祕密法令，
允許殺害病人
和身心障礙者。

　　1939年夏天，對病人的屠殺還擴及神經治療機構與
安養機構的所有患者，由希特勒親口下令，當時這些機構
大部分被稱作「瘋人院」(Irrenanstalten)。不久之後，可能
在1939年10月初，希特勒在他的私人信紙上簽署了一項
祕密法令：「茲請帝國領導鮑勒和醫學博士布蘭德負責，
授權給特定醫生們，從人的角度，在絕症病人的罹病狀
況最關鍵評估中，可以給予安樂死。」為了要強調戰爭和
屠殺病人的相互關係，希特勒將這項法律溯及至1939年9
月1日生效。這是納粹德國首次轉向去冷血屠殺自己一萬
名國民。

　　和希特勒命令所規定的不同，當然不只有給身罹絕症
的病人提供安樂死。有很多病人之所以被殺，據說只因為
他們「無存活價值」，給團體造成負擔。在「安樂死行動」
(Aktion Euthanasie)[2]中，「種族衛生」(Rassenhygiene)和經濟
利益息息相關。納粹德國甚至對學童宣傳這類屠殺：教科
書裡面有計算題作業，要青少年比較一個「瘋子」和一個
「國民同胞」的價值。而負責這類屠殺的中樞就是「領袖辦
公室」，他們設立了好幾個空頭組織，這些組織的辦公地
點都在柏林的動物園街(Tiergartenstraße)4號，因此參與者

2　譯注：Euthanasie一詞出自古希臘詩人克拉提努斯(Kratinos)，意思
　　是「好死」(Guter Tod)，指的是未經長期病痛折磨的死亡，或相當快
　　速的死亡。

黑森邦林堡（Limburg）附近的哈達馬（Hadamar）地方療養院；1941
年8月之前，有一萬名病人在這裡被殺害並火化。

也把「安樂死行動」稱為「T4行動」。衛生行政部門也提
供協助，他們指示療養院與安養院回報院中的病人，然後
T4行動的醫生經過快速的程序，就決定了這些人的生死。
所考量的除了罹病狀況之外，特別還有病人的工作能力。

　　T4組織設立了6個屠殺中心（Tötungsanstalt），分布在
全德國和上奧地利地區。這些中心自1940年初就建了特
殊的毒氣室，使用一氧化碳，這種毒氣也存在於汽車的廢
氣之中。漆成灰色的郵政巴士開往各療養院與安養院，負
責接病患，車上的窗戶都掛上窗簾，同時一路有「護理人
員」相隨。到了屠殺中心，病人必須全身脫光，然後被帶
進偽裝成淋浴間的毒氣室。如果他們反抗，中心的駐衛警
就會使用暴力把這些注定要死的人推進去。隨後醫生轉開
毒氣氣閥，讓一氧化碳從鋼瓶流出，於是這些人便痛苦地
窒息而死。接著將屍體從毒氣室內運出，拔掉他們嘴裡的
金牙，送進焚化爐火化；骨灰則是全都混在一起，草草地

裝進甕裡。殺人之後，醫療主任會使用化名假裝成中心的某職員，寫信通知說病人已經平安抵達。一段時間後，是一封慰問信，內容和寄給被殺害兒童的家長大同小異。同時設有特殊的部門，負責簽發偽造的死亡證書。這樣就可以完全不留痕跡。

1941.8
希特勒正式
宣布中斷
「安樂死」行動。

希特勒本來希望，在戰爭的情況下不會有人會注意到這類集體屠殺，只是事與願違。在T4各中心的附近流言紛飛，因為焚化爐的煙囪不斷地冒著濃煙。1941年8月，希特勒命令鮑勒與布蘭德暫時中斷「安樂死」行動。但是在此之前，已經有7萬名男女在毒氣室中窒息而死。天主教與新教的神職人員曾多次譴責「安樂死」行動，要求終止這類行為。讓希特勒最後做出中斷決定的，很明顯是明斯特（Münster）主教克萊門斯・葛拉夫・馮・蓋倫（Klemens Graf von Galen）的勇敢抗議。蓋倫是天主教會的高階代表，他在好幾個布道場合嚴詞批判殺害病人與弱勢者的行為，並且公開稱此為「謀殺」。

然而「安樂死行動」還是繼續執行，只是大多不再使用毒氣。有幾個T4中心轉而屠殺集中營的囚犯，被殺害的囚犯都是被集中營管理單位評估為「缺乏工作能力」或基於政治上的理由不受歡迎者。最後在戰爭期間，也有成年的療養院病人被藥物毒死或者活活餓死，只為了替大城市裡因轟炸而受傷的人挪出病床。這個計畫從1943年開始執行，主持人是希特勒的醫生布蘭德博士。

被殺害的的精神病患總共有27萬人，大部分都是死於希特勒正式宣布停止使用毒氣屠殺之後。T4屠殺中心的工作人員這時被派到另一個地方，從事類似的工作：T4人員對於殺人已經很有經驗，所以被派去屠殺波蘭的

猶太人。

「預言」

　　1938年11月的大迫害之夜，是一個重大分水嶺。戰爭會激化新一波對於猶太人的迫害，希特勒對這一點深信不疑。1939年1月30日，就在他的掌權週年紀念，希特勒在帝國議會舉行了一場惡名昭彰的演講。在議員們如雷的掌聲中，希特勒宣布：「在我的一生當中，我常常是個先知，而且大部分時候都受到嘲笑。今天我要再當一次先知：如果跨國的猶太金融集團想要在歐洲內外興風作浪，將各民族再一次地捲入一場世界大戰，」那麼下場就是「全歐洲的猶太種族將被消滅！」

　　希特勒藉著這次演講，充當了一回「先知」的角色，未來會發生什麼事，他比誰都清楚。這是領袖神話的一部分，他的獨裁就是建立在這種神話之上。另一方面，這場演講對於國家和黨的官員也是一個訊號。希特勒說得很清楚，任何人提出任何對付猶太人的方案他都會批准；反過來也就是說：任何「解決方案」如果沒有比「消滅」猶太人更有效，那麼納粹領導階層根本聽不進去。所以底下的大小領導競相提出各種迫害猶太人的辦法，一個比一個極端。不久之後，甚至有人建議乾脆屠殺這群討人厭的少數族群。在納粹的各種政策當中，沒有一個其他的領域，可以讓黨工官員們如此幹勁十足地為希特勒賣命，大家爭先恐後地向「領袖」表露忠心。

　　儘管在1939年1月當時，納粹政權離發動種族大屠殺還很遙遠，戰爭還沒有開始，大家也不知道德國能不能打贏。但是隨著時間過去，大屠殺慢慢地成形。接下來幾年，

1939.1
希特勒威脅
要消滅歐洲
猶太人。

希特勒和戈培爾不時提到1939年的這場演講。從1941年1月希特勒就不停地主張，他在戰爭爆發當時就已經警告過歐洲猶太人要將他們消滅。在他的想法當中，戰爭和屠殺猶太人是同一件事情，對抗軍事敵人的戰爭同時也是對抗猶太人的戰爭。

長久以來國家社會主義政策的重心，就是想要強迫猶太人移民國外。在戰爭開始之前這個政策成效有限。前面提過因為國家在經濟上掠奪了德國與奧地利猶太人的資產，減少了他們被其他國家接納為難民的機會。而且德國從1939年開始所占領的國家愈多，在德國統治之下的猶太人數目也就愈多。

強迫移民國外的政策不再可行，這一點最晚從占領波蘭開始就變得很明顯。因為占領波蘭，德國統治下多了200萬名猶太人，是以前的6倍之多，單單在首都華沙就有40萬猶太居民。因此出現了一項計畫，打算把猶太人驅趕到德國統治區域之內的某個地方。但是這個計畫後來也完全失敗了，因為實際上困難重重，而且從1941年夏天以來，軍事情勢的發展也出乎人意料之外。

「種族的地域重劃」

從戰爭開始，德國對猶太人的迫害就日益劇烈。雖然已經有超過2萬名猶太裔德國人成功逃亡到國外，但是留下來的人受到的排擠也更嚴重。在柏林、維也納和其他大城市都設立了許多「猶太之家」（Judenhäuser），很多家庭被迫擠在裡面一起生活。實際上這已經是猶太人隔離區（Ghetto）的雛形了，而且還實施強制勞動。這些沒有移民的猶太人，很快就變得一貧如洗。他們被迫從事公共工

1939年秋天，一名德國黨衛軍成員或士兵在強制勞動中，正對著一個嚇呆了的波蘭猶太人破口大罵。兒童和其他穿制服的成員在一旁觀看，既好奇又興高采烈。這幅照片首先以另一個版本發表在鼓吹反猶的報紙《衝鋒者》（*Der Stürmer*）上。

作，然後這類強制勞動擴及到所有猶太男人。1941年秋季時，德國和奧地利已經有大約40個猶太勞動營。

　　1939年9月，一場暴力的噩夢降臨到波蘭猶太人頭上。在波蘭西邊的幾座城市爆發了德裔少數族群針對猶太人的暴動，類似德國的大迫害之夜。除此之外，軍人和黨衛軍成員嘲弄霸凌那些外表明顯和別人不同的「東部猶太人」，他們還自拍引以為傲，拍照同時強迫猶太人戴上大衛之星。這類羞辱的印記上一次出現是在中世紀，慢慢地大衛之星也在德國與其他占領區流行起來。猶太人甚至被劫掠殆盡，同時必須強制勞動，若非在德國企業當中，就是在黨衛軍的勞動營裡充當廉價勞力。一開始這類勞動的目的不在於獲取經濟上的利益，而是在於恐嚇與羞辱猶太人。

　　在入侵波蘭之前，希特勒要求他的軍隊指揮官要「行

1939.9–10
德國在波蘭
集體屠殺。

動殘暴」和「毫不留情」。他給了保安警察領導人萊因哈
德‧海德里希一道祕密命令，要求他殺掉波蘭的領導階
層，因為希特勒想要無視國際法，將波蘭打壓成某種德國
的殖民地。海德里希派遣了「保安警察和保安處特別行動
隊」（Einsatzgruppen der Sicherheitspolizei und des SD）參加波蘭
戰役，總共有3千人。雖然波蘭戰役的時間很短暫，但是
在幾個星期之中就有好幾萬人被槍決，其中大約有十分之
一是猶太人。然而這類集體屠殺不能只歸咎於黨衛軍和警
察，國防武力也一起殺紅了眼，大約有一半的受害者死在
他們的手裡。

　　雖然有一些將領出面反對屠殺、劫掠和強暴，並且啟
動軍法審判追訴，但因希特勒根本不想處罰這類行為，所
以他在1939年10月，立即對波蘭戰役期間所犯下的罪行
宣布特赦。除此之外，因為軍隊出面反對，造成軍事管制
比原先預計的更早被「文官管制」（Zivilverwaltung）所取代。
而且在波蘭的文官管制並沒有比軍事管制好多少，正好相
反：這類管制根本就是國家社會主義的占領管制。

　　希特勒派了長年跟隨他的親信過去，其中之一就是明
星律師漢斯‧法蘭克博士，由他掌管波蘭總督府（General-
gouvernement）。總督府負責管理所有不隸屬於德國、又未
被蘇聯占領的波蘭中部地區，1939年被德國所占領的波
蘭領土中，總督府囊括了大約一半。治下有1,200萬居民，
其中超過一成是猶太人。法蘭克是個受過高等教育的人，
但也是個狂熱的反猶主義者：「死的愈多，愈好！」他大
聲主張，而且亢奮地咒罵波蘭猶太人是「鷹勾鼻的海盜，
毀滅的使者，窮鬼混混，夜間雜耍騙子，一群暴徒！」

　　希特勒和希姆萊有個龐大的計畫：準備在「種族」的

1939.10
希特勒宣布
特赦在波蘭
的罪行。

1939.10
希特勒結束
在波蘭的軍事
管制，並且派遣
納粹黨工出任
新的管理者
來取而代之。

基礎上，「改組」波蘭的族群比例。1939年10月6日，希特勒在一場國會演講中宣布了這個計畫，希姆萊受命執行。根據《德蘇邊界與友好條約》，幾十萬的德語少數族群（德意志族裔〔Volksdeutsche〕）應該從蘇聯新占領的波蘭與巴爾幹地區「回歸祖國」。這些德意志族裔將在波蘭西部建立新家園，這塊地區剛剛被強制併入德國的領土。但是首要之務是清出地方，因為「改組」的目的是透過將德國人以及德意志族裔移居到波蘭西部，把那裡變成純粹的德國殖民地區，同時驅除當地的波蘭人與猶太人。希姆萊計畫在德國的新領土上強制移居超過300萬的波蘭人和所有猶太人，而猶太人最晚在1949年初已經遭到驅趕。

1939.10.6
希特勒宣布
一個歐洲的
「種族政策
新秩序」。

　　這個時候一個新機構成立了：由海德里希所領導的「帝國保安總局」（Reichssicherheitshauptamt）。國家祕密警察、保安處的特工和刑事警察都同在一個屋簷下辦公。帝國保安總局位於柏林政府機關區的阿爾布萊希特王子皇宮，這裡同時也是祕密警察的總部。相較之下，帝國保安總局的官員都是年輕、高學歷的男人，他們都是狂熱的「意識形態戰士」（Weltanschauungskrieger），完全相信而且支持國家社會主義的種族政策與滅絕政策。帝國保安總局成為種族屠殺的主持中樞。

　　從波蘭西部移居的目的地，是法蘭克的波蘭總督府治下地區，波蘭人和猶太人都被驅趕到那裡，完全沒有任何規畫，情況非常可怕。這些人在天寒地凍的冬天被黨衛軍與警察單位逮捕，押到貨運列車上，然後運往目的地。大部分都是送到總督府治下的東部地區，再將他們趕下車，讓他們自生自滅。

　　法蘭克日益反對這些絡繹不絕的移居運輸，他認為他

的領地不適合收容和照養這麼多人，而且他也不想接收波蘭西部的多餘的猶太人成為累贅。1940年3月，法蘭克暫時叫停了這類強制驅逐，但不久之後又再度開始，直到1941年3月才完全停止。原先希姆萊所要求的幾百萬人當中，已經有46萬人被驅逐出去，其中大約四分之一是猶太人。

「保留區」與隔離區

1939.9
希特勒下令
在波蘭設立
「帝國隔離區」

　　1939年9月21日，波蘭戰役還在進行，海德里希通知他的手下，希特勒想要把德國的所有猶太人和3萬名「吉普賽人」強制移居到新占領的土地。未來這些人將生活在一塊封閉區域之內，也就是某種「保留區」(Reservat)，也被海德里希稱之為「帝國隔離區」(Reichsghetto)。幾天之後祕密警察的幹部就開始著手準備，黨衛軍軍官阿道夫・艾希曼是海德里希的手下，他負責尋找適當的地點，和執行第一次驅逐(Deportation)的火車試運。對於從德國本土的第一次驅逐，艾希曼選定了尼斯科(Nisko)附近的一處軍營，這是波蘭總督府治下地區東部的一座小城。從10月18日起，有超過5千名猶太男人從維也納和「波西米亞和摩拉維亞保護國」被驅趕到那裡。他們有部分被運過德蘇邊界，有部分必須在軍營裡的惡劣條件下生活，還有部分獲准返家。尼斯科行動最後失敗了。

1940.2
第一次從德國
往波蘭集體驅逐。

　　雖然沒有「保留區」，1940年2月還是執行了第一次從「舊帝國」的驅逐行動。超過一千名猶太人被斯德丁(Stettin)的祕密警察在極可怕的情況下押運到波蘭總督府治下地區，受到外國媒體高度關注報導。這次「行動」應該是驅逐所有德國猶太人的開端，只是這個計畫後來沒有

實現。

　　與此同時，波蘭的德國占領當局開始將猶太少數族群
關進隔離區內。這件事情海德里希在1939年9月就已經安
排好了，但是當時並沒有想過把這類隔離區當成長久性的
設施，而是當成猶太人移居到「保留區」之前的一個過渡。
因為設立這類封閉區域的計畫沒有成功，另一方面從波蘭
西部被驅趕到總督府治下地區的猶太人遠遠少於一開始的
預期，剛好讓德國官員們盡快地脫手「他們的」猶太人。

　　瓦爾特大區（Warthegau）的羅茲（Łódź）在德國的占領
下，不久之後改名叫「里茲曼市」（Litzmannstadt），這裡開
始圍上一圈柵欄做為隔離區，在1940年年初與外界隔絕。
首都華沙當時位於總督府治下地區，同年的深秋也開始依
樣畫葫蘆。在這個波蘭最大的猶太人隔離區內，幾十萬居
民擠在一個很狹小的空間之內。為了要給希特勒和帝國保
安總局一個交代，官員表示隔離區一有機會就會解散，裡
面的猶太居民也一定會移居到「保留區」。負責的占領區
官員因此故意製造「無法長久生活的狀況」，隔離區很少
有糧食運補，所以常常有人餓死。而且這塊封閉區域之內
也急缺藥物，結果就是很多人死於飢餓和瘟疫，不久之後
這類死亡的規模愈演愈烈。

　　「猶太人問題」接下來要怎麼辦，一開始時沒有人曉
得。但是在德國擊敗法國之後，德國外交部和帝國保安總
局曾擬訂一個共同計畫，打算把歐洲所有的猶太人都送往
法國殖民地島嶼馬達加斯加（Madagaskar）。希特勒在1940
年7月同意了這項計畫。海德里希寫了一封信給外交部長
里賓特洛甫：「整個問題 牽涉到的是，今天在德國的主權
統治之下地區已經有大約325萬猶太人，無法再透過對外

1940年初到秋季
在波蘭各大城市
設置封閉型的
猶太人隔離區。

1940夏天
以「馬達加斯加
計畫」做為
「地域性的
最終解決方案」。

移民來解決，因此需要一塊地域來充當最終解決方案。」
所以，打算把猶太人放逐到馬達加斯加，讓他們在那裡自
生自滅，死於飢餓和疾病。整個計畫完全是異想天開，德
國當時並沒有足夠的船隻，可以載運幾百萬猶太人到印度
洋上。而且入侵英國受挫之後，海上航線就沒辦法使用
了，因為會受到英國戰艦的威脅。

所有打算把猶太少數族群從德國統治區域完全「消
除」的計畫，全部都失敗了，所以大家把希望放在蘇聯的
廣大幅員上。德國的領導高層相信，等德國打贏戰爭之
後，那邊有大片地區可以充當一個「地域性的最終解決方
案」，也就是一塊可以讓所有歐洲猶太人居住的廣大地區。

這些計畫都在同一時間形成，當飢荒和瘟疫在波蘭的
猶太人隔離區中肆虐時，帝國糧食部的意圖也昭然若揭，
他們打算餓死蘇聯人民的計畫已經初具雛形。所以接下來
會怎麼處理蘇聯猶太人，也就可想而知了：他們也會被關
在隔離區裡，最終餓死。但同時也有計畫打算在蘇聯執行
大規模的集體槍決，這類殺戮很快就演變成種族屠殺。

滅絕戰

如同前面所提到的，對蘇聯的戰爭乃是希特勒個人的
戰爭。1940年夏天時，他的軍事指揮官所設想的仍然是
一場相對有限的戰役，但希特勒要求的是一場閃電戰，目
的在徹底地摧毀與掠奪蘇聯。這是個你所能想像的最極端
的方案，但是國防武力和陸軍的指揮官們對此並沒有任何
異聲。經過對法國那場出乎意料的大勝之後，似乎一切都
有可能，可以隨所欲為。

1941年3月30日，希特勒在大約250名高階軍官面前

公開他的想法。陸軍參謀長法蘭茲・哈爾德（Franz Halder）曾如此記載：「這場戰鬥將會和西邊的戰鬥有很大的不同，東邊的戰爭是先苦後甘。」根據希特勒的想法，被俘的共產黨士兵不必依照國際法把他們當成「軍人同袍」，而是直接殺掉就好。蘇聯的情報人員和共產黨在紅軍中的黨工（政治委員〔Kommissare〕）也在誅殺之列。希特勒和他的指揮官們都表示，這些政治委員全部都是猶太人（雖然和事實完全南轅北轍），因為蘇聯被猶太人所統治，如果我們把猶太人殺掉，敵人國家就會群龍無首，然後這個大國就會自己崩潰。希特勒更進一步地說，蘇聯的平民也會攻擊軍隊，這些人應該受到最殘酷的懲罰。

1941.3.30
希特勒關於
在蘇聯滅絕戰
的講話。

　　於是國防武力和陸軍領導階層自動自發地將準則修改為命令，保安警察和保安處的特別行動隊也將前進蘇聯，就像之前在波蘭的戰爭一樣。他們有權「對平民採取執行措施，並自行負責」，意思就是槍決。1941年3月13日，凱特爾奉希特勒之命，簽署了「巴巴羅薩行動」的軍事審判管轄法令（Kriegsgerichtsbarkeitserlass），根據這項法令所有的「非正規軍」（Freischärler）——也就是游擊隊或是被認定是游擊隊的人——「任何部隊，不管在戰鬥或在逃」，都可以殺害。除此之外，國防武力如果在地方上受到「偷偷摸摸或陰險狡詐」的攻擊時，可以執行「集體的武力措施」（kollektive Gewaltmaßnahmen），用白話文來講就是將整個村子的居民槍斃。在這份法令中也規定，德國軍人不會因為這類暴力行為或罪行而被判刑，這等於給了士兵們一張殺人和致人於死的許可。希特勒1939年10月在波蘭所發布那份溯及既往的刑罰特赦令，在蘇聯從一開始就適用。同時國防武力最高統帥部在1941年6月6日也發布

1941.5–6
發布針對蘇聯
戰爭的罪惡
軍事命令。

了所謂的政治委員令,下令軍隊射殺紅軍的蘇聯共產黨代表,或是交給黨衛軍和警察處決。

在「巴巴羅薩行動」開始之前,海德里希就命令特別行動隊,對共產黨的黨工「(簡單說就是共產黨的職業政治家)高階、中階、激進的低階黨部工作人員」,以及「在黨內和國家職位上的猶太人」和「其他極端分子(破壞特工、宣傳人員、狙擊手、刺客、群眾煽動者等等)」,一律殺無赦。該被誅殺者的範疇故意寫得很模擬兩可,以便日後這類屠殺還能再行株連。

1941年6月22日,德國部隊才一越過蘇聯邊界,大規模集體屠殺就已經開始了。在蘇聯的西部邊界各國,只有少數猶太人僥倖逃命,但是他們逃命的速度,遠遠不如軍隊和黨衛軍以及警察單位推進來得快。更東邊的猶太少數族群,在德國部隊抵達之前就望風而逃。在這種情況下,只有年輕男性比較有機會逃出生天,死在蘇聯大屠殺的大都是老人、女人和小孩。這種罪行不僅殘忍,而且還是毫無下限的卑劣。

在波羅的海國家與烏克蘭西部,當地的極右派分子發動了可怕的大迫害,數以千計的猶太人淪為犧牲者。海德里希曾經下令,這類暴動要做得「天衣無縫」,讓表面上看起來好似平民百姓自發性地私下報復「猶太布爾什維克主義」。在很多例子上,這類大迫害都有國防武力的士兵參與,他們的上級軍官也都沒有制止。而前面提過,陸軍本身已經有一套「猶太政策」措施在進行:貼標籤、強制勞動、猶太人隔離區等等。

黨衛軍和警察往往在當地民兵的協助下,在戰爭的第一週就將猶太男子全部逮捕,數以千計的人在他們居住地

附近遭到槍決。國防武力也會支援，他們會封鎖刑場四周區域，或者提供卡車載運受害者。這類屠殺對外的說詞，幾乎全部都是針對所謂猶太反抗行動的「報復」。

　　1941年7月16日，希特勒和幾個高階領導人員在狼穴舉行了一場冗長的會議，討論的主題是未來在蘇聯的占領政策。他在眾人面前，把他的殺人論述發揮得淋漓盡致：蘇聯就像一塊大蛋糕，德國想要統治和剝削這個國家，就要一塊一塊地切。對於史達林發動游擊戰的呼籲，希特勒表示歡迎，給了在蘇聯的德國人大好機會「對所有反抗我們的人趕盡殺絕。」獨裁者要求槍決的數目還要再多一點。

　　實際上沒多久之後，屠夫們就開始連女人、小孩都不放過，下達這項命令的顯然就是希姆萊。事後他回想起來曾說：「把男人趕盡殺絕──講白一點，就是殺人或讓他們被殺──然後讓他們孩子對我們兒子和孫子的仇恨逐漸滋長，我當然不覺得這樣做是對的。所以必須採取一個艱難的決定，讓這個民族從地球上消失。」這樣一個重大的決定，如果沒有希特勒的首肯，希姆萊是不可能獨斷獨行的。這也是出自希姆萊的一封信，1942年夏天他寫道：「已經占領的東部地區將不會有任何猶太人。貫徹這項命令的重擔，領袖親手放在我的肩上。」

　　1941年7月中旬，黨衛軍、警察和國防武力已經將波羅的海國家的所有猶太聚落趕盡殺絕。白俄羅斯的猶太少數族群人數遠較波羅的海國家為多。8月的第一週，黨衛軍騎兵旅在平斯克市（Pinsk）屠殺了大約9,000名猶太人，其中包含女人和小孩。這個旅的旅長是希特勒日後的連襟赫爾曼・菲格萊因（Hermann Fegelein），之前希姆萊曾對他

1941.7.16
希特勒要求
在蘇聯
「趕盡殺絕」。

1941.8
希特勒可能
私下得知
蘇聯猶太人
被集體槍決。

下令：「所有的猶太男人都該被槍斃，所有的猶太女人都
該被推進沼澤裡。」有證據顯示，菲格萊因曾經私下向希
特勒通報黨衛軍騎兵的屠殺行動，當時8月底「領袖」正
與墨索里尼共同視察布列斯特要塞（Festung Brest）。

　　白俄羅斯東部的猶太聚落，從1941年10月起就完全
被消滅。屠夫們在那裡以最可惡的方式總共殺害了幾千
人，有個人引用了一段希特勒常常講的「預言」：「嬰兒以
一個大弧形被拋往空中，還未落地就被我們用槍射死。」
一名維也納警察寫信給他的妻子：「這些劣種只能消滅，
他們讓整個歐洲陷入戰火，現在又在美國煽風點火。希特
勒在戰爭開始之前那一次所講的都是真的：如果猶太人以
為可以在歐洲再次挑撥起一場戰爭，猶太人將不會勝利，
反而會變成歐洲猶太人的末日。」請注意：這裡講的是射
殺嬰兒！寫信的人聲稱，就是這些嬰兒讓德國陷入戰爭，
因此必須殺掉他們。

　　大部分的蘇聯猶太人都是在烏克蘭落入德國人的魔
掌，總共有150萬人。從8月初開始，「特別行動隊C」連
猶太女人、小孩也一起殺害。每入侵一個烏克蘭城市，軍
隊、黨衛軍和警察都以同樣的模式分工合作，在首都基
輔（Kiew）也是如此。9月24日基輔部分市區發生大爆炸，
這是蘇聯情報單位「內務人民委員會」（NKWD）的傑作。
他們在紅軍撤退之前便放置炸彈，之後再用無線電遙控引
爆。軍方和黨衛軍都把這件爆炸案歸咎於基輔的猶太人，
特別行動隊向柏林報告：「即將採取行動抓補所有猶太人，
預計處決至少5萬人。國防武力對此措施表示欣慰，並且
要求更積極的行動。」在10月2日的事件回報中則說：「在
4a特遣隊（Sonderkommando）、行動隊參謀以及南部警察

兵團（Polizei-Regiment Süd）的兩個支隊的通力合作之下，於9月29、30兩日在基輔處決了33,771名猶太人。」

1941.9月底
屠殺基輔
的猶太人。

　　這是二次大戰中，最大的一次針對平民單一集體屠殺。陸軍的相關部門帶頭示範，參與了這次屠殺的準備與執行。因為出面號召猶太人到某個地方集合的就是德國占領區司令部，當時謊稱要將他們「移居」。這些出來集合的人在警察的戒護之下，被帶往巴比谷（Babij Jar）的山谷，位於基輔的西北方。國防武力運去了將近十萬發彈藥，將受害者用機關槍徹底地掃射殆盡，其中大約有一半是女人。接著士兵炸毀谷地的邊緣，將死者埋起來，然後國防武力接收了受害者的住處。

　　槍殺猶太男人一般不會受到德國軍方的反對，但是戰場郵件顯示，很多士兵對於殺害女人和小孩有異議。為了弭平這類反對聲音，各個陸軍指揮官發布了好幾道命令，裡面全都是對於猶太人滿滿的憎恨。除此之外，國防武力在對蘇聯的戰爭中，不停地被灌輸反猶的宣傳。希特勒自己就在進攻莫斯科之初，煽動憎恨猶太人。

1941.10
希特勒呼籲
國防武力
憎恨猶太人。

　　屠殺這些少數族群並不是國防武力的職責，儘管如此他們還是參與了這類罪行。國防武力的基層單位執行了無數的「行動」，有的時候他們也單獨開殺。因此國防武力不能如戰後一些前將領所聲稱，堅持自己是「清白」的。國防武力的領導階層犯下了無數的罪行，而且國防武力最高統帥部和陸軍總司令部始終和帝國保安總局通力合作，共同策畫了違反國際法的命令，並且一起執行。

　　在部分蘇聯地區，德國的盟友也跟著殺害猶太人，特別必須一提的是羅馬尼亞的獨裁者安東內斯庫（Antonescu）元帥。希特勒在「巴巴羅薩行動」之前親自對安東內斯庫

1941.6
希特勒向
安東內斯庫元帥
宣布，德國將
採取最強硬的
手段來對付
「東方猶太人」。

基輔附近巴比谷的槍決刑場，可能攝於1941年9月屠殺之後。

宣布，他將把蘇聯猶太人趕到「烏拉爾山（Ural）後面」。
這句話被安東內斯庫這個狂熱的反猶主義者，拿來合理化
自己的屠殺罪行。

　　羅馬尼亞本土的屠殺從雅西市（Jassy）開始。1941年
6月底，羅馬尼亞軍方和警察已經在國防武力部隊的積極
協助下，殺害了將近8千名猶太男子；其中有些在城內被
處決，有些裝在悶熱又密不通風的火車內，載往城外刑場
槍決，被載運的人有很大部分在貨車車廂中就已經窒息而
死。安東內斯庫也想讓羅馬尼亞其他地區變成「無猶太人」
區，所以和特別行動隊D共同合作，羅馬尼亞的軍方和警
察至少槍殺了10萬名猶太人！連希特勒都不得不承認，
安東內斯庫在對付猶太人上比他自己更激進。

　　1941年9月起，羅馬尼亞警方開始在「外涅斯特里亞」
（Transnistrien）大規模地殺害猶太人，這裡是敖德薩（Odessa）
周遭的一塊羅馬尼亞占領區，部分警方和希姆萊為此特別

蘇聯戰俘在東部戰線一座收容營，1941年8月。

派去的黨衛軍部隊通力合作。1942年10月，羅馬尼亞軍
隊才剛在進攻史達林格勒時遭受到嚴重的傷亡，安東內斯
庫又發動了屠殺，至此為止總共已經有至少35萬名猶太人
遭到殺害。

　　而蘇聯戰俘所受的痛苦是無法衡量的，這一點國防武
力要負上主要責任。對方的士兵已經在先前的包圍戰當中
又餓又病，十分虛弱。儘管如此部分俘虜還是必須走上幾
百公里，才能進到戰俘營；另一部分是用透天的貨車車廂
載運過去，大批的士兵在冬天的嚴寒中凍斃。除此之外還
有真正的死亡行軍，所有掉隊或精疲力竭而倒下的人，都
會被無情地槍殺。

　　一旦到達戰俘營，紅軍會發現實際上根本沒有住宿的
地方，吃飯時他們只能拿到很少程度的一份，甚至根本沒
有東西吃，情況十分殘酷。1941年冬天，大約有150萬名
紅軍戰士餓死。在德國境內也有戰俘營，實際上裡面的俄

1941秋天–冬天
蘇聯戰俘
大量死亡。

羅斯士兵就在德國人民的眼前活活餓死。蘇聯戰俘的大量死亡是軍方刻意造成的，大約有3百萬蘇聯士兵死於飢餓或疾病，他們是僅次於猶太人的第二大被害者團體。

除了猶太人、蘇聯戰俘和被稱作「游擊隊」的平民，死於德國在蘇聯滅絕戰的還有療養院病人和羅姆人。往往之所以要殺這些「瘋子」和身體障礙者，是為了在精神療養院裡清出空間，因為國防武力需要這些地方供士兵住宿，或者作為野戰醫院。大多數病人都是被槍殺，部分則是使用毒藥注射、飢餓或是移動式的毒氣室（「毒氣車」）來殺害。這些行動並不需要請示柏林，當地的軍官就自己就可以決定病人的生死，所以他們有機會依照自己的良心來行事，然而還是很少有病人能夠倖存。

1941年2月，國防武力下令，基於種族政策的理由，排除軍中所有的（西歐）辛提人和（東歐）羅姆人，他們不能再擔任德國軍職。德國的辛提人也被驅趕到波蘭，在那裡和波蘭猶太人一起從事強制勞動。這個時間在蘇聯至少還有6萬名羅姆人，不願安居樂業的羅姆人在軍方的眼中就是一項潛在的危險，因為他們和猶太人一樣，被當作游擊隊的協助者。1941年秋天，中央集團軍規定，將「流浪的吉普賽人」送交給保安警察槍斃，有個軍官甚至要求將這塊地方的「吉普賽幫派」，「不顧一切全部趕盡殺絕」。對蘇聯的戰爭導致對辛提人與羅姆人政策變得極端嚴苛，他們之中到底有多少人在蘇聯被殺害，因為缺乏文獻，迄今仍不清楚。整個歐洲在戰爭結束之前，至少有10萬名辛提人與羅姆人遭到殺害。

屠殺歐洲猶太人

「最終解決方案」的決定

　　萊因哈德・海德里希曾在1940年夏天，寫了一份關於全歐洲的「地域性的最終解決方案」。1941年3月，日後的帝國部長阿弗瑞德・羅森堡宣布他對東部占領區的構想：「對歐洲來說，要等到最後一個猶太人離開歐洲大陸，猶太問題才算獲得最終解決。」他在一場廣播放送的演講中談到這個問題，題目是「猶太問題做為一個世界性的難題」。從這場演講可以聽出一些端倪，羅森堡打算把歐洲猶太人全部驅趕到蘇聯，雖然當時對蘇聯的戰爭準備還是極端保密。幾天之後羅森堡晉見希特勒，他在日記中寫道：「領袖已經詳細規畫了未來東部的發展，只是這個發展我現在還不能寫出來。但我永遠不會忘記。）

1941.3
阿弗瑞德・
羅森堡公開宣布
即將來臨的
「猶太問題
解決方案」。

　　那個時候，大部分的納粹官員想到的是白俄羅斯的普里皮亞特（Pripjet）沼澤，最好能把數百萬猶太人驅趕到這個地方。當時已經預計要餓死一大部分蘇聯平民，所以這些被驅逐的人應該也會遭受到同樣命運。但1941年7月起的戰事發展卻打亂了制訂計畫者的算盤，因為德軍的攻勢進展遲緩，所以短期內想要大規模地把人運往蘇聯，變得不再可行。因此月底時戈林指示海德里希：「在組織、事務和物資方面竭盡所能，為德國在歐洲影響所及地區的猶太問題共同解決方案預作準備。」幾天之後，帝國保安總局禁止猶太人從德國移民國外。

　　當時對蘇聯猶太人的殺戮正在進行，這讓激進的納粹黨徒得到啟發，他們打算策畫一套自己的屠殺方案。1941年7月16日，波茲南（Posen）的保安處領導人羅爾夫—海

因茲‧赫普納（Rolf-Heinz Höppner）到帝國保安總局會見艾希曼。在這之前，他已經和大區黨部領導葛萊瑟（Greiser）討論過，兩人都同意可能會有「危險」，無法在即將來臨的冬季為「里茲曼市」猶太隔離區的居民提供糧食。因此

1941.7月中旬
瓦爾特大區
方面請求
使用毒氣
殺害猶太人。

「必須慎重考慮，如果將那些不具工作能力的猶太人以某種快速的手段解決掉，是否算是最人道的解決方案。不管如何，這都比讓他們活活餓死好受多了。」

　　赫普納和葛萊瑟都知道，黨衛軍和警察所組成的「朗格特遣隊」（Sonderkommando Lange）正在瓦爾特大區，把鋼瓶裝的一氧化碳釋放到一輛密封的卡車之內，藉此屠殺精神病患，他們還露骨地要求用毒氣來殺害所謂不具工作能力的猶太人。「工作能力」當然沒有客觀的標準，只是用來表達德國人對猶太人的印象，和合理化集體屠殺。只有工作的人才能存活。但什麼是「工作能力」，多多少少都是由劊子手們自由心證。

1941.8月中旬
希姆萊在
明斯克視察
一場集體槍決，
希特勒的攝影師
在一旁陪同。

　　幾週之後，黨衛軍領導人希姆萊在明斯克附近視察一場「游擊隊和猶太人」的集體槍決，其中很多是女人。陪同希姆萊的是華爾特‧福瑞茲，他奉希特勒之命前來拍攝屠殺之後的場景影片；「領袖」之前就要求過關於特別行動隊在東部活動的報導和「影像材料」（Anschauungsmaterial）。但希特勒是否看過這段影片，目前仍不得而知，希姆萊極有可能已經看過。

　　希姆萊擔心他的屬下因為猶太人的集體槍決爾後會有心理負擔，所以他下令嘗試其他的處決方式。帝國刑事警察的犯罪技術學院長久以來一直參與「安樂死」行動。1941年9月初，帝國刑事警察兼保安警察與保安處特別行動隊B的領導人阿圖‧奈伯（Arthur Nebe），在白俄羅斯城

市莫吉廖夫（Mogilew）的一座精神病院之內，使用引擎廢氣殺害了將近600名所謂無工作能力的病人。好幾輛汽車一起將廢氣排入一間密封的房間，奈伯將整個屠殺全程拍攝成影片。

在波羅的海國家也有類似的計畫，過去這裡舉行集體槍決都引發相當不好的觀感。為了亡羊補牢，希特勒辦公室的維克托・布拉克自告奮勇。1941年10月的一次通信中顯示，所有「建立所需要的住宿地方與毒氣設施」布拉克已經準備就緒，同時也通知了艾希曼並獲得他的同意。接下來信中還說：「如果將這類不具工作能力的猶太人用布拉克所提供的方法消滅，根據實際的狀況不會再有任何良心不安。」

在當時已經有27萬猶太人從「舊帝國」移民出去，也就是逃出去，留下來的還有大約15萬人，大都是女人與老人。在奧地利（維也納）總計有5萬名猶太人，在「保護國」之中則是8萬5千人。納粹黨的各大區黨部領導已經催促了很久，要把這些人「往東方」驅趕；戈培爾對此大表贊同，打算將德國首都裡的猶太人也比照辦理。因為這項在戰爭開始之初就已經計畫好的大規模驅逐，相較於預期只有在很小的範圍內執行。

最後希特勒在1941年9月中旬下令，戰爭結束之前就開始驅逐德奧與波希米亞和摩拉維亞保護國的猶太人。而屠殺歐洲猶太人的決定，極有可能是在下個月做出。海德里希曾用書面告訴一個高階軍官，猶太人在10月「將被層峰嚴正定調為該為歐洲戰火負責的縱火犯」，他們最終「一定會從歐洲消失」。「層峰」指的當然就是希特勒。在這個月中，「領袖」反猶的言論愈來愈多。10月25日晚

1941.10月底「領袖辦公室」為使用毒氣屠殺猶太人提供支援。

1941.9月中旬希特勒下令驅逐德奧與「保護國」的猶太人。

1941.10
希特勒可能
口頭下令屠殺
歐洲猶太人。

間他在狼穴發表談話──希姆萊和海德里希也在場──說猶太人是一個「罪犯種族」，是造成數百萬人死亡的罪魁禍首。「不要跟我說我們不能把他們全部送進沼澤裡！如果我們愈早能對猶太人趕盡殺絕，那就愈好。」

希特勒在這裡所指的是蘇聯，這裡最晚從10月開始就啟動了種族屠殺。波蘭總督漢斯·法蘭克之前極力主張將他領地內的所有猶太人驅趕到蘇聯，現在知道他的願望要落空了，因為戰爭的情勢讓這類計畫無法實現，取而代之的是把猶太人就地處決：瓦爾特大區和倫貝爾格（Lemberg）[3]周邊地區幾個月前才歸屬於波蘭總督府，這些地方從1941年10月就開始大規模地槍殺猶太女人與小孩。

10月中旬，希姆萊准許盧布林（Lublin）的黨衛軍和警察領導人奧迪洛·葛洛博奇尼克（Odilo Globocnik）建立第一座屠殺猶太人的滅絕營。葛洛博奇尼克是個狂熱的反猶分子，也是希姆萊的密友。之後T4行動相關人員被派往盧布林，貝爾賽克（Bełżec）先前已經有了一座專為德國辛提人與波蘭猶太人設立的強制勞動營，他們從1941年11月起開始建造一座完完全全的滅絕營，專門為了殺害所謂無工作能力的猶太人。10月中旬，「朗格特遣隊」也在瓦爾特大區的海烏姆諾（Chełmno）附近建造了一座滅絕營，計畫將瓦爾特大區羅茲隔離區裡的猶太人運到這裡用毒氣車殺害。在這期間這類屠殺工具已經在帝國保安總局和「領袖辦公室」的通力合作之下，不斷地改進。

1941年10月是個關鍵的月份，希特勒根本其他什麼

3　譯注：倫貝爾格位於烏克蘭西部，歷史上曾經隸屬於波蘭、奧匈帝國與蘇聯等國，目前歸屬於烏克蘭。倫貝爾格是德文稱呼，烏克蘭語的城市名稱中文亦翻作「利維夫」。

事情也不用做，他只要採納下屬的提案並且加以批准就好
了。一旦希特勒點頭，底下激進的反猶分子總能找到一個
無法反駁的藉口來合理化：希特勒的權力太大了，沒有人
可以違逆「領袖口詔」（Führerwort）。希特勒根本不用發布
書面命令。但這類安排也有可能並不是經由單一命令而
成，整個屠殺計畫太過龐大也太過複雜，甚至和戰事發展
息息相關。

　　在對美國宣戰之後，「領袖」隨即表明要在戰爭結束
之前，將歐洲猶太人屠殺殆盡。12月12日，各帝國領導
和大區黨部領導群集在舊帝國總理府，進行一場3個小時
的「會議」，這場會議極有可能是在餐廳舉行。這類會議
只要在柏林舉辦，通常都會祕密進行。所以希特勒高調邀
請黨內高層到他的官邸，本身就很不尋常。

1941.12.12
希特勒向黨內
各領導宣布
他的決定，
準備屠殺
歐洲猶太人。

　　戈培爾也有出席，他曾在日記中詳盡地記載這場會
議。對此他總結道：「關於猶太人問題，領袖決定要一勞
永逸。他曾經向猶太人預告，如果他們再度挑起一場世界
大戰，將會遭到毀滅。這並不是空口虛言，戰爭已經來了，
猶太人的毀滅也將成為必然的結果。」

　　12月14日，希姆萊找「領袖辦公室」的布拉克商議，
這次會談顯然是在討論派遣「安樂死行動」的相關人員前
往波蘭。漢斯·法蘭克之前也在場聆聽希特勒的講話，
兩天之後他批准了屬下在總督府治下地區進行集體屠殺。
他當時雖然還不知道貝爾賽克的滅絕營，但還是強調對
付猶太人必須「不管用什麼方式，遲早要做個了結。」法
蘭克提到了希特勒的「預言」，並且對此大做文章：「他
們必須消失，各位先生，我要請求你們，硬起心腸來和
所有同情心對抗。我們必須消滅所有猶太人。無論我們

在哪裡碰到他們，無論用什麼手段，這樣才能維持整個帝國屹立不搖。」

1941.12.18
希特勒命令
希姆萊將
猶太人當成
所謂的游擊隊
「趕盡殺絕」。
1942.1.20
「萬湖會議」。

又過了兩天之後，希姆萊再次到帝國總理府晉見希特勒，兩人繼續商討「猶太人問題」。有很多證據顯示，希特勒可能在1941年12月18日告知希姆萊，他打算如何將屠殺歐洲猶太人一事合理化。希姆萊因此記載道：「當成游擊隊趕盡殺絕。」大約一個月之後，也就是1942年1月20日，臭名昭彰的「萬湖會議」（Wannsee-Konferenz）在柏林萬湖一處別墅召開。基本上這只是一場工作會議，出席的15名高階官員與黨衛軍代表都是受海德里希邀請，討論的主題是「猶太人問題的最終解決方案」。但並不像大家時常所讀到的，這個方案其實並不是在萬湖定案，而是在前一年秋天就已經決定。這次會議的目的，在告知所有與會者關於整個歐洲規模的屠殺計畫，同時確保帝國保安總局能掌握主導權。

「最終解決方案」打算至少殺掉1,100萬名猶太人。在一份由艾希曼所記錄的會議備忘錄當中，並沒有提到屠殺這個詞，而是「疏散猶太人到東部」，據稱已經獲得希特勒的首肯，將強迫這些人修築道路至死；如果還有倖存者，將從事另一項沒有詳細說明活動。但艾希曼事後又承認，在會議當中一直使用殺害和趕盡殺絕等詞，不然還能有什麼？在此之前納粹德國已經至少殺害了90萬名猶太人，希特勒對此不僅知情而且還同意。萬湖會議的5天之後，「領袖」在和希姆萊共進午餐時表示：「猶太人必須從整個歐洲消失。我們不需要整個歐洲的諒解。我只要看到一件事：完完全全的趕盡殺絕，就算他們不肯自願（！）上路。」

　　所有的準備工作需要幾個月的時間，有時會有延誤，例如在莫斯科的戰爭轉捩點之後，必須要考慮到軍備工業亟需猶太人的勞力，希姆萊甚至打算暫時先不殺16歲到32歲的男人。但這個指示的影響範圍有限，因為大部分猶太人都被判定為「不具工作能力」。大約在1942年5月，所有的準備終於就緒。艾希曼在帝國保安總局裡協調帝國鐵路局，制訂了一個針對所有德國占領地區的龐大驅逐計畫。

1942.5
整個歐洲
「最終解決方案」
準備就緒。

　　同一時間希姆萊曾下令針對他的種族與殖民政策，制訂一項「東方整體計畫」（Generalplan Ost），邀請許多著名的農業學家與人口學家參與。這項計畫將德國人如何在波蘭與蘇聯殖民、如何將大部分原住居民「移居」，規定得鉅細靡遺。在這項龐大的計畫中，至少有3千萬人將被驅逐並且（或者）屠殺。當這項計畫在1942年6月呈遞到希姆萊面前時，底下的專家已經暗中預設在東歐沒有任何猶太人存活了，因為這些人根據種族的序列應該最優先被屠殺。實際上對歐洲猶太人的屠殺，這個時候才剛要進入最糟糕的階段。

　　1942年6月初，萊因哈德·海德里希死在布拉格的一次暗殺行動之中，他當時以「保護國代理帝國保護者」（stellvertretender Reichsprotektor）[4]的身分統治波希米亞與摩拉維亞。在海德里希的國葬中希姆萊宣布，他想要在一年之內完成「最終解決方案」。為了紀念海德里希，在波

4　譯注：「帝國保護者」（Reichsprotektor）是德國在波希米亞和摩拉維亞保護國的最高行政首長，中文一般比照波蘭翻成總督，其實並不正確，因為不像波蘭，捷克斯洛伐克形式上仍保留國家架構。海德里希當時代理帝國保護者的身分相當於最高行政副首長

集體屠殺當中依然談笑風生：奧斯威辛的黨衛軍領導官員，大約攝於1944年6月。左起第二人是駐集中營醫生約瑟夫·門格勒醫生（Dr. Josef Mengele），右起第二人手中拿著小雪茄的是指揮官魯道夫·赫斯。相片出自於一位黨衛軍成員的相簿。

蘭總督府治下地區對猶太人的屠殺命名為「萊因哈德行動」。1942年7月17日，希姆萊以暫領帝國保安總局的身分視察奧斯威辛（Auschwitz）集中營，他參觀了一間集體毒氣室，然後下令指揮官魯道夫·赫斯將這座集中營擴建為歐洲大陸最大的滅絕中心。

接著希姆萊前往盧布林，他的朋友葛洛博奇尼克在那裡主持「萊因哈德行動」。希姆萊命令葛洛博奇尼克，在年底之前將總督府治下地區的猶太人屠殺殆盡，而且西歐也用火車運送猶太人到滅絕營。1942年夏天之所以會這麼極端化，是因為戈林和帝國糧食部要求東部占領區，必須要比以往輸送更多的糧食到帝國。飢餓是德國滅絕政策的手段之一，只有為德國人工作的猶太人，才能得到食物，然而也只有極小的一份口糧。不工作和無法再工作的人，通通都被殺害。

1942.7
希姆萊下令年底之前殺光所有波蘭中部的猶太人，同時擴建奧斯威辛成為滅絕中心。

驅逐

1941.10
開始從德國、
奧地利以及
「保護國」
集體驅逐。

　　從1941年10月起，德國、奧地利與捷克斯洛伐克也開始驅除猶太人。其中一部分被送到已經人滿為患的羅茲猶太人隔離區，其餘的被送到猶太人已經被大規模槍決的蘇聯。希特勒親自點名拉脫維亞的城市里加（Riga）、愛沙尼亞的塔林（舊稱列巴爾）和白俄羅斯的明斯克，做為驅逐的目的地。

　　雖然這些被警察強迫「移居」的猶太人不知道前面有什麼在等著他們，但是開始驅逐對他們來說有如青天霹靂，恐懼和絕望讓幾千人自殺。猶太人必須帶著行李，在指定的時刻到指定的地點集合，然後在警察的戒護下被帶往火車站，登上客車車廂被載往「東部」。

　　1941年10月15日，一列載滿人的火車駛離維也納；3天之後，第一趟列車從柏林開往東部。11月6日前，幾乎有2萬名來自德國、盧森堡、維也納和布拉格的猶太人被運到羅茲的隔離區。接著有大約7千名猶太人從摩拉維亞城市布爾諾（Brünn）和德國各大城市——其中再次包含柏林——送往明斯克的隔離區。

　　為了在那邊「騰出空間」給即將來臨的人，黨衛軍和警察槍斃了1萬2千名白俄羅斯的猶太人。後續的驅逐因為國防武力拒絕，所以暫且沒有執行，國防武力因為莫斯科危機亟需運輸空間。

　　因此帝國保安總局把火車轉開到立陶宛（Litauen）的考諾（Kowno，現在稱為考納斯〔Kaunas〕）和拉脫維亞的里加。在這之前黨衛軍和警察為了「清除隔離區的多餘猶太人」，在考諾槍斃了超過9千人。4週之後，11月25日和29日，

1941.11月底
被驅逐的猶太人
首次在蘇聯
被集體槍決。

同樣的幾個單位在考諾外圍一處防禦工事，槍殺了來自柏林、慕尼黑、法蘭克福、維也納和布列斯勞的5千名猶太人，其中大多是女人和小孩，他們一到達即遭到殺害。

11月27日，一列火車載了大約1千名猶太人離開柏林，3天之後抵達里加。這些柏林的猶太人到達之後立刻被趕進城外的一座森林裡，然後在清晨遭到槍殺。希姆萊對這次集體屠殺十分震怒，本來德國猶太人應該晚一點才殺害，這樣在德國才不會流言紛飛，同時避免類似「安樂死行動」所引起的觀感問題。「最終解決方案」應該保持低調。事實上，這些從德國和奧地利被驅逐的人後來又活了一段時間，1942年才被集體屠殺。

1942年，德國、奧地利和「保護國」的猶太人也被趕到波蘭總督府治下地區，這些被驅逐的人之後都被運到「萊因哈德行動」的滅絕營殺害。他們首先被送到一處所謂的過渡隔離區，然後所有人都必須寫明信片回家，以便給家裡一個交代，以為他們過得都還不錯或者至少還活著。這件事情也是「最終解決方案」掩人耳目的手段。如果這些被驅趕到波蘭的人有機會寫出真相，他們可能會提到飢餓、生病、強制勞動、害怕和恐懼，當然這類訊息無法傳達到外界。

1942.6
開始將人驅趕
到特雷津市。

特雷津市（Theresienstadt）是納粹黨人最大的掩飾行動，這裡以前是奧地利的一座要塞。從1942年6月起，大約有6萬名德國和奧地利的猶太人被送到這裡。表面上這裡是老人和「特權」人士的居住區；做為樣版，還有幾位拿過戰爭勳章的一次大戰軍官。居民在這裡生活必須自付費用，所以他們需要簽訂「家庭採買合約」，用這種方式來表現出這裡是一個宜人的居住區與養老區。這個隔離

區甚至還有猶太人的「自治會」（Selbstverwaltung），由德國拉比（Rabbiner）[5]李奧・貝克（Leo Baeck）擔任主席。實際上特雷津市只是一個通往死亡的中繼站，總共有大約14萬名猶太人來這個隔離區走個過場，超過3萬人死在這裡，接近9萬人被送往滅絕營。

　　從1942年11月底起，艾希曼下令德國的猶太人只能送到奧斯威辛，不是經由特雷津市就是直接運往。維也納的「猶太之家」本來已經匯集了幾乎全奧地利的猶太少數族群，現在也幾乎驅除殆盡。維也納的大區黨部領導席拉赫（Schirach）因此誇口說，這是他對「歐洲文化的貢獻」。

　　辛提人和羅姆人也遭到類似的命運。1941年11月，超過5千名羅姆人和猶太人一起從奧地利被送到羅茲隔離區，其中有半數是孩童。到了那裡，他們被關進一座特殊的「吉普賽營」。這座營區的情況非常可怕，數百名新來的人在幾週之內就死於流行性斑疹傷寒，倖存的人和波蘭猶太人一起，從羅茲運往海烏姆諾用毒氣殺害。

1941.11
奧地利羅姆人
被驅趕到羅茲。

　　1942年12月，希姆萊下令驅除德國的所有辛提人與羅姆人，同時在奧斯威辛設立一座所謂的吉普賽營。從1943年2月26日起，德國和奧地利的辛提人羅姆人都被送到這裡。奧斯威辛「吉普賽營」的情況讓人不忍卒睹，超過1萬3千名囚犯死於飢餓和疾病，大約6千名和猶太人一樣被毒氣殺害。除此之外，惡名昭彰的駐集中營醫生門格勒還在「吉普賽營」的雙胞胎兒童身上從事醫學實驗。

1942.12
希姆萊下令將
辛提人與
羅姆人驅趕到
奧斯威辛。

　　1943年6月19日，受到希特勒的明確指示，國家祕密警察將柏林猶太區裡的最後一位居民送往特雷津市。

5　譯注：拉比是猶太教中的特殊階層，他們是老師、智者和學者，負責解讀經典，詮釋律法，回答問題，在在猶太社會中地位相當尊崇。

大區黨部領導戈培爾因此宣布,首都現在「完全沒有猶太人」。1944年11月,最後的幾班運送列車之一從特雷津市開往奧斯威辛。不久之後,奧斯威辛的集體屠殺就停止了,帝國保安總局此時也開始驅除「混血兒」和「異族通婚」的猶太人。但接下來要怎麼處理這些人,黨衛軍領導高層和帝國內政部長久以來一直有爭議。最後他們被送往特雷津市或其他集中營,戰爭結束讓他們之中大多數人都保住了性命。

　　在戰爭期間,總共有23萬名德國與奧地利猶太人受到驅除與殺害。超過一倍以上的德奧猶太人逃過滅絕營,因為他們在戰爭爆發之前,就及時移民或逃亡了。一位歷史學家曾指出中歐與東歐之間的巨大時間差異:德國的猶太人已經在納粹的恐怖統治之下受了十年之苦,但其中絕大多數還是可以逃得一命。反觀基輔的猶太人,從德國占領到他們被屠殺,中間只有十天的時間。和其他歐洲被德國所占領的地方,當地猶太人遭到迫害屠殺的時間比起來,彼此之間都差不多。

滅絕營

　　只有不到一半的猶太人是在集中營裡被殺害。大部分都是被槍決,特別是在蘇聯,或是在隔離區裡死於飢餓、疾病和暴力之下。嚴格來說,集中營並不是這類罪行真正的「犯罪現場」,因為這類營區最初的目的,是關押、折磨犯人,並且強迫他們工作。幾十萬人死在集中營的監禁之中,但受害者當中,最少的就是猶太人。一直到不用槍斃來處決猶太人,劊子手們才在特殊的滅絕營裡將他們殺害。這類滅絕營的目的只有一個,就是在最短的時間之

內、殺掉最多的人。

　　海烏姆諾也被稱作「庫姆霍夫」(Kulmhof)，第一座滅
絕營就是在這裡啟用。1941年秋天這裡建了一棟大型建
築，別名叫「王宮」，以供集體屠殺之用，12月時開始運
作。先經由一條窄軌鐵路把猶太人載到附近，由德國黨衛
軍和警察戒護。在王宮裡面他們必須全身脫光，再走進一
輛瓦斯卡車當中，車廂裝有可以大開的車門，門前有個斜
坡。等到車廂裝滿人之後，車門就關閉了。接著司機啟動
卡車的引擎，將廢氣排進車廂之中，大約20到30分鐘之
後，所有人都窒息而死。然後卡車開往幾公里外的「森林
營」(Waldlager)，在那裡卸下屍體，埋進萬人塚。1941到
1942年之間，約有15萬名猶太人死在海烏姆諾，絕大多
數來自於羅茲隔離區。

　　貝爾賽克的滅絕營在1941年11月設立，這座營區位
於盧布林和倫貝爾格之間，鐵路公路交通往返非常頻繁。
德國的營區管理人員只有大約20人，他們之前都在德國
與奧地利執行過「安樂死行動」，警衛工作則由所謂的特
拉夫尼基人 (Trawniki Männer) 接手。這些人都是俄羅斯德
裔與烏克蘭德裔，他們大都從蘇聯戰俘營裡「自告奮勇」
前來幫忙，只為了餬口飯吃不至餓死。

　　營區的德國管理人員一開始是使用鋼瓶裝的一氧化碳
和一輛自行改裝的車子來殺人，之後他們在倉庫裡建了一
間毒氣室，同時比照「安樂死」的屠殺中心偽裝成淋浴間。
1942年2月裝設好一顆大型柴油引擎之後，他們辦了一場
「毒殺測試」，於是當初建造這座營區的猶太強制性勞工被
屠殺殆盡。從3月中旬起，來自倫貝爾格、盧布林以及這
些城市周邊的人員載運紛紛抵達。猶太人在隔離區裡被抓

1941.12
海烏姆諾開始
使用毒氣屠殺。

1942.3月中旬
波蘭總督府
治下地區開始
使用毒氣屠殺。

補，然後像牲口一樣地被裝上貨車。

總督府治下地區的第二座滅絕營設在索比堡（Sobi-bór），從1942年3月動工興建，5月起開始有人運抵。接下來在希姆萊的授命之下，「萊因哈德行動」第三座、也是最大一座滅絕營，7月在華沙區的特雷布林卡（Treblinka）落成，這座營區主要是用來屠殺華沙隔離區裡的猶太人。5月時希姆萊的朋友葛洛博奇尼克曾經催促：「整個猶太行動必須要盡快執行，才不會有一天碰上某些困難而需要叫停，結果大家卡在中間不上不下。」

這裡所說的某些困難可能是因為缺乏鐵路列車。國防武力準備在蘇聯發動夏季攻勢，他們在6月到7月之間需要所有的載運空間，所以也就沒有列車可以開往滅絕營。剛好利用這段時間，大大地擴建貝爾賽克和索比堡的毒氣室。

1942.7.22
總督府治下
地區，屠殺
猶太人的
最恐怖階段開始。

後來希姆萊出面和帝國交通部協調，獲得了列車供他使用。7月22日晚間，第一班載運猶太人的列車離開華沙，開往特雷布林卡。這是「最終解決方案」的歷史中，最大滅絕行動的開端。接著短短的10週之內，就有接近一百萬名猶太人遭到屠殺。

警察和輔助警察徹底地搜捕猶太人，整個隔離區被翻過來，一條街一條街地搜索。任何拒絕跟警察走的人，都將被就地格殺，即使是孩童和猶太醫院裡的病人也不例外。然後，猶太人在戒護之下被帶到集合的地方，在那裡任由德國雇主與勞工局官員「挑選」。如果能夠出示有效的工作證，往往都可以逃過驅逐。但絕大多數被捕的人最後都被迫登上已升火待發的貨車車廂，開往滅絕營。

因為缺乏運輸空間和想要加快屠殺，原本只能容納

100人的車廂，往往被黨衛軍和警察硬塞到接近160人。列車也經常完全超載，要花上更長時間才能到達目的地。在前往滅絕營途中，已經有數百人在盛夏酷暑的高溫當中悶死和渴死。

列車抵達之後便開上一條鐵路支線，直接通往營區。所有猶太人都必須下車，從1942年夏天起，他們當中很多人已經知道，前面等待著他們的是什麼，所以不想乖乖下車送死，這時黨衛軍成員和他們的外國協助者就會使出殘忍的暴力手段。這些注定要死的人必須在劊子手面前全身脫光，交出所有財物，女人要剃光頭髮。接著所有人從更衣室經過一條由鐵絲網圍著的通道，進入另一棟建築，毒氣室就在裡面，德國人和「特拉夫尼基人」連打帶踢地把他們趕進去。然後發動馬達，這部機器常常故障。所有人惶惶不安地站在伸手不見五指的房間裡，愈來愈呼不到空氣，等待著死亡的來臨。這種恐怖實在難以想像。

特別編組的猶太人（Jüdische Sonderkommandos）[6]必須把沾滿人類糞便的屍體從毒氣室裡面拖出來，撬開死者的嘴巴拔掉金牙，然後把屍體埋到大型萬人塚。這裡沒有火葬場。後來因為貝爾賽克的滅絕營附近已經找不到地方埋了，於是這裡的屠殺在1942年12月終止。

在此之前，這座滅絕營已經屠殺了大約43萬猶太人；在特雷布林卡則有超過70萬名猶太人受盡痛苦而亡。根據官方統計，1942年底在波蘭總督府治下地區只剩下30

6　譯注：Jüdische Sonderkommandos是集中營內一支由猶太囚犯所組成的特別工作隊，被迫協助屠殺工作，例如拔取金牙、火化屍體等等。中文若直譯為「猶太特遣隊」，恐讓人誤會為「處理猶太人的特遣隊」，也容易和黨衛軍的「朗格特遣隊」之類混淆，故譯為「特別編組的猶太人」。

萬猶太居民存活，但第二年屠殺依然持續。1943年2月，
希姆萊親自飛往索比堡，視察了一場集體毒殺，同時獎勵
「萊因哈德行動」相關人員。

　　1943年4月，華沙隔離區的猶太人開始暴動。他們努
力蒐集武器，帶著絕望的勇氣，對抗奉希姆萊之命前來對
暴動「迎頭痛擊」的黨衛軍、警察和國防武力部隊。隔離
區的居民堅守了大約4週，然後黨衛軍將軍尤爾根·史特
魯普（Jürgen Stroop）就宣告了華沙隔離區的末日。這裡完
全從地表上被抹平。倖存的猶太人被送往特雷布林卡和盧
布林—馬伊達內克（Lublin-Majdanek）集中營。其他的隔離
區也有抵抗行動，例如在比亞韋斯托克、維爾納（Wilna）[7]
和明斯克。

　　德國的領導階層愈發將猶太人視為「潛在的危險」，
因此無眠無日地加快屠殺。1943年6月與7月，黨衛軍和
警察包圍了一座又一座的隔離區搜捕猶太人，將他們驅趕
到滅絕營或就地槍斃。只有強制勞動營還倖存。但不久之
後，末日就降臨到勞動營的囚犯頭上了。索比堡和特雷布
林卡的滅絕營之前都發生暴動，比亞韋斯托克的猶太人也

曾使用武器來抵抗對於隔離區的徹底滅絕。1943年11月
初，黨衛軍和警察在短短兩天之內，就在盧布林和周邊地
區槍殺了超過4萬名猶太勞動囚犯。至此「最終解決方案」
在波蘭總督府治下地區全部完成。

　　一些歷史學者認為，單單在特雷布林卡就有90萬名
猶太人遭到殺害。也有其他歐洲國家的猶太人被送到總督
府治下地區的滅絕營，荷蘭的猶太人被送往索比堡，希臘

7　譯注：維爾納是立陶宛的首都舊稱，現在稱為維爾紐斯（Vilnius）。

猶太人被送往特雷布林卡，最主要的理由是奧斯威辛當時還沒有完全建好。

奧斯威辛有兩個面向：集中營和滅絕營。最初這裡是一座專門關押波蘭政治犯的大型集中營，在1940年設立。1941年9月，奧斯威辛集中營的管理人員首次使用「齊克隆B」(Zyklon B)這種氰化物毒氣來做屠殺試驗，這類殺蟲劑本來是在集中營裡供衣服與營舍消毒之用。他們把大約900人關在集中營一棟建築的密閉地下室裡，其中絕大多數都是所謂無工作能力的蘇聯戰俘和猶太囚犯，接著扔了一罐開封的齊克隆B進去再將門緊緊關閉，所有囚犯都窒息而死。

這次屠殺明顯地只是奧斯威辛當局自己在集中營囚犯身上試驗「安樂死行動」，之前這類行動的被害者都是送到T4組織的相關營區。等發現齊克隆確實可以當作殺人毒劑，在魯道夫・赫斯的指揮之下，集中營管理人員愈來愈常使用氰化物來屠殺猶太人。1942年2月起變成固定使用。

從1941年9月起，在比爾肯瑙(Birkenau)[8]當地附近幾公里處，另一座滅絕營正在興建。不久之後，比爾肯瑙就修築了毒氣室，由營區邊緣兩棟農舍改建而成，分別稱作地堡一號和地堡二號。1942年7月初起，這兩座毒氣室以及位於營區中心的「焚化爐一號」(Krematorium I)，開始用來屠殺來自德國、特別是法國與荷蘭的猶太人。

在屠殺之前，先由黨衛軍醫生進行「挑選」，他們通常選擇較年長的人和小孩處死。剩下來的人，其中有很多

8　譯注：比爾肯瑙在奧斯威辛附近，奧斯威辛集中營的全名是「奧斯威辛—比爾肯瑙集中營」(Konzentrationslager Auschwitz-Birkena)。

女人，通通被選去工作，同時在前臂上刺上囚犯號碼；其他的集中營從來沒有過這麼殘酷的標記方式。然後要被屠殺的人必須徒步走進農舍，或是用卡車將他們載過去。屠殺之後的屍體都埋在比爾肯瑙附近。

1942–1943
希特勒可能
下令上呈
奧斯威辛毒氣室
的設計藍圖。

1942年夏天，在希姆萊的策畫之下，奧斯威辛成為歐洲猶太人的滅絕中心，希特勒可能也親自參與。戰後，蘇聯的情報人員從希特勒的侍從海因茲・林格和最後一個副官奧圖・根舍（Otto Günsche）身上得知，獨裁者對於「毒氣室的改進」深感興趣，曾經要求看設計藍圖。

這份藍圖是焚化爐的設計，也就是火化屍體的裝置，可能是由艾爾福特（Erfurt）的「托普夫父子公司」（Firma Topf & Söhne）提供給集中營。這家公司的主任工程師也參與了奧斯威辛焚化爐改建計畫，將之改造成大型屠殺裝置。這個項目是納粹德國最大、技術也最成熟的集體屠殺計畫。直到1943年夏季，所有焚化爐和毒氣室才全部完成就緒。

奧斯威辛的焚化爐一直都是超載運作，而且常常失靈，然後整個屠殺程序就被迫叫停。大部分猶太人都是在焚化爐二號被屠殺及火化，黨衛軍成員和一群特別編組的猶太人在一間地下室中等候這些將死之人。他們必須全身脫光，將衣物掛起來，然後走進一間看起來像是淋浴間的大房間，一個個的蓮蓬頭安裝在天花板上，實際上這裡是毒氣室，黨衛軍一次可以把2千人趕進房間裡。接著將不透氣的門關起來，一個黨衛軍的「消毒人員」在一樓將齊克隆B倒進一個容器，容器再順著一根圓柱滑下。這種氰化物一開始是粉狀，一旦接觸到空氣就會揮發。圓柱有個開口朝向毒氣室，毒氣就是這樣發散進去。

大約20分鐘之後，所有人都死亡了。先透過內建的
風扇，將毒氣室裡的空氣排出，再把屍體拖出來。一群特
別編組的猶太人將金牙從死者的嘴裡拔出來，然後把屍體
火化。骨灰全部灑在附近的湖裡。

奧斯威辛所有的毒氣室每一「輪」可以同時屠殺大約
9千人，但是等1944年5月到7月之間匈牙利猶太人運抵
滅絕營時，這點規模又不夠用了。國防武力在這不久前才
占領了匈牙利，因為這個國家想要擺脫和德國的結盟。希
特勒之前曾多次催促匈牙利的國家元首霍爾帝（Horthy）海
軍上將，將匈牙利的猶太族群交給德國屠殺。

1944.5月起
在奧斯威辛屠殺
匈牙利猶太人。

一支黨衛軍特遣隊受艾希曼之命，緊隨著德軍進入匈
牙利，為驅逐猶太人預作準備。僅僅3週的時間，艾希曼
的特遣隊就在匈牙利警察的協助之下，運送了將近29萬名
猶太人到奧斯威辛。這是猶太人大屠殺史上最大的一次集
體驅除。猶太人的運送從6月起依然持續，此時的重點放
在首都布達佩斯，到1944年7月8日為止，有將近44萬名
猶太人被接著送往奧斯威辛，很多人在長途之中，就在貨
車車廂內窒息或渴死。「匈牙利行動」進行得如火如荼時，
奧斯威辛的焚化爐卻不堪負荷，所以囚犯工作隊必須在附
近露天之下火化屍體，而且是當著被驅趕猶太人的面前。
他們也只能枯坐，等待有人帶他們去洗所謂的淋浴澡。

另一方面要把工作勞力送回去，因為德國亟需要他
們，特別在飛機與火箭的製造上。這類軍火生產現在都在
地底下進行，避免受到英美的轟炸。在此之前希特勒的
政策都是將所有猶太人從德國徹底的「消除」，但是1944
年8月的第一週，他卻下令把匈牙利的猶太人送往軍備工
業。黨衛軍的醫生如門格勒還是在比爾肯瑙那惡名昭彰的

匈牙利猶太人被驅趕到奧斯威辛—比爾肯瑙，在「鐵路月台」上的挑選，1944年5月。這張照片來自一名黨衛軍成員的相簿。照片背景可以看到比爾肯瑙的入口大門，火車穿過大門可以直接抵達滅絕營。營區的鐵軌和「鐵路月台」都是特別為「匈牙利行動」所設立的，可與P.304的營區領導官員照片做比較。

「鐵路月台」（Rampe）上，對被驅趕者進行「挑選」。在「挑選」的過程當中，奧斯威辛集中營的工作人員粗暴地將被驅趕者的家庭拆散，其中四分之三被他們以大拇指示意送入毒氣室，特別是較年長者和小孩。其餘的人通通都被選去工作，當中有非常多的女人。他們不是就地被分發到奧斯威辛集中營，就是再被運回德國。

1943.10
希姆萊在波茲南的一場演講中，將屠殺猶太人稱呼為「德國歷史上光輝的一頁」。

　　10月的第一週，特別編組的猶太人工作隊發起了一場對抗黨衛軍的武裝暴動，炸毀了焚化爐。這場暴動受到了國防武力的血腥鎮壓。次月希姆萊下令結束在奧斯威辛的集體屠殺，並且銷毀毒氣室和焚化爐，因為這個時候紅軍已經迫近到德國的東部邊界。

　　根據魯道夫・赫斯戰後的說詞，大家最初以為有幾百

萬人在奧斯威辛被屠殺。新的統計顯示，在奧斯威辛一共
只有不到100萬名猶太人遭到殺害；而在貝爾賽克、索比
堡和特雷布林卡加起來總共至少130萬人。被害者遭受到
難以形容的恐懼和痛苦，大部分是女人和小孩。然而希姆
萊居然還忍心讚揚對猶太人的「趕盡殺絕」，是「我們歷
史上光輝的一頁」。

————「領袖」和「民族共同體」————

　　上一節之所以對於屠殺這類殘酷細節加以描述，本身
並不是目的。我們想要說明的是，這類殘酷的後面是一個
系統，很多迫害和屠殺的背後是一整套程序。這些雖然不
是無可避免，但是在領袖國家的條件之下，必然會導致完
全的滅絕。雖然要有官員和軍方在占領區助紂為虐，希特
勒的滅絕企圖才有可能實現；但是獨裁者本身就站在中心
點，所有的事情都可以歸結到他身上。

　　希特勒是國家元首、「領袖」、戰爭統帥——同時也是
歷史上最大的殺人屠夫。如同戈培爾在他日記上所記載，
希特勒是「堅定不移的先鋒以及極端解決方案的代言人。」
他一直煽動大家去對付猶太人，屢屢催促外國盟友如安東
內斯庫元帥（羅馬尼亞）和霍爾帝海軍上將（匈牙利），
把猶太族群交給他屠殺。除此之外，他還發布口頭的命令
和指示。

　　歷史學家把海因里希・希姆萊稱之為「最終解決方案
的建築師」，他是一個關鍵性人物，將他的上司與主人所
講的話化為事實。希姆萊不停地找希特勒談話，單單兩人
會面的次數就很值得推敲。1941年是46次，其中有38次

在8月之後，光是9月和10月就有19次之多。第二年希姆萊和希特勒會談了78次，其中在1月和2月有21次，1942年的4月到6月之間有36次。當滅絕猶太人的決策逐漸成形，這類磋商也剛好日益增加。

透過希姆萊，希特勒能夠得知最終解決方案的詳細狀況。1943年4月，黨衛軍領導人極有可能上呈了一份關於「猶太人問題最終解決方案」的統計報告給他，裡面分門別類，說明到3月為止有多少猶太人被屠殺。然而希特勒比較重視特定的語言用法，在這份給希特勒的統計報告中，不能講「猶太人的特殊處理」，而是用「藉由營區帶領他們過關」（durchgeschleust durch die Lager）。當希特勒在他的總部裡提到猶太人時，他經常使用雙關語和修辭手段，讓他的憎恨可以盡情發揮。他常常用這種方式回顧他的「預言」，以及預言要如何實現。但希特勒每次所講的，總像是實現必須要等到遙遠的未來。他在1943年所說的也是如此，儘管當時大多數歐洲猶太人都已經死了。

1943.4
希特勒極有
可能獲得一份
「最終解決方案」
的統計報告。

在這一點上，希特勒所表現的和他的「國民同胞」並沒有什麼不同。關於屠殺猶太人他們知道些什麼？德國人從1941年秋季才開始關注驅逐猶太人這件事。和1938年11月大迫害之夜後的逮捕類似，人群常常聚集在這些被驅除者列隊行進的路邊，反應從憎恨、事不關己的冷漠到表達抗議與不滿都有，但是相比之下，這類批評顯然十分罕見，特別是幾乎沒有人對這群被排擠和剝削殆盡的少數族群伸出援手。如同一位歷史學家所描述，在國家社會主義的統治之下，反猶主義已經在德國社會「深植人心」。

1942年期間，關於屠殺猶太人的流言蜚語在德國愈來愈多。非常多德國人都知道在蘇聯的集體槍決事件，因

符茲堡（Würzburg），1942年4月：猶太居民在警察戒護之下列隊前往火車站，準備被運往波蘭東部，相片背景的道路排可以看到有路人圍觀。相片出自符茲堡一名國家祕密警察的相簿。

為很多在場目擊或親身參與的士兵會講述他們的經歷。為了反駁這些流言，黨工官員受馬丁·波曼指示出來澄清，聲稱「大量猶太人持續被運往東部，部分安置在現有的營區，部分則安置在興建中的營區」，「他們在那邊不是投入工作，就是繼續被帶往更東邊。」

　　波曼否認有屠殺這件事，同時他也承認部分事實。這些不得不承認的種類和方式，就是我們常常聽到的「勞動任務」（Arbeitseinsatz）[9]等說法：「安樂死行動」時淘汰病人是如此；德國人在東歐隔離區強制勞動時區分「有工作能力」、「無工作能力」猶太人是如此；在艾希曼的萬湖會議紀錄中是如此；在奧斯威辛鐵路月台挑選時也是如此。

　　對於在波蘭總督府治下地區工作的德國官員與軍人，

9　譯注：「勞動任務」是納粹德國時期對於強制勞動的官方說法，因為德國男人受徵召上戰場，所以他們的「勞動任務」必須要有人承擔，這些人通常是東歐占領區人民或猶太人。

殺害猶太人並不是什麼祕密，事實上這類殺戮就在街上公然進行；當中很多人也知道滅絕營。然而相較之下，這類消息在德國本土比較少有人傳播。

被英國關在戰俘營的國防武力高階軍官，可以彼此公開談論他們所看到的和／或所知道的事情。在某些例子上這些閒聊講得很深入，有些人向他們的同僚承認，曾經參與過對猶太人的集體屠殺，這些高階軍官並不曉得英國情報單位監聽了他們的談話。

德國人從史達林格勒的戰爭轉捩點開始覺得良心不安。保安處的線民情報指出，很多人常常把英國與美國的空襲，當成是對德國人民屠殺猶太人的報應。但是更常見的是反猶論述，聲稱和德國作戰的敵人們都是被猶太人所操控。事實上在「最終解決方案」和戰爭轟炸之間，根本沒有任何因果關係。

對蘇聯開戰之前不久，戈培爾曾經記錄希特勒的講話：「只要我們贏了，有誰還會質疑我們是用什麼方法贏的。既然我們已經壞事做盡，就一定要打贏，否則我們整個民族，我們這些高層和所有人民，我們所鍾愛的東西，都將被全部抹殺。」從1943年年初開始，納粹政權剛好循著這個論點，強化了對於「猶太布爾什維克主義」的恐懼，目的在於把德國人民和自己綁在一起，他們聲稱整個「民族共同體」通通都要為這份罪行負責。

總而言之，我們可以說，當時大多數德國人或許能夠對於猶太人的命運知道得更多，但主要是他們對於進一步狀況根本不感興趣。因為如果想要了解的更多，就必須先毫無保留地審視自己與「領袖」罪孽深重角色之間所牽扯的關係。大多數德國人都表現得漠不關心，少部

分人對於猶太人的突然消失高調讚揚，只有更少數的人
敢於公開批評。

　　幾千名大城市的猶太人因為躲藏起來，所以能夠活過
整個戰爭，特別是在柏林。在德國首都總共有1,500名男
人、女人和小孩以這種「潛水艇」的方式，終於等到了國
家社會主義統治的末日。他們之所以能夠存活，是因為至
少有10倍以上的人協助他們躲藏，提供給他們食物和消
息。這些拯救行動，是黑暗時代當中小小的一線光明，因
為絕大多數的「國民同胞」，對於猶太人都是視而不見，
置之不理。

6

Der Höhlenbewohner
地鼠

———————— **末日的開始** ————————

　　希特勒的毀滅是從1944年9月底開始，在7月20日那次失敗的刺殺幾個月之後。當時他做了一個重大決定，再次將一切都賭在一張牌上。希特勒想要發動一次出人意表的逆襲，不過對象是阿登山區的美軍，因為這時在西邊美軍已經兵臨亞琛（Aachen）城下了。他打算收復比利時港口安特衛普（Antwerpen），藉此切斷敵人的後援。希特勒認為只要德國取得一次勝利，他就有可能和西方列強達成和平協議，然後國防武力就可以全力對付蘇聯。希特勒知道，這是他在軍事上還能再有所作為的最後一次機會，東部戰線已經事不可為了。攻擊的時間點他暫時訂在11月底。

　　幾天之後，他因黃膽症病倒了，不得不違反他的習慣，在床上躺了大約兩週。直到10月11日希特勒才康復。雖然「領袖」聲稱他沒事，但他的健康狀況還是每況愈下。他的左臂又開始顫抖，這是帕金森氏病的症狀；幾個月前他的背就開始痀僂，所以不得不把頭往前伸，走路彎腰駝背。他的私人醫生莫瑞爾迫切地建議他在黃膽症康復之後，到上薩爾斯山區休養兩個星期，不過希特勒沒有聽從。

　　這個時候紅軍已經越過德國邊界。一開始國防武力擊退攻勢，奪回了俄羅斯士兵才占領幾天的土地，結果發現平民遭到屠殺，女人遭到強暴。德國士兵在蘇聯的惡行，這時候反過來報應在自己人民身上。居民害怕受到勝利者的報復，所以草草收拾一些財物，永遠地離開自己的家鄉。

　　馬丁‧波曼苦勸希特勒前往上薩爾斯山區或柏林，暫避紅軍鋒芒。但這個時候「領袖」又生病了，這次是脖子，

他的聲帶必須要動手術。幾經猶豫，他終於決定前往柏林。11月20日，希特勒離開他東普魯士總部，之後將這裡炸毀。回想起來，獨裁者一定很後悔離開狼穴，而不是留在這裡和俄羅斯人戰鬥，或者自殺「殉國」。他已經不時會想到自己的窮途末路。

　　當時柏林的帝國總理府只挨過少數幾顆炸彈，抵達之後希特勒立即進行手術。接下來他有好幾天不能講話，戰情會議只能透過手寫紙條溝通。伊娃‧布朗也在1944年11月21日來到柏林。6月希特勒最後一次停留上薩爾斯山區時，她的妹妹瑪格麗特（Margarete）嫁給了黨衛軍將領赫爾曼‧菲格萊因，菲格萊因此時充當希姆萊和希特勒之間的聯絡人。希特勒和菲格萊因可能從對蘇聯開戰之初，才變得熟識，因為菲格萊槍殺白俄羅斯的猶太人「有功」。透過菲格萊因和她的妹妹，伊娃終於在希特勒身邊有個名正言順的位子。除此之外，她對菲格萊因的感情，明顯地超過姊姊和妹夫的關係——菲格萊因對她也是一樣。

　　希特勒和伊娃住在舊帝國總理府的「領袖官邸」中，此時對柏林市中心的空襲還未開始。伊娃陪同希特勒共進午餐和晚餐，他又重新振奮了起來。這倒不完全是女朋友的關係，而是阿登攻勢已經箭在弦上。他終於又能視事。伊娃在12月10日返回上薩爾斯山區。

　　同一天下午，希特勒和他的隨從自柏林前往黑森邦，進駐他在巴特瑙海姆（Bad Nauheim）附近的最後一個總部「鷹巢」（Adlerhorst）。12月16日，「秋霧」（Herbstnebel）攻勢開始，20萬德國士兵協同600輛坦克與突擊砲，向美軍發動攻勢。這次行動如果想要成功，必須要指望惡劣的天氣能夠持續，希特勒為此必須等上一天之久。因為天氣良

1944.11.20
希特勒永遠地
離開「狼穴」。

1944.12月中旬
阿登攻勢開始。

好會受到敵人空襲的威脅,而己方的空軍又完全不是對手。1940年初夏時,德國從阿登的奇襲大獲全勝,但這一次的計畫卻失敗了。雖然德國坦克將美軍逼退了大約100公里,但離安特衛普還很遙遠。平安夜時天候轉晴,西方列強的5千架飛機接連不斷地攻擊德國部隊,「秋霧行動」失敗了。

沉寂了許久之後,希特勒在1945年元旦再次向德國人民求取支持,但在這次廣播談話中他幾乎沒提到糜爛的局勢。他聲稱今年肯定會迎來「最終勝利」,以及再次煽動大家憎恨「全世界的猶太人」(Weltjudentum)[1]。同一天行動代號「北風」(Nordwind)的牽制攻擊在亞爾薩斯北部展開,但才推進20公里,攻勢就陷入膠著。雖然德國空軍同時摧毀了數百架敵機,但自己也損失了幾乎同樣數目的轟炸機與戰鬥機,因此這次攻勢實際上等於結束了。

1945.1
希特勒承認
戰爭失敗,
同時宣稱要自殺。

1月7日和8日之間,希特勒下令所有德國部隊撤退。阿登攻勢已經終了。8萬名德國士兵為了他們戰爭統帥的垂死掙扎付出了性命。此時希特勒已經無可避免地要面對末日,首次整個人崩潰。他當時給空軍副官尼古拉斯·馮·貝洛的印象是「徹底的絕望」。希特勒說:「我知道這場戰爭已經輸了,敵人優勢實在太大,最好我現在就對自己腦袋開上一槍。」當然希特勒把責任歸罪在自己手下當中的「叛徒」,而不是歸咎於自己。如果他當時在「鷹巢」中飲彈自盡,戰爭就結束了,因為阻礙德國投降的就只有他一人。但是他卻又再次發奮振作起來。

之前為了發動阿登攻勢,「最偉大的戰場統帥」抽調

---

1 譯注:Weltjudentum可以指「全世界的猶太人」,也可以指「猶太人掌控世界的陰謀」。

了東部戰線的德國部隊。紅軍立即在1月12日發動了一波新的攻勢，兵鋒直指東普魯士和華沙、西里西亞、奧得河（die Oder）──以及柏林。蘇聯部隊的優勢遠遠大於國防武力，紅軍能夠動員超過200萬名士兵，德軍只有40萬名與之相抗衡。他們擁有7倍之多的坦克和20倍之多的火砲，所以蘇聯的攻勢進展地相當迅速。

　　希特勒決定回到柏林，他在那裡還想力挽狂瀾，但這只是痴人說夢。「領袖」現在還能做的一件事，就是「英雄式的毀滅」，如同約德爾上將日後所說的，在世界歷史的舞台上英雄式的退場，「或許後代子孫能從其中找到復興的力量。」

　　1945年1月16日早上，希特勒的專門列車駛入格魯瓦爾德（Grunewald）火車站，柏林的猶太人就是從這個車站被驅趕到「東部」。希特勒的車隊穿過首都的斷垣殘壁，在10點時抵達帝國總理府。柏林人根本沒有注意到「領袖」回來了，這件事情也沒有大肆張揚。通常希特勒如果人在總理府內，府頂的旗幟依例要升起，但此時仍然毫無動靜，萬眾歡呼的時代終於過去了。

1945.1月中旬
希特勒終於
返回柏林。

──────────地堡──────────

　　希特勒一直擔心他的安全，害怕英國人和美國人的炸彈。之前他只有在遠處聽說過戰爭轟炸這種事，對於炸得滿目瘡痍的城市，從來沒有正眼瞧過，他的總部也一直沒有挨過炸彈。

　　另一方面隨著戰爭的進行，敵人轟炸的規模愈來愈大，也愈來愈狠。「領袖官邸」節慶廳底下的地堡，很快

就達不到希特勒的要求。1943年初他授命亞伯特・史佩爾，在帝國總理府的花園內興建一座新的防空地堡。這座地堡的規格大小和第一座相同，但是天花板厚達3公尺半，牆壁則將近4公尺。

希特勒在1945年1月返回柏林時，新的防空地堡還沒有完全竣工。他在舊帝國總理府樓上的私人居室在轟炸中受損輕微，而且已經再次整修完畢。希特勒和伊娃在這些房間中生活了大約6個星期之久，只有在敵人轟炸機臨空、警報響起時，他們才會下到地堡避難。

1945.
2月底–3月初
希特勒和伊娃
進駐「領袖地堡」。

「領袖」從1945年2月底或3月初開始，就完全住在他的新地堡當中，因為空襲轟炸愈來愈頻繁，伊娃也跟著希特勒到底下。3月3日他最後一次離開柏林，和他的手下提歐多・布瑟（Theodor Busse）將軍一起視察東部戰線的弗里岑（Wriezen）。接下來幾乎兩個月之久，獨裁者都一直生活在地底深處，很少再上到地面上來。

一開始他還是在帝國總理府用午餐，不時還帶著他的狗在花園散步。戰後他的一個官員說：「這絕對不是一幅美麗的畫面。他移動的步伐很小，彎著痀僂的背，只能慢慢地走。」現在戰情會議持續在地堡召開，「領袖」因此也成了地鼠。對於紅軍將領來說，地堡乃是「法西斯主義的巢穴」，所以必須占領這裡，消滅「怪獸」希特勒。

領袖地堡實際上就是一個正方形的混凝土塊，每一邊大約26公尺長，置於一個大約10公尺深的大坑裡。當初計畫這項工事時，並沒有想到會有人在裡面長時間停留，地堡的設計只是用來暫時防備空襲，因此裡面15間可使用的「房間」都很小，只有10到12平方公尺，因為當初只想蓋愈多房間愈好。不過這些房間都有3公尺高，就像

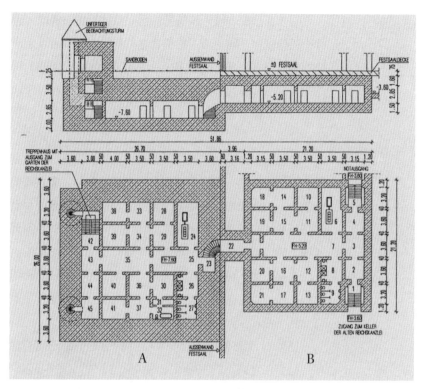

「領袖地堡」(前方)和舊帝國總理府節慶廳下方的「地堡前翼」(〔Vorbunker〕後方)

兩個防空洞的平面圖和橫截面圖

A)領袖地堡

23 空氣閘門　24 機械室　25 走廊　26—27 廁所和盥洗室　28 電話和電傳打字機　29 空照地圖室　30 伊娃·布朗臥室　31 衣帽間 32 浴室與廁所　33 臥室　34 起居室　35 戰情室前廳或等候室　36 前廳　37 希特勒的辦公室與起居室　38 醫務室　39臥室(戈培爾)　40 戰情室　41 希特勒臥室　42 樓梯間　43 空氣閘門和帝國保安處　44 起居室　45 觀測塔出入口

B)地堡前翼

1 入口　2—4　空氣閘門　5 地下室緊急出口　6 機械室　7 食堂 8—9　廁所和盥洗室　10—11 臥室　12—13 廚房　14—15, 18—19 臥室(戈培爾的妻子和孩子們)　16—17, 20 緊急住所　21 行李間　22 通道

今天的普通公寓一樣。希特勒的房間位於地堡的邊緣，包含一間前廳和一間小巧、設備齊全的起居室，旁邊就是伊娃的起居室兼臥室，浴室和廁所由兩人共用。「領袖」和他的伴侶房間前面的走廊牆上，掛著希特勒從他在舊帝國總理府官邸帶下來的圖畫。這一區還有一間非常狹小的戰情會議室。

領袖地堡中安裝了最現代的科技，整棟設施擁有獨立的水電供應。然而機械室裡面有一部發電機和一部空調裝置運轉，造成相當大的噪音。新鮮的空氣經由過濾才會進來，藉此防範毒氣。呼出的氣體經由排氣孔和中央走道天花板上的兩個通氣管道，排放到地堡外面。領袖地堡的出入口在必要時，可以藉由所謂的空氣閘門密閉緊鎖；為防萬一，希特勒的床邊還備有鋼瓶連接氧氣面罩，一伸手就可拿到，他在狼穴時就已經擁有一套。

儘管有這麼多預防設施，希特勒還是不信任他的地堡。他要求在嚴重的空襲時立刻叫醒他，因為他擔心如果炸彈命中，可能會把外牆炸垮；伊娃也要立即起床，這樣才能迅速逃離，這讓她很不高興。事實上這座巨大的地堡是深浸在地下水之中，靠抽水機日夜運作才能保持乾燥。如果有炸彈落在附近，整個建築只會在地下水中搖晃。

這裡的每日行程和在狼穴沒有什麼重要的差別。希特勒在第一次空襲警報時起床，吃早餐。一整天下來總共有三場戰情會議，早上、中午和晚上。因為希特勒大多都會睡到上午，所以「中午戰情」常常到了下午早些時候才召開。大約晚上9點或10點，希特勒才吃晚餐，「晚間戰情」因此常常過了午夜才開始，一直持續到將近凌晨3點。然後希特勒一如以往，邀請他的女祕書們到他那狹小的起居

——辦公室內喝茶，他的獨白比起以往更加陳腔濫調，讓人昏昏欲睡。祕書施諾德女士曾經回憶，共用同用餐時他喜歡談「狗與狗的訓練、飲食問題、世界的愚蠢和劣根性」。直到清晨，希特勒才就寢。

伊娃不參與喝茶時間。她只要一有機會就會離開地堡，通常是在其中一個女祕書的陪同之下到外面吸菸。希特勒進行戰情會議時，她會舉辦小型派對，邀請女性職員與未值勤的軍官參加。派對在舊帝國總理府樓上、伊娃的住處舉行，有一杯氣泡酒喝，有唱片聽，還可以跳舞，這樣伊娃才能逃離希特勒地堡世界中那壓抑的現實。

四面楚歌

1945年從1月到3月，蘇聯部隊推進了大約500公里。在希特勒的命令之下，死忠的納粹大區黨部領導卡爾·漢克（Karl Hanke）宣稱布列斯勞這座大城是一座要塞，絕對不能放棄。事實上布列斯勞雖然受損嚴重，但一直到戰爭結束都沒有被攻破。不算這個例外的話，紅軍幾乎已經占領了整個東普魯士、西里西亞和瓦爾特大區。他們在2月底渡過奧得河，並且在奧得河畔的科斯琴（Küstrin an der Oder）與法蘭克福（Frankfurt an der Oder）之間建立陣地，這時紅軍距離帝國總理府只有70公里，然而希特勒還是強硬地拒絕把德國部隊撤回來保衛柏林。事實上進攻首都還要等上幾個星期，因為敵人希望先行補給與增援兵力。

希特勒明知情勢毫無希望，但他依然逃避戰爭的現實。1945年2月第一週，建築師赫爾曼·吉斯勒帶了林茲市的巨型木製模型前往柏林，並且裝設在新帝國總理府地

1945.2
希特勒在建築夢中逃避現實。

希特勒坐在新帝國總理府，林茲市新建計畫的模型之前，可能攝於
1945年2月9日。

下室的一個房間裡。希特勒長坐在這座鉅細靡遺的模型之
前，沉湎在他的幼年城市依照計畫改建更新過後會是什麼
樣子。好幾次時間很晚了他還返回地下室，檢視這些模
型，這些都是他還來不及實現的建築夢。

　　但希特勒還抱持著不切實際的希望，他特別期待西方
列強和蘇聯之間的同盟關係會產生裂痕。希特勒堅稱邱
吉爾和羅斯福必須要意識到，只有德國能夠在來自東方
的「紅流」裡充當中流砥柱。一起和德國對抗布爾什維克
主義，符合西方列強的利益。事實上在一月下半，外交部
長里賓特洛甫和德國空軍領導人戈林就開始和西方列強聯
繫，希望能夠和談；希特勒對此心知肚明，他的軍事顧問
增強了他對奇蹟的信心。

　　相反地，軍備部長亞伯特・史佩爾在1945年1月30
日，上呈了一份備忘錄給希特勒，裡頭冷靜又毫不掩飾地
描繪出德國戰爭經濟的情勢。史佩爾的結論是：「敵人物

質上的優勢，已經無法用我們士兵的英勇表現來彌補。」
史佩爾基本上是在要求希特勒立即停止戰爭，而不久之前
希特勒的副官馮・貝洛也當面直諫過類似意見。因為史佩
爾質疑他的權力，所以希特勒召喚軍備部長前來，清楚地
威脅他，只有我，希特勒本人，可以從德國軍備情勢推演
出最後的結果。1月30日希特勒還發表了一次廣播演講，
這次演講是事先預錄好的，對於過去兩個星期蘇聯的攻勢
他隻字不提，反而強調俄羅斯人在東邊已經對數十萬無辜
的德國人民「趕盡殺絕」。

　　這並不是事實，但東部地區此時正上演一齣可怕的悲
劇，東魯士、西里西亞和瓦爾特大區德國人的逃難人潮，
成為一股真正的民族大遷徙。過去在德國占領波蘭時發生
過集體驅逐，將人趕往東方；占領蘇聯時則殺害了數以百
萬計的平民和士兵，現在這兩者的報復來了。受到蘇聯宣
傳的煽動，紅軍戰士開始燒殺擄掠，同時強暴了大批的德
國婦女。

　　德國當然大肆利用這些暴行當作宣傳，把它們講得繪
聲繪影。同時納粹黨高層也明文禁止逃難，要求德國人民
應當抵抗而不是逃跑。在東普魯士，大區黨部領導寇赫
（Koch）直到1945年1月都嚴格執行這項規定，但他也是
首波望風而逃的其中之一，躲在舒適的公務車裡；瓦爾特
大區負責人阿圖・葛萊瑟也是如此。德國人民帶著仇恨和
苦澀記下了這些「金雉雞」（Goldfasane）的行徑，「金雉雞」
是民間對於穿著褐色制服納粹高官的稱呼。

　　但逃往西方的不是只有德國人民，集中營的囚犯也是
如此，包括東部隔離區和集中營裡的猶太人。集中營是他
們苦難之路的最後一站。整個集中營系統在1944、1945

1945.1月起
德國人開始從
帝國東部地區
集體逃難。

年間變得十分龐大，這些衛星營區（Außenlager）的網路在整個帝國星羅棋布，密如蛛網，很多這些衛星營區所關押的囚犯比主營區更多。1945年初，超過70萬人被關在鐵絲網裡──幾乎全部都是外國人──其中包括大約20萬名猶太人。1944年首先是匈牙利的猶太婦女，她們被運到德國集中營；夏天即將結束時，波羅的海國家的隔離區與集中營也開始第一次「疏散」，如果黨衛軍的集中營指揮官來不及把囚犯草草槍斃的話。

1945.1月開始死亡行軍從集中營出發。

從1945年1月蘇聯發動攻勢，真正的死亡行軍就開始了。1月17日，接近6萬名猶太囚犯從奧斯威辛出發上路，在冬天的酷寒之中，任何掉隊或者想要逃跑的人，都會被警衛射殺。數目不詳、沒有走到下一個目的地的行軍囚犯，應該至少有幾千人。其他大部分的奧斯威辛囚犯抵達西里西亞的葛羅斯─羅森（Groß-Rosen）集中營後，從那裡用火車分運到帝國境內不同的集中營。1945年1月28日，紅軍解放了奧斯威辛，但裡面存留的焚化爐在兩天之前就被黨衛軍炸毀。蘇聯士兵發現了幾千名無法參與行軍、瘦骨嶙峋的囚犯，同時還找到了幾十萬件集體屠殺的證據：皮箱、鞋子、眼鏡，還有大量的女性頭髮。

從東部抵達的囚犯又病又虛弱，而且有部分在帝國根本得不到照顧或醫療照護，在這方面，最糟糕的集中營就是位於下薩克森邦（Niedersachsen）的貝耳根─貝爾森（Bergen-Belsen）集中營。當英國部隊在4月中旬解放這座集中營時，裡面擠滿了活人、死人和垂死之人，單單在1945年3月就有1萬8千人死於飢餓和傳染病，解放之後還有陸續1萬3千人死亡。從1945年初到戰爭結束，總共還有超過10萬名猶太集中營囚犯死在德國人手裡。每兩

個囚犯當中，就有一個沒能活到戰爭結束。

　　這一切都是納粹政權即將毀滅時，瘋狂放縱暴力的一部分，歷史學家很貼切地稱之為「暴走大開殺戒」（Amoklauf）。刑法法庭和軍法法庭不停地做出死刑判決，由納粹黨員和黨衛軍成員所組成的「巡迴軍事法庭」（Fliegende Standgerichte）搜捕逃亡的德國士兵，無論真假與否，並且將他們公開絞死。被處決的人脖子上都掛著紙牌，讓「國民同胞」們知道，違背希特勒的命令會有什麼下場。

　　在帝國的西部，「狼人」（Werwölfe）們四處作祟，這是響應希姆萊在1944年秋季的號召、由死忠納粹黨員所組成的某種游擊隊團體。「狼人」們殺人放火，到處搜捕逃亡者。德國宣傳部所塑造的印象就是游擊隊活動烽煙四起，但這並不是事實。德國人已經受夠了國家社會主義，那種一直到結束仍然深信「領袖」、戰爭結束時還每每自殺的死忠分子並不多。

　　除了逃亡的紛紛擾擾和不斷升級的對內暴力，戰爭最後一個月最讓人恐懼的就是空襲。從1945年2月起，英國與美國飛機在德國土地上所投擲的炸彈和燃燒彈，和之前戰爭期間所丟的總數差不多，當時德國實際上也沒有什麼防空能力了。敵人的飛機摧毀了無數的軍備與燃料工廠，加速了德國在軍事上的崩潰。

　　但另一方面，對於城市住宅區的空襲，往往是毫無軍事意義的恐怖行動，根據估計造成了50萬人死亡，數十萬人無家可歸，因為房子都被「炸光」了。這就是戈培爾等人所召喚來的「總體戰」現實。最可怕的一次是1945年2月中旬對德勒斯登（Dresden）的空襲，將近2萬5千人因此喪命，大部分人都死於敵人燃燒彈所引起的烈焰風

1945.2月起
持續對德國
各大城市
使用炸彈與
燃燒彈空襲。

暴。眾多已經部分燒成焦炭的屍體直接在市中心的柴堆上火化，因為大家擔心會爆發瘟疫。

不只是東部，這段時間西部的軍事情勢也變得很嚴峻。之前德國部隊希望撤往萊茵河右岸，因為那邊比較容易防禦，但是被希特勒否決了。結果就是十幾萬名德國士兵淪為戰俘，或是力戰而亡。在2月底、3月初，美軍已經占領杜塞爾多夫（Düsseldorf）和科隆（Köln），因為國防武力沒能成功炸毀波昂（Bonn）附近雷馬根（Remagen）的一座重要戰略橋梁，使盟軍得以橫渡萊茵河。在3月底之前，盟軍的部隊也抵達了萊茵河右岸、雷馬根的北部與南部。

領袖神話現在已經完全破滅，這從3月底保安處官員呈給波曼的一份輿情報告就可以看出：「因為人民之前錯誤地信賴，所以現在倍感失望，國民同胞們首先從中產生了悲傷、挫敗、苦澀等感覺，和一股逐漸上升的怒氣，特別是對那些在這場戰爭中只懂得犧牲和工作的人。」這份報告公然批評之前黨內無人敢頂撞的「領袖」。在帝國西部和南部，德國人往往拿著白旗迎接戰勝國的士兵；希特勒式的致敬愈來愈罕見，大家又開始回復使用「日安」（Guten Tag）打招呼。這個時候很多德國人完全把希特勒當作邪惡的化身，人形的惡魔。但希特勒政權是人民在過去所選出來的、曾經受到人民歡呼愛戴，所以人民自己應該為希特勒政權負責這件事，則被忽略不提。

德國人不再服從希特勒。另一方面，「領袖」只想無腦地把他的人民送去毀滅，他要大家和他一起從世界舞台上退場。3月18日，希特勒告訴軍備部長史佩爾：「如果這場戰爭輸了，全民也就輸了。」希特勒說德國人民「證明自己是個弱者，未來將屬於更強的東方民族。戰後留下

來的只剩下劣等人，因為優秀的人都犧牲了。」

　　希特勒是否真的一字不差講過這些話，我們不曉得，因為這些都是史佩爾的轉述，然而這非常符合他那達爾文式的「世界觀」。如果德國人民在戰爭的生存鬥爭中被判定為弱者，那表示他自己根本不配擔任「領袖」。第二天希特勒下令，留給戰勝國的只能是焦土一塊：「所有帝國境內的軍事、交通、通信、工業和補給設施，只要是會被敵人立即或在可預見的未來利用來進行戰鬥，通通必須加以摧毀。」見於他那惡名昭彰的「尼祿令」（Nero-Befehl）。這個稱呼出自羅馬帝國皇帝尼祿，他曾經瘋狂地焚毀整個羅馬城。

1945.3.19
希特勒下達
「尼祿令」。

　　但史佩爾抗命了。他勸諫希特勒，人民長久以來曾經忠誠地支持你，不應連他們的生活基礎設施都要剝奪，而大部分的大區黨部領導和工業負責人都支持史佩爾。因此在3月底希特勒只好勉強妥協，因為史佩爾對於他的摧毀令幾乎只有敷衍應付，最後根本沒有執行。之前史佩爾曾向希特勒保證：「我的領袖，我無條件地支持您。」但這已經事過境遷了。希特勒的權力正逐漸流失。

崩潰

　　1945年底，每個人都知道不久之後紅軍就會大舉進攻柏林，所以德軍在奧得河與尼薩河（Neiße）西邊構築了堅固的防禦陣地，科斯琴西邊的塞洛高地（Seelower Höhen）在首都防禦戰裡扮演了一個關鍵性的角色。柏林在希特勒的命令之下劃分為三環，已經做好逐屋逐戶「壯烈」抵抗的打算，如果不是之前紅軍突然按兵不動的話。第一環沿

著城市的最外圍，第二環沿著城市捷運（S-Bahn）的環線，第三環圍著政府機關區（Regierungsviertel）。

　　這個時候，美軍已經占領了德國中部的絕大部分。4月11日，他們解放了布痕瓦爾德和朵拉—米特堡（Dora-Mittelbau）集中營，集中營裡面的恐怖畫面立刻公諸於世。

1945.4.11
美軍解放德國
中部的集中營。

1945.4.12
羅斯福總統過世。

　　但在第二天，美國總統羅斯福過世了。戈培爾十分興奮，因為他不久之前才幫希特勒算過命，現在似乎要應驗了。當時算出來的結果是，從4月中開始運勢將對希特勒的星座有利，「領袖」的命運將因此而改變。希特勒得知羅斯福的死訊時也喜出望外，史佩爾曾經描述希特勒用興奮的聲音宣布：「這裡，大家過來看看！這裡！你們絕對不會相信。這裡！這裡！我們最大的奇蹟出現了。我一直都講過，這場戰爭還沒有輸。」他認為羅斯福的死將帶來改變。戈培爾和希特勒都堅稱，西方列強和史達林之間的同盟關係一定會瓦解。但這股喜悅並沒有持續多久，因為4月13日紅軍占領了維也納，第二天蘇聯開始在奧得河畔發動攻勢。

1945.4.16
柏林戰役開始。

　　4月16日凌晨，柏林戰役開始了，由俄羅斯火砲猛力攻擊塞洛高地上的德軍陣地揭開序幕，火砲的轟鳴聲甚至在西方70公里外的柏林也聽得到，75萬名蘇聯士兵協同數千輛坦克開始推進。希特勒下令，從士兵到負責安排撤退的將軍一律「轉進」，士兵應該壯烈「浴血」抵禦布爾什維克主義的攻擊。但這個嗜血的仇恨口號並沒有起到什麼作用，國防武力還是打不過敵人士兵，德軍堅守奮戰，但紅軍還是贏了塞洛高地之役。4月20日，紅軍已經兵臨柏林的外圍郊區。

　　在這種情勢之下，希特勒的56歲大壽還是舉辦了一

希特勒和希特勒青年團的男孩在帝國總理府的花園，最左邊的是「帝國青年領袖」阿圖‧阿克斯曼（Artur Axmann），1945年4月20日。

場盛大的慶祝活動，之前每逢他的生日都會舉行一次這類活動。希特勒最親近的手下一如以往，在午夜時分前往祝壽，雖然在這之前希特勒已經明令婉拒，最後應該是伊娃說服了他出來接見親信。希特勒接受了祝賀，但沒有做任何表示。

　　據說是為了祝賀領袖誕辰，敵人從凌晨開始，就展開了長達數小時的空襲轟炸。希特勒沒有就寢，而是在清晨時分召開他的第一場戰情會議。接著他和伊娃一起喝茶然後入睡，但威廉‧布爾克多夫（Wilhelm Burgdorf）將軍立刻搖醒了他，這位將軍接替了在1944年10月1日死亡的魯道夫‧施穆特，在希特勒身邊擔任國防武力首席副官。布爾克多夫告訴希特勒，紅軍已經突破了柏林東南方。希特勒此時身穿睡衣，過去他從來沒有以如此穿著出現。他不動如山地聽取了報告，然後下令侍從海因茲‧林格在下午之初叫醒他。

1945.4.20
最後的
「領袖誕辰」。

　　幾個鐘頭之後他起床吃早餐，和他的牧羊犬布隆迪玩了好一會。接著他從領袖地堡背面的緊急出口樓梯，登上了帝國總理府的花園。在他最親信的隨從們簇擁之下，「領袖」接受了黨衛軍師團代表和20名希特勒青年團成員的祝壽，所有人都伸直了手臂致敬。青年團成員有部分還是孩子，他們因為特別英勇，所以得以成為「裝甲殲滅部隊」的一員，同時獲頒鐵十字勳章。整個過程拍攝成影片，以供納粹德國最後一集「每週一覽」放映。

　　希特勒的大衣衣領豎得很高，藏在背後的左手顫抖得很厲害。他走路彎著腰，像是為了模仿他的偶像腓特烈大帝，刻意強調他身體的衰敗。希特勒叫幾個青少年講述他們的英雄事蹟，並拍了拍其中一個或幾個人的臉頰，再將他們送回前線。然後他在帝國總理府接見其他來祝壽的人，據說他想要用一場小演講來振奮大家的心情。午餐過後他再次下到地堡，接下來再也沒能活著回到地面上。

　　此時在地堡的後部，這個即將毀滅的帝國的大部分巨頭最後一次雲集在希特勒身邊，向他祝壽：包括戈林、卡爾‧鄧尼茨（Karl Dönitz）、凱特爾、約德爾、最後一任陸軍總參謀長漢斯‧克雷布斯（Hans Krebs）、里賓特洛甫、希姆萊、帝國安全總局領導人恩斯特‧卡爾滕布倫納（Ernst Kaltenbrunner）、軍備部長史佩爾與其他人。所有人都向希特勒宣誓永遠效忠，但此時每個人心裡所想的，只是如何逃脫即將來臨的厄運。大多數人都是戰情會議過後才離開，只有戈林先走一步，他急急忙忙地向希特勒辭行，準備前往上薩爾斯山區。如同紹布所說，對於高官們決定離他而去，希特勒深感失望，所以他「不發一語地和這些他一手栽培的人道別」。

　　但希特勒還是十分相信德國海軍總司令鄧尼茨元帥，在他生日這一天任命鄧尼茨為「北方區域」（Nordraum）的全權代表。因為當時預料敵人的部隊將在德國中部會師，德國因此將分為南北兩半，所以希特勒任命了南北兩半部的軍事全權代表，他們可以以他的名字發布命令。帝國政府的大部分成員都逃往北部，他們已經好幾年沒有聚集開會了，之前波曼曾在戰情會議後就向部長們預警，如果要準備離開就趁現在，不然道路很快就無法通行了。不久之後，部長們抵達什列斯威格—霍爾斯坦邦的普倫（Plön），這裡還由國防武力所掌控。

　　在他生日的深夜，希特勒告訴他個人團隊的所有成員，因為柏林的局勢，他們必須立即離開，他自己會在幾天之內隨後趕上。接著，就開始一輪忙碌的旅行打包準備。司機坎普卡從希特勒的車隊裡開了一輛車，裝載行李後，從帝國總理府庭院匆忙駛離。

1945.4.20
帝國總理府
工作人員
開始逃離。

　　同一時間，希特勒、伊娃、祕書們以及希特勒的營養師，一起在他的地堡房間中喝酒慶祝生日。隨後希特勒精疲力竭，倒頭就睡。伊娃則邀請所有女士和隨從之中的幾個男人，到帝國總理府樓上的起居室舉行最後的派對。大家喝著香檳，留聲機哼唱著流行歌曲〈血紅玫瑰撫遍你全身〉（Blutrote Rosen sollen Dich umkosen），所有人都歡笑著，試圖忘記愈來愈嚴峻的情勢。但兩個鐘頭之後一枚榴彈在附近爆炸，讓這次宴會草草結束。

　　同一天晚上，第一架飛機從柏林市郊的加圖（Gatow）機場飛往南部，載著希特勒的手下前往慕尼黑、薩爾斯堡和附近地區。接下來三天，每天3班到4班、最多5班飛機往返柏林和「南部區域」（Südraum）。當中有架飛機墜

毀在薩克森的伯納斯多夫（Börnersdorf）附近，乘客全數罹難，其中一人是希特勒的侍從，據說他帶著希特勒的私人文件和伊娃的行李打算前往上薩爾斯山區。但整體而言，這波逃亡很成功。

第二天早上希特勒得知，蘇聯部隊首次砲擊柏林市中心。經過幾次消息往返後終於發現，敵人的火砲位置距離柏林只有12公里遠。這時希特勒和最後一任陸軍總參謀長漢斯・克雷布斯將軍下令由黨衛軍史代納（Steiner）將軍率領一隻裝甲部隊，攻擊柏林東北方的紅軍。審慎的陸軍指揮官警告說首都已經守不住了，但希特勒充耳不聞，對他來說只有戰到最後一顆子彈。獨裁者堅稱，俄羅斯人將在柏林大門前面遭遇到他們歷史上最大的一次慘敗。

但這是不可能的，希特勒只是精神瀕臨崩潰，打打嘴砲而已。4月21日深夜，莫瑞爾醫生發現希特勒在他的地堡房間裡委靡不振，他想要像平常一樣，幫希特勒打上一針提振精神，但希特勒頓時勃然大怒。「領袖」聲稱莫瑞爾想要用嗎啡讓他不省人事，然後那些背叛的將領們想要將他偷偷送往貝希特斯加登。莫瑞爾竭力辯護，然而希特勒只是對著他大聲咆哮，於是他脫了制服直接走人。這位張惶失措的私人醫生在希特勒身邊服侍多年，最終被開除，之後他飛往德國南部。接著照顧希特勒健康的，只剩下1944年才進入希特勒團隊的黨衛軍醫生斯圖菲格（Dr. Stumpfegger）。

1945.4.22
希特勒崩潰。

第二天他的瘋狂來到最高點，希特勒在戰情會議中得知，史代納根本沒有依照他的命令發動攻擊。只是到底要怎麼發動攻擊？史代納手中只有一些臨時七拼八湊、裝備不全的單位，所以他拒絕讓這些人白白去送死。但這讓希

特勒徹底暴走，他把所有人趕出門外，只留下凱特爾、約德爾、克雷布斯和布爾克多夫，對著他們大發雷霆足足有半個小時之久。所有在地堡的人都聽得到：我，希特勒，被我的所有將領欺騙和背叛！而且不只是陸軍，連黨衛軍也棄我於不顧！

戰爭已經輸了，最後希特勒小聲地說。他要留在柏林，親自投身保衛首都，最後壯烈成仁；他也沒有什麼好再下令的了，下面的人愛去什麼地方，就去什麼地方。將領們當場都嚇呆了，他們和馮‧貝洛副官不一樣，從來沒聽過希特勒承認戰爭輸了。所有人都苦勸他盡快離開地堡，並且在上薩爾斯山區建立總部。希特勒拒絕了。

希特勒臉色蒼白地離開戰情室，回到旁邊的起居─工作室。然後他當著伊娃的面，告訴祕書們和營養師，一切都完了，大家趕快打包，一個鐘頭之後可以登上往南部的飛機。但在場沒有一個女人使用這項特權，雖然升火待發的飛機最後如期飛往貝希特斯加登。伊娃也拒絕離開希特勒，在一封讓人屏息的信中，她對一位女性朋友宣告她打算一死。死亡對她並不困難，她寫道。

這時希特勒的將領們正三五成群地輪流到他的地堡房間表態。他們不只是進去給最高指揮官打氣，希特勒之前在情勢最險惡時，已經停止了對國防武力下令。對於這種放牛吃草的做法，軍方並沒有多少自信。很多人認為希特勒的行為很不負責任，比起單純逃亡的小兵更加糟糕，而逃亡的士兵都被希特勒毫不留情地下令處死。

軍方的領導人士認為，在這種情況下希特勒隨便發任何一道命令，都比完全不下令來得好。最後希特勒決定簽署一道命令給華爾特‧溫克（Walther Wenck）將軍，溫克

的第12軍此時正在易北河畔對抗美國的部隊。命令要求
溫克和他的部隊轉進和提歐多·布瑟的第9軍殘餘會合，
一起從柏林西南方突破蘇聯的包圍圈。溫克對此顯得自信
滿滿，但是凱特爾和約德爾都心知肚明，溫克和布瑟沒有
任何絲毫成功的希望；關鍵在於，再次給了希特勒一根他
能夠緊緊抓住的救命稻草。

　　事實上希特勒不久之後就恢復了冷靜，但他的行為充
滿矛盾。一方面他把所有的希望都寄託在溫克身上，另一
方面他又繼續準備自殺。戈培爾一直強化他自殺的想法，
對於這個宣傳部門的大頭目來說，希特勒「英雄式」的滅
亡可以給後世豎立一個象徵，這件事比其他什麼都來得重
要。希特勒對這種想法當然也不會陌生，「是否還能再活
一段時間，其實並不重要；寧願光榮戰死，而不是在羞愧
與恥辱中再苟活幾個月或幾年。」他這樣告訴戈培爾。

　　宣傳部長對此只能點頭了。如果希特勒光榮死在柏
林，雖然歐洲被「布爾什維克化」，但最晚5年之後希特
勒將成為傳奇，而國家社會主義將成為「神話」，戈培爾
在日記中如此寫道。當然戈培爾自己也想在史書上占有一
席之地。4月22日，他搬入地堡，以便能死在「領袖」身畔；
同時希望所有家人也能共赴黃泉，因此他那對於國家社會
主義十分狂熱的妻子瑪格達以及6個共同的孩子，也一起
搬入舊帝國總理府下方。這裡和領袖地堡相連，此時被稱
作「地堡前翼」。孩子們很高興能看到「希特勒叔叔」，事
實上希特勒根本是他們的死神。

1945.4.22
戈培爾與家人
搬入地堡。

　　戈培爾自己住進領袖地堡的臥室，剛好就在希特勒與
伊娃私人房間的斜對面，過去這個房間住的是莫瑞爾，
戈培爾希望盡可能離他的上司與主人近一點。4月23日戈

培爾公開宣布，希特勒此時就在柏林，將親自捍衛這座城市。紅軍高層因此得知，他們最重要的戰利品還在帝國總理府內，並沒有飛往南部。希特勒和克雷布斯將軍希望用這種方式加速蘇聯的進攻，以便讓他們落入溫克部隊的陷阱，這當然只是一廂情願。

同一天下午，史佩爾再次來到帝國總理府。他本來已經在希特勒生日當天，就毅然決然地前往漢堡，但史佩爾長久以來崇拜希特勒的羈絆是如此地強烈，所以他想要好好地告別。因為這個原因，史佩爾冒著生命危險再次飛回來。史佩爾那壯觀的布蘭登堡門到勝利紀念柱的東西軸線設計，過去希特勒在他的50大壽時曾親自為此盛大揭幕啟用，如今已經淪為一條臨時的起降跑道。史佩爾乘坐的輕航機在布蘭登堡門不遠處降落，然後他驅車前往帝國總理府。

波曼為了想要保住性命，所以一再叮囑史佩爾，叫他再次勸說希特勒前往貝希特斯加登，但史佩爾並沒有照做。幾乎是希特勒才剛接見了他，他就努力強化了「領袖」留在柏林的決心。希特勒回說，他絕對不會在生前落入敵人手中，因此他將自我了斷，他的遺體也必須要火化，避免被俄羅斯人拿去公開展示；伊娃・布朗將會和他一同赴死。史佩爾也參與了接下來的戰情會議，會中希特勒再次重申不被公開展示的決心。但不久之後，就迎來一波高潮。戈林是希特勒的正式繼任者，他之前得知「領袖」崩潰了，但不知道希特勒又回復了正常。所以戈林詢問他是否可以宣布繼任希特勒。波曼馬上把電傳切斷，痛罵這是「背叛」，並且向希特勒報告，其結果是希特勒又發了一頓大脾氣。

凌晨3點希特勒站在門口道別，史佩爾就是為此而來的。紹布說他看到了「一個非常感人的告別」，但史佩爾本人的回憶可能還更加可靠些，據他說希特勒只是隨隨便便地握了他的手，然後說：「啊，你要走了？好吧，再見。」然後史佩爾就被解職了。隨後他搭乘飛機離開柏林，飛往北方。

1945.4.25
紅軍開始攻擊
帝國總理府。

4月25日，紅軍完成了對柏林的包圍圈，開始全力進攻帝國總理府。希特勒這時命令他的首席副官尤利爾斯·紹布，將他的所有保險箱全部清空，裡面的東西通通焚毀，避免他的私人文件落入俄羅斯人手裡。希特勒同時也動手清理他臥室的保險箱，紹布在一旁協助，清出來的文件裝了好幾個皮箱，其他的保險箱則由紹布自己清理。他將柏林保險箱清出來的文件運到帝國總理府的花園，淋上汽油焚燒。

幾天之後，希特勒簡單幾句話和紹布道別，紹布在他身邊服務了長達20年之久。接著紹布登上了離開柏林的最後一班飛機，前往慕尼黑。然後他前往攝政王廣場清理希特勒的保險箱，將文件帶到上薩爾斯山區。「山宮」被美國轟炸過後，已經沒有多少東西殘留了，但紹布還是找到了一個沒有損壞的保險箱，並且在陽台上把裡面的東西付諸一炬。希特勒這些保險箱裡到底裝了些什麼，到今天仍然沒有人知道，對此紹布一直到死都保持緘默。可以確定的是，其中含有希姆萊在12年前所沒收、慕尼黑警方關於極右派政客阿道夫·希特勒的所有檔案。

這時柏林之役正浴血苦戰，十分慘烈，這是一場血腥、艱苦的城市戰。雙方共有17萬名士兵陣亡，50萬名士兵負傷。為了成全希特勒的妄想，把一場毫無希望的戰

爭「壯烈」並且「英雄式」地戰至最後一顆子彈，一萬名
平民必須付出他們的性命。

　　希特勒一直還抱持著希望，期待溫克將軍能夠解放首
都，讓蘇聯人遭到慘敗，但實際上這根本不可能。雖然溫
克的第12軍已經有部分部隊抵達波茨坦，他們火砲的轟
鳴聲在柏林市內都可以聽到。但是原先預計協助溫克的第
9軍，根本所剩無幾，只是聊備一格。4月26日，紅軍已
經占領亞歷山大廣場（Alexanderplatz），距離帝國總理府只
有兩公里；第二天他們推進到威廉廣場（Wilhelmplatz）。
希特勒如果想在他們到達之前自盡，時間已經不多了。

　　無聲的恐慌情緒正在地堡蔓延。大家狂飲烈酒，甚至
還有人吸菸，在此之前希特勒一直禁菸。希特勒曾經想過
命令他的手下從帝國總理府突圍，但不久之後就打消主
意，因為他認為根本不可能突破蘇聯的防線。於是希特勒
開始分發氰化物膠囊，讓大家一起自殺。

　　希姆萊的聯絡人菲格萊因在這個時候離開了帝國總理
府，不知去向。一開始沒有人發現他失蹤，直到伊娃問起
他人在哪裡。接著她似乎接到了她妹夫的一通電話，才知
道他人在他柏林的私人住處裡。在這通電話中，據說菲格
萊因逼迫伊娃離開希特勒，和他一起逃亡。這位黨衛軍將
領明顯地想要遠走高飛了，而不是留在地堡內為「領袖」
殉死。

　　4月28日晚間，新聞主管海因茲‧羅倫茲（Heinz Lo-
renz）告訴波曼、戈培爾與在納粹黨內被希特勒當作「老戰
友」的外交部聯絡人華爾特‧黑維爾（Walter Hewel）大使，
英國廣播發布了一則驚天的大消息，希姆萊打算單獨和西
方列強媾和，但是遭到拒絕。類似的消息其實已經在上午

1945.4.23–24
希姆萊向
西方列強
提出德國投降。

由瑞典的廣播報導過了。希特勒在下午時得知，立刻訓令在普倫的鄧尼茨致電希姆萊，詢問他報導是否真實。鄧尼茨對此一無所知，他立刻打電話給希姆萊，希姆萊向他澄清這是一則錯誤報導。但英國廣播公司的報導，證明希姆萊對鄧尼茨說了謊；而且更糟的是，希姆萊其實是向西方列強提出「無條件投降」，有如他是國家元首而希特勒已經死亡。波曼氣憤地記載道，希姆萊因此犯下叛國罪。

過去幾個星期，希姆萊都致力於讓特雷津市集中營裡的丹麥囚犯得到釋放。他認為這是一種方法，可以讓他在戰爭輸掉之前投奔西方列強，從而保住性命。他想得很美，認為可以單獨和英美談和，之後大家一起對抗紅軍。但是希姆萊向西方列強尋求溝通這件事，幾乎不可能瞞過希特勒。過去里賓特洛甫和戈林都曾提過類似的建議，希特勒也都接受過，雖然他基於充分的理由，認為成功的機會很小。

希姆萊事前沒有想到，英國和美國政府根本不可能接受「最終解決方案」的建築師做為談判對手，也不可能把他當作共同作戰的伙伴。解放集中營之後不久，他的罪行就被公諸於世。同時德國在戰爭即將結束才向西方列強提出和談，根本不用討論。西方列強要求，無條件投降也必須擴及在俄羅斯上面的德軍。

希特勒在4月28日晚間大發雷霆。「我們的榮譽即忠誠」是黨衛軍的座右銘，但這時在背後算計他的剛好是希姆萊，希特勒稱之為「德國歷史上最無恥的背叛」。和波曼與戈培爾商討良久之後，希特勒下令召喚菲格萊因，他極有可能事先知道希姆萊的意圖。

菲格萊因在他的私人住處被找到。這位黨衛軍將領喝

得爛醉如泥，連制服都脫掉了，並且準備了一大筆錢準備
逃亡。此外，他的住處裡還有一個女人。該怎麼處置這個
傢伙，希特勒一開始還猶豫不決。他本來想把他送往前線
「戴罪立功」，但是從1944年就擔任希特勒副官的黨衛軍
軍官奧圖‧根舍勸諫希特勒，不可輕易放過菲格萊因，如
果士兵們因為逃亡就要被判處死刑，那麼一個不忠的武裝
黨衛軍將領更不該受到優待。菲格萊因因此被送上軍事法
庭，在4月29日迅速被判處死刑，隨即遭到槍決。伊娃是
否曾為菲格萊因求情，目前仍不清楚。

1945.4.29
黨衛軍將領
菲格萊因
遭到槍決。

　　菲格萊因死了，因為希姆萊不在希特勒身邊，而且根
舍想要捍衛黨衛軍所謂的榮譽。這時希特勒想要親自報復
希姆萊，他命令鄧尼茨在普倫逮捕希姆萊，最好立即將他
槍斃。但是鄧尼茨根本不想處置希姆萊，他還有其他一堆
麻煩要處理。戰爭結束之後沒幾天，希姆萊也結束了自己
的生命。他想要加入鄧尼茨的政府，結果遭到拒絕，接著
他換了一件制服，使用化名逃亡，最後被英國憲兵逮捕。
1945年5月23日，在被辨認出真實身分之前，他先一步
服毒自殺。

1945.5.23
希姆萊自殺。

————————末日————————

　　4月28日深夜，希特勒召喚他的祕書到戰情室，當時
格特勞德‧楊格根本不知道是為了什麼事情而找她。結果
讓她大吃一驚的是，希特勒開始口述遺囑讓她打字。過去
普魯士諸王往往都會立一份私人遺囑來規範財產問題，同
時再留下一份政治遺囑。在這份政治遺囑中，他們會對自
己在位期間做出總結，並且給予他們的繼承人組成自己的

1945.4.28–29
希特勒立下遺囑。

統治班底一些指導方針。希特勒自認為是普魯士諸王的繼承者，所以他也口述了私人遺囑與政治遺囑各一份。

私人遺囑很簡短，首先是表達他希望和伊娃·布朗結婚的意圖：「她自願做為我的伴侶，伴隨我一直到死。」這裡完全沒有提到愛情。希特勒親自要求他和伊娃都要在帝國總理府的院內火化，他的財產全部留給德國納粹黨。如果納粹黨已經不復存在，就捐給國家。

政治遺囑對於楊格女士來說，完全是場失望。她本來期待的是，終於可以聽取關於希特勒和他的統治的真心話。但是他講來講去只是自我辯護，同時不斷重複他那眾所周知的仇恨，特別是針對猶太人。戰爭是國際猶太人強加給德國的，希特勒堅持這一點。他認為幾百萬「亞利安」士兵的死亡都應該歸咎於猶太人，「而且還使用比較陰柔的手段」欺騙人民，讓人民付出代價。對此希特勒負起了大屠殺的歷史責任——大屠殺是他預言的實現。此外，他不希望他的遺體被拿到一齣「由猶太人精心安排的劇場」裡凌辱。透過他的死亡和士兵的犧牲，他很關心國家社會主義的復興。但是講這句話的人，也就是想讓德國人民落入毀滅深淵的那個人！他的遺囑最後一行是：「最重要的，我訓令民族的領導人，一定要嚴格遵守種族法律，並且和世界各民族的投毒者——國際猶太人——毫不留情地對抗到底。」

希特勒也安排了一個繼任政府，儘管他在這裡面已經取消了「領袖」這個權力位置。「領袖」只能是他自己，其他人無權擔任此大位。在希特勒的安排中，帝國總統由鄧尼茨擔任，帝國總理是戈培爾，黨魁是波曼，警政部長是布列斯勞大區黨部領導卡爾·漢克。希特勒也堅持把戈

林和希姆萊這兩個「叛徒」開除黨籍，並褫奪所有職務。

楊格女士必須把這份政治遺囑繕寫成一式三份。在她打字的時候，希特勒和伊娃在28日午夜／29日凌晨過後不久結婚。是誰提議要舉行婚禮的，目前還不清楚，但明顯地希特勒想給他長久以來的女朋友一個名分。她不應在前往黃泉之前還維持「領袖」不公開的祕密情人身分，而是應該以他的結髮妻子身分赴死。

1945.4.29
希特勒和
伊娃結婚。

婚禮由戈培爾從宣傳部帶來的一個官員證婚，在火砲的轟鳴聲中，希特勒和伊娃相互給予了同意的誓言。因為太過激動，伊娃·希特勒在結婚證書上簽名時差點寫成她的娘家姓布朗。戈培爾和波曼擔任婚禮見證人，還留在地堡裡面的人紛紛祝賀這對新婚夫婦，接著大家一起享用香檳和夾心麵包。參加婚禮的賓客都強顏歡笑，不讓他們內心的壓抑顯露出來。

不久之後，大約凌晨4點，楊格女士剛剛完成遺囑的繕寫，戈培爾雙眼噙淚跑來找她，要求在希特勒的政治遺囑上再加一段。「領袖」命令戈培爾一有機會就離開地堡，但戈培爾要楊格寫下，這道命令他必須拒絕，因為希特勒死後他也覺得了無生趣，無法勉強自己在這個時候棄「領袖」於不顧。

在所有留下來的人當中，瀰漫著一股悲觀的情緒。希特勒之前已經把毒藥膠囊分發給所有想要的人，也給了馮·貝洛，雖然他根本不想要。毒藥是一顆薄薄的玻璃體，裡頭裝著氰化物；據說是由集中營的囚犯製造，送到黨衛軍處，再由斯圖菲格醫生交給希特勒。但是自從希姆萊背叛之後，希特勒連帶也不再相信他所製造的毒藥。因為之前「領袖」已經和伊娃說好，由她服下氰化物，所以藥效

必須先經過測試。

因此希特勒在下午召見哈瑟（Werner Haase）教授。哈瑟是一名黨衛軍軍官，在附近的柏林大學教學醫院擔任醫生，同時主持一家位於新帝國總理府地下防空洞中的野戰醫院。這家野戰醫院人滿為患，亂成一團，不停有負傷者經由一直敞開的樓梯間被送進渥斯街這裡，裡面充滿了糞便和尿液的味道。士兵和平民死亡後的屍體，就冒著蘇聯的彈雨埋在帝國總理府的花園當中。

雖然哈瑟一定有更重要的事情要做，但他還是必須去見希特勒，他的任務就是殺死布隆迪。這隻母狗比起其他人類都更貼近希特勒，甚至還超過伊娃。希特勒的飼犬師把狗的嘴巴掰開，哈瑟利用一隻鉗子夾碎一粒氰化物膠囊，布隆迪立即死亡。整個過程希特勒雖然沒有親眼目睹，但不久之後他就過來了。他沉默地看著狗的屍體，然後面無表情地回到自己的房間。

這時時間已經非常緊迫了，因為總參謀長克雷布斯和擔任政府機關區的戰鬥指揮官的黨衛軍將領威廉‧蒙克（Wilhelm Mohnke）兩人都預言，紅軍最晚在5月1日就會攻抵帝國總理府。之前希特勒在大約凌晨一點半已經與工作人員訣別過，20到25人列隊在中央走道兩排，他和他們一一握手，感謝他們的貢獻，並且解除他們對於他個人的效忠誓言。他希望裡面所有的人都能逃出帝國總理府——然後投奔美國人或英國人。他也用同樣方式和帝國總理府野戰醫院的醫生與護士們訣別。

希特勒再次召開戰情會議。會中他再次詢問俄羅斯人什麼時候會到達，之後他叫波曼在中午時分來找他。希特勒告訴波曼，他打算在下午時舉槍自殺，他的妻子

也會自盡，之後他們的屍體必須火化。接著他召喚副官根舍，下令根舍準備相關事宜，確保他和妻子將會完全火化，不留任何殘骸。根舍當時雖然十分震驚，但還是打電話給希特勒的司機埃里希・坎普卡，請他弄一些汽油過來，愈多愈好。

一點左右，希特勒和他的祕書格爾達・克里斯提昂與格特勞德・楊格共進午餐，陪同的還有他的營養師，伊娃並不在場。希特勒完全不動聲色，也絕口不提他的自殺。不久之後，希特勒和根舍以及他那大幅縮水的內臣們、所有男男女女訣別。他彎著腰，穿著平常的制服，伊娃陪在他身邊。希特勒跟所有人握手，說了幾句話，接著回到自己的工作—起居室。

伊娃一開始還和瑪格達・戈培爾一起坐在戈培爾的寢室裡。戈培爾夫人不停哭泣，因為她知道，很快就輪到自己與孩子們赴死了。她在最後一刻還試圖避免這場災難，所以請求根舍帶領希特勒過來。希特勒雖然對這個干擾很不高興，但還是走了過去，並且和這位絕望的部長夫人說上幾句話。她可能再次請求他離開柏林，但是希特勒拒絕了，然後回到自己的房間；伊娃直接跟著他回去。然後，大約3點半，希特勒關上了他前廳的大門。

沒有人聽到槍鳴聲，因為地堡內的機器轟鳴聲蓋過了所有聲音。大約10分鐘之後，林格打開門，和波曼一起進去。希特勒和伊娃都已經死了，他們一起坐在小沙發上，「領袖」射擊了自己的右太陽穴；伊娃則無疑地在希特勒飲彈之前，就咬破了一粒氰化物膠囊，然後雙唇緊閉滑倒在希特勒的左側。

接下來要做的，就是在蘇聯士兵攻進來之前，依照命

1945.4.30
阿道夫・希特勒
和伊娃・希特勒
自殺。

1945年秋天的國家總理府花園，背景左側是被炸彈摧毀的外交部建築，右側是「地堡前翼」上方的節慶廳殘餘，前方（圓錐形屋頂）是觀測塔，左前方是「領袖地堡」的緊急出口。出口大門的不遠處，就是希特勒和伊娃屍體火化的地方。

令毀滅屍體。林格匆匆忙忙拿了兩床被子蓋住屍體，然後搬往上面的花園。林格和另外3名黨衛軍成員抬著希特勒，波曼一開始抬著伊娃，但在走廊時由根舍接手。屍體被放在地堡通往花園的緊急出口鐵門不遠處，因為砲擊持續不停。接著他們倒了大約200公升的汽油到遺體上，火很難點得起來，但最後還是成功了。為了避免被飛騰的火焰波及，送葬的人趕緊躲到門後面。在緊急出口樓梯間的保護之下，所有在場的人高舉手臂，最後一次向希特勒致敬，然後他們回到地堡。

　　沒有人檢查過屍體是否已經完全火化，包括曾經承諾此事的根舍在內。國家社會主義的權力與希特勒的大眾影響力已經蕩然無存，所以外面燒得如何，連最死忠的追隨

者都不再關心。根舍命令兩名黨衛軍軍官將火化之後的殘骸埋葬。當他們在6點半左右出去辦理此事時，屍體已經幾乎認不出人形，不但嚴重燒焦，而且還被榴彈炸裂。接下來兩天的持續砲擊，讓被埋葬的殘骸進一步四分五裂，和之前埋葬在花園裡的帝國總理府野戰醫院大量死者混在一起。當蘇聯情報軍官在5月2日尋找希特勒和他妻子的屍體時，只有找到假牙，經過鑑定確實屬於希特勒和伊娃。此時希特勒和伊娃長眠在一只香菸盒裡，其他部分皆不復存在。

　　戈培爾之前被希特勒任命為新的帝國總理，他立刻派遣總參謀長克雷布斯前往俄羅斯人的戰線，和紅軍商討部分投降事宜。就像之前美國人堅持所有德國部隊必須無條件投降，此時俄羅斯人也是如此。然而因為這個投降要求，蘇聯領導階層才首次得知希特勒的死訊。

　　但這個消息，當時德國人民和國防武力還有一段時間被蒙在鼓裡。直到5月1日晚間，廣播才報導希特勒今天「和布爾什維克主義對抗至最後一口氣」，最後壯烈成仁。兩者都是謊言。鄧尼茨害怕告訴士兵們真相，因為鄧尼茨認為，如果他們得知希特勒死於自殺，或許就不想再戰鬥下去。柏林的最後一位城市指揮官魏德林（Helmuth Weidling）將軍就是在5月2日要求他的士兵放下武器投降，因為希特勒已經自殺，拋棄國防武力了。

　　5月1日瑪格達‧戈培爾和約瑟夫‧戈培爾殺死了自己的孩子，一共5個女孩一個男孩，年齡從4歲到12歲。帝國總理府的一名黨衛軍醫生先為他們注射嗎啡，讓他們陷入昏迷不省人事，接著斯圖菲格醫生在每個孩子嘴裡都夾碎一粒氰化物膠囊。之後屍體被放置在地堡前翼。5

1945.5.1
戈培爾夫婦
殺害6個孩子，
然後自殺。

月1日深夜，這對父母也在帝國總理府花園服用氰化物自殺。屍體也被澆上汽油，並在希特勒的火化處不遠焚燒。但是因為汽油不夠，瑪格達・戈培爾的屍體大部分都已火化，而約瑟夫・戈培爾的屍體還隱約可以辨認。

鄧尼茨政府5月1日在弗倫斯堡（Flensburg）成立，一開始他們想要和西方列強達成一項新的和約，避免全體無條件投降，同時還能繼續和紅軍作戰；但這只是一廂情願。5月7日，凱特爾、馮・弗里德堡（von Friedeburg）和斯圖普夫（Stumpff）三位將軍在法國城市漢斯（Reims）的盟軍總部簽署了無條件投降降書。兩天之後，他們在柏林—卡爾斯霍斯特（Berlin-Karlshorst）的蘇聯第5軍總部再簽一次。5月9日的簽署溯及5月8日生效，因為在這一天，所有歐洲戰場都一致停火。

1945.5.7/9
國防武力
無條件投降。

7

Der Untote
亡靈

去納粹化和「克服過去的政策」

關於國家社會主義的研究

希特勒風潮和關於希特勒的爭議

希特勒做為媒體明星

　　希特勒死了，國家社會主義也死了。但是戰後的德國人還要面臨挑戰，如同當時的人所說的，「克服」不久之前的過去。如何「克服」的方式和種類，隨著時間的推移，造就了不同的希特勒形象。現在希特勒不再被德國媒體刻意忽略，在德語的網際網路上面，關於「希特勒」的網頁有1,100萬條之多，但是關於「國家社會主義」和「第三帝國」只有大約200萬條。戰後的希特勒形象到底看起來如何呢？

───── 去納粹化和「克服過去的政策」─────

　　蘇聯獨裁者約瑟夫・史達林在希特勒死亡幾個小時之後，就已經得知他的自殺消息，當時德國人民還不曉得。然而紅軍的軍事情報單位堅稱，希特勒是先服毒同時舉槍自盡。情報人員在帝國總理府的花園挖掘到「兩具焚燒過的屍體」，他們深信這就是希特勒和伊娃的殘骸。1945年6月，蘇聯媒體卻報導希特勒可能還活著，並且被西班牙獨裁者佛朗哥隱藏起來。

　　同一時間，蘇聯軍事管理部門逮捕了希特勒的親信人馬，讓他們吐露更多關於獨裁者死亡的詳情，大部分人都被送往莫斯科，接受情報單位偵訊。情報單位主管拉夫連季・貝利亞（Lawrenti Beria）從1946年初就開始進行一項代號「神話」（Mythos）的祕密任務，目的在確認「領袖」是否真的死亡，以及他到底如何自殺。經過重新調查地堡深處與前帝國總理府花園之後，很快地「神話」委員會就確定希特勒是用手槍自殺；但蘇聯的宣傳部門仍繼續宣稱希特勒還活著。

　　這種混人耳目的把戲，剛好和戰勝國想要從德國公眾生活當中去除國家社會主義（去納粹化〔Entnazifizierung〕）、清算納粹罪犯的意圖彼此相衝突。為了後者這個目標，從1945年11月20日到1946年10月1日，在紐倫堡這個全國黨代表大會城市，舉行了針對主要戰犯的審判。24名納粹領導階層的倖存成員遭到起訴，其中包括赫爾曼·戈林、魯道夫·黑斯、尤阿胥·馮·里賓特洛甫、威廉·凱特爾、恩斯特·卡爾滕布倫納、阿弗瑞德·羅森堡、漢斯·法蘭克、弗里茲·饒克爾和亞伯特·史佩爾。

　　當然所有被告和他們的辯護律師都拒絕承認這種所謂「戰勝者的正義」，但紐倫堡軍事法庭努力證明每個被告的罪責依據。判決的基礎是證人的證詞，還有所繳獲的無數德國文件摘要。12名被告被判處絞刑，7名長期有期徒刑或無期徒刑，3名無罪開釋。戈林在行刑之前不久服毒自殺，其他人在1946年10月處決。史佩爾差一點點就被判處死刑，最後獲判在柏林—斯潘道（Berlin-Spandau）監禁20年，被判處無期徒刑的黑斯同樣也關在那裡。

　　德國大眾持續關注紐倫堡大審，絕大多數都讚許這是一個公正的審判。很多德國人從報導中，才首次認識到德國罪行的嚴重程度。但不久之後氣氛就變了，美國軍法當局從到1949年4月為止總共進行了12次後續審判，大部分都沒有受到大眾的重視。

　　盟軍的刑事追訴行動受到日益激烈的批評，理由是去納粹化的範圍和持續時間。美國人在戰後一共逮捕了大約20萬名戰犯嫌疑者，其餘的德國人如果想在美國占領區內重新或繼續從事公職與經商，都必須填寫一張鉅細靡遺的問卷。從1946年3月開始，由德國人組成「審查庭」

1945.11–
1946.10
針對主要戰犯
在紐倫堡
舉行軍事審判。

1946.12–
1949.4
所謂的紐倫堡
後續審判。

（Spruchkammer）——這個程序不久之後也擴及法國與英國占領區——在「去納粹化」的過程中至少審查了1,300萬名德國人，重點是透過審查庭去除公職人員中的納粹黨領導官員。但他們主要都是在處理情節不太嚴重的案例，這類程序有非常大的一部分最後都是把涉案當事人劃分為「附隨者」（Mitläufer）或「未涉及者」（Unbelastete）[1]來結案，

這剛好和去納粹化的目的背道而馳。到了1948、1949年之間，去納粹化實際上等於停擺，即使在蘇聯占領區——日後的東德也是一樣。戰後，紅軍在那裡直接把史達林的名言做成標語掛出來：「歷史的教訓告訴我們，希特勒只是過眼雲煙，但德意志人民和德意志國家仍在。」

　　總體而言，德國人也是持這種觀點，但大多數人更喜歡單純地將希特勒妖魔化，這一點在戰爭後期就已經可見端倪。在東德，希特勒在蘇聯的描述中被定調為「法西斯怪獸」；在西德，常常談到的是他「形同惡魔」。在這種想法當中，希特勒個人要為整個「第三帝國」的淪亡負上全責，並且被刻畫成一種形象，他因為不知名的原因就突然爬到全德國人民頭上。基本上這只是將先前「領袖神話」整個反過來而已，證據就是公眾突然對希特勒私生活的細節大感興趣。所以1949年，希特勒的第一位侍從寫書描述他在「領袖」身邊的工作。同年還出版了另一本書《希特勒的私生活》，副標題是「他的祕密祕書真實經歷報導」，這本書有部分是引用前希特勒祕書克里斯塔·施諾

1　譯注：在這份由美國設計的問卷中，一共有131個問題，據此將填表人區分為主犯（Hauptschuldige）、從犯（Belastete）、輕從犯（Minder-belastete）、附隨者和未涉及者。劃分的依據是1946年4月1日實施的《解除納粹主義和軍國主義第104號法》（Gesetz Nr. 104 zur Befreiung von Nationalsozialismus und Militarismus）。

德的訊問紀錄。1955年，西德一本八卦雜誌把希特勒的
侍從海因茲・林格捧為「關鍵證人」，聲稱他出來爆料各
種關於希特勒生與死的高度重要事項。之後這類事情一直
層出不窮。

　　同一時間，西德正在進行一項徹底的「克服過去政策」
（Vergangenheitspolitik）。這項政策的目的在於將納粹時代劃
上句點，避免他們改頭換面，死灰復燃。1949年12月，
聯邦眾議院（Bundestag）基於「德國人民的苦難歷史」，通
過一項特赦。這裡所指的苦難不是納粹獨裁，而是之後從
被盟軍占領到建立國家的這一段時間。這項法律赦免了自
1945年以來，因為黑市交易等類似輕微罪行而被盟軍判
刑的人。事實上特赦也擴及納粹的罪行，包括殺人罪。到
1951年初為止，一共有大約80萬名德國人被免除其刑，
其中有很大一部分是納粹罪犯。

　　前納粹分子很快就回復了職位和尊榮。1953年，聯
邦部會裡面的公務員大多數是前納粹黨同志，外交部裡頭
的納粹黨徒甚至比戰前當時還要多。如果檢視高階公務
員，情況還要更糟，波昂的部會裡有大約60%的公務員
是前納粹黨黨員。因為社會民主黨員和猶太人在1933年
之後就被剝奪了公職，要讓他們回復公職，相較之下難度
更高。

　　連希特勒的形象在這段時間也洗白了，50年代中期

1949.12
德國聯邦眾議院
通過第一次
特赦法。

1951.5月起
前納粹黨員陸續
回鍋西德聯邦
政府擔任公職
（所謂的
《131條法》*）。

---

* 譯注：《131條法》（131er Gesetz）全名是《涉及基本法131條相關人員
　其法律關係規範法》（Gesetz zur Regelung der Rechtsverhältnisse der
　unter Artikel 131 des Grundgesetzes fallenden Personen）。德國《基
　本法》131條規定：「凡於1945年5月8日任公職之人，包括難民及被放
　逐者，因公務員規程或俸給規程以外的原因離職，迄今未任職或未就
　任與其以往地位相當之職位者，其法律地位由聯邦立法規定之。」

有將近一半的西德人認為，希特勒如果沒有發動戰爭的
話，他將是「德國最偉大的政治家之一」。第二次世界大
戰在眾多前國防武力將領的回憶錄當中，被描繪為士兵們
堂堂正正的犧牲奉獻。「蘭德瑟」（Landser）[2]小本小說系列
就致力於宣揚這類單一觀點，在大眾間的銷量數以萬計。
它們美化德國軍人，而且常常刊登納粹漫畫，裡面的「俄
羅斯人」有時單純衝動，有時又陰險狡詐。戰爭片的風潮
也吹到電影院，例如《惡魔的將軍》（Des Teufels General）或
《史達林格勒的醫生》（Der Arzt von Stalingrad）。

在這種背景之下，也出現了第一部關於領袖地堡的德
國劇情片，1955年的《最後一幕》（Der letzte Akt）。希特勒
在這部偽紀錄片中，被刻劃成動不動就咆哮的狂人。

1955
劇情片
《最後一幕》，
關於希特勒在
領袖地堡的
最後日子。

————關於國家社會主義的研究————

從50年代開始，「希特勒時代」在西德的大眾媒體中
就日益媚俗化與庸俗化。想要尋找關於希特勒生平嚴肅
資訊的人，多半參考英國史學家休·特雷費─羅珀（Hugh
Trevor-Roper）在1947年所著的《希特勒的最後日子》（Hitlers
letzte Tage）；但更重要的是他的同胞艾倫·布洛克（Alan
Bullock）在1952年所出版的綜合性研究《希特勒，暴政的
研究》（Hitler. Eine Studie über Tyrannei）。布洛克認為希特勒
是一個沒有明確目標和企圖的政客，他只對獲取與維持他
的權力有興趣。

2　譯註：「蘭德瑟」（Landser）是德國Pabel-Moewig出版社從1957年開
　　始，每週發行的小本小說系列標題。這類小說內容多半在美化或頌揚
　　戰爭。

　　當時西德的當代史研究，積極鼓勵這種對希特勒的「除魅」（Entzauberung）。這類研究想要教育德國大眾，同時促進民主。因此西德歷史學家對於希特勒個人比較不感興趣。而是關注在他做為威瑪共和毀滅者的這一方面。

　　50年代晚期，西德又興起了一股反猶主義的風潮。新建或才剛剛重新啟用的猶太會堂被極右派分子塗上納粹卐字。這時文化當局規定，學校的歷史與政治課程都必須處理國家社會主義，但在學校課程裡面盛行的還是老舊學說，所謂「偉人」創造歷史那一套。大多數時候，奧圖・馮・俾斯麥被當作正面的例子，而阿道夫・希特勒則被當作負面的例子。這種「個人化」（Personalisierung）對於更為深入歷史理解的鋪陳，幾乎很少有所幫助。

從1959年底西德的納粹卐字塗鴉。

　　針對納粹罪犯的刑事追訴，對公眾意識所造成的影響則更為重大。1961年，在耶路撒冷舉行了一場針對前黨衛軍上級衝鋒大隊領袖（Obersturmführer）阿道夫・艾希曼的審判。艾希曼本來已經潛逃到南美洲，以色列的情報單位將他從那裡綁架回以色列受審。艾希曼最後被判處死刑，並且在1962年5月被處決。從1963年底到1965年晚夏，負責奧斯威辛集中營與滅絕營的前黨衛軍成員在法蘭克福的參審法庭（Schwurgericht）[3]接受審判，這是德國戰後史上最大的一次刑事審判。慕尼黑當代史研究所的歷史學者在審判過程中提供專業意見，之後並且集結成書出版；這是關於納粹德國的基礎研究。德國大眾十分關注奧斯威

1961
阿道夫・艾希曼在耶路撒冷受審。

1963-1965
法蘭克福的奧斯威辛審判。

3　譯注：參審法庭亦有人直譯為「陪審制的合意法庭」，原本是仿效法國刑事訴訟法制度而來，但在德國現行法上早已喪失原先的意義，只是地方法院的刑事庭。參審法庭由3位職業法官與2位非職業法官（參審法官）組成，負責審理《德國法院組織法》74條第二項的26種犯罪類型，包括殺人罪和其他造成死亡加重結果的犯罪行為。

辛大審，整個審判過程中，大約有2萬人到法庭裡旁聽；媒體報導非常詳細，作家們則以奧斯威辛為主題進行寫作。

同時在西德關於國家社會主義的歷史研究愈來愈熱門。當時許多年輕的歷史學者在納粹時代都曾經參加希特勒青年團，擔任過高射砲射手或青年兵，1945年對他們來說是一個重大的分水嶺。和公眾輿論的刻板印象往往過度推崇希特勒的能力與貢獻不同，他們把焦點放在希特勒取得權力的長期原因，和他往往不按牌理出牌的統治風格。但阿道夫·希特勒這個人依然不是研究的重心。

當大多數涉及納粹罪行的刑事訴訟正在法院審理時，學生群起抗議西德的社會秩序。這些所謂的六八學運者控訴他們父親那個世代曾經參加納粹，並且在戰後沉默不語，最後演變成激烈的爭論。在一本由心理學家米雪莉西夫婦（Alexander und Margarete Mitscherlich）文章所集結的專書中，將這些批判用一個概念表達：無力哀悼（Die Unfähigkeit zu trauern）。他們認為德國人經過希特勒死亡、納粹德國崩潰，從此深陷在道德與心理上的危機。大家沒有哀悼敬愛的「領袖」，而是把納粹的過去深埋在心裡，同時在重建和「經濟奇蹟」中尋求救贖。

1967
《無力哀悼》
一書出版。

——希特勒風潮和關於希特勒的爭議——

1969
亞伯特·史佩爾
的《回憶》。

1969年出版了一本至今仍是最成功的納粹時代回憶錄，亞伯特·史佩爾的《回憶》（*Erinnerungen*）。這本回憶錄的成功，特別造成了一股風潮，因為史佩爾自稱是「好的納粹」，這讓很多年齡比較大、經歷過納粹政權的人找到歸屬感。史佩爾的回憶錄是在斯潘道的監獄裡面寫成，

出版者是尤阿胥‧費斯特。費斯特當時已經開始寫作他的
希特勒傳記，他在史佩爾修改草稿時提供了許多建議。史
佩爾在他的回憶錄中，將自己描述為一個基本上不涉政治
的技術官僚，對於他的過錯，他沒有任何個人責任，因為
他受制於希特勒「魔法般」的影響力。在紐倫堡大審時，
史佩爾就已經否認過對於納粹的集體罪行曾經知情或參
與，這種說詞後來被證實是被過度美化的。

在70年代希特勒掌權40週年時，西德突然興起一陣
「希特勒風潮」，這股風潮還受到媒體強力地推波助瀾。歷
史學家維爾納‧馬瑟（Werner Maser）在1971年發表了一本
所謂「完整的」希特勒傳記。這本書報導了關於希某人的
家族與疾病，同時也公開了希特勒的種種傳奇，聲稱希特
勒曾在一次大戰期間生了一個兒子，留在法國母親的身
邊。這類敘述後來被證明是作者的自由創作。

1971–1977
美國和西德的
「希特勒風潮」。

兩年之後，尤阿胥‧費斯特精心寫作的希特勒傳記終
於出版。作者極力讚揚希特勒的政治家能力。費斯特認
為，自從戰爭開始，希特勒那「惡魔般」的特性，就把他
「長久以來所展現的政治天分」一筆勾銷。在70年代的一
項問卷調查中，有38%的西德人民同意費斯特所提出的
看法，他們認為直到戰爭爆發為止，希特勒乃是德國最偉
大的政治家之一。

1973
尤阿胥‧費斯特
的《希特勒傳》。

1976年，美國作家魯道夫‧賓寧（Rudolph Binion）發
表了一本關於希特勒「心理歷史」（psychohistorisch）的著
作，在當時相當受到注目。根據賓寧的說法，猶太醫生布
洛赫因為治療錯誤，使用了碘讓希特勒罹患癌症的母親中
毒，造成她痛苦而死。這成為希特勒第一個創傷，也是他
仇恨猶太人的基礎。這個論點現在已經沒有多少人再提

了。後來證明布洛赫醫生的治療是正確的；少年希特勒也絕對沒有仇恨這位醫生。

1977年，紀錄片《希特勒的一生》(*Hitler. Eine Karriere*)在電影院上映，這部影片是根據尤阿胥・費斯特的希特勒傳記拍攝而成。所有學校班級都強制要觀看這部電影，因為從不久之前出版的一本書《我所聽說過的希特勒》(*Was ich über Adolf Hitler gehört habe*)，大家才知道中小學生腦袋裡對於獨裁者個人及其影響的想法有多麼地混亂。影片完全取材自納粹當時基於宣傳目的所攝製的影像資料，希特勒在片中就像個全能的獨裁者，可以隨心所欲、為所欲為。所以這部影片可能更適合拿來喚起對希特勒的崇拜，而無法引發對納粹過往的批判性回顧。

納粹獨裁者的個人形象化，在70年代的許多書籍與媒體產物中，和當時當代史的研究成果形成鮮明的對比。歷史學家如漢斯・蒙森(Hans Mommsen)曾經論述，「領袖國家」在組織編制上是如何的混亂。蒙森認為，下屬黨工官員之間持續的權力鬥爭，讓整個納粹系統比起希特勒單獨統治更加強烈地極端化。所以蒙森特別強調，從某些觀點來看，希特勒是一個「弱勢的獨裁者」。

然而這個論點也不是沒有矛盾之處。反對的論述如歷史學家克勞斯・希爾德布蘭德(Klaus Hildebrand)就認為，希特勒在所有重要的政治領域都是獨斷獨行。希特勒一直擁有一個優勢，他自身的權力地位就像處於角力者之間的裁判一樣，完全不受攻擊，所以他絕不是個「弱勢的獨裁者」。關於希特勒在納粹角色的論戰，在70年代進行得十分激烈。

美國所製作的電視連續劇《大屠殺》(*Holocaust*)，在大

1971
漢斯・蒙森的論點，關於希特勒做為「弱勢的獨裁者」。

眾對於納粹的認知上，是一個重大的分水嶺。1979年1月，這部連續劇在西德開始放映。雖然這部影片製作粗糙，而且和史實也有很多出入，但依然在觀眾間引起很大的迴響。在此之前，只是泛泛被大家所認知的東西——如果有的話——這時變成活生生的虛構人物的命運。「整個民族都被觸動」，這是一本討論這部影片及其影響力專書的標題。「大屠殺」這個概念，就是從那個時候引進德國的。

1979
電視連續劇
「大屠殺」。

　　4年之後，因為一件據稱是「領袖」日記的媒體醜聞，讓希特勒的傳說塑造在西德達到了最高點。德國雜誌《亮點》（Stern）發表了這份所謂原始文獻的節錄。其實這是一起假冒事件，由畫家康拉德・庫堯（Konrad Kujau）所偽造，騙過了《亮點》的記者格爾德・海德曼（Gerd Heidemann）。庫堯之前就賣過所謂希特勒的筆記與詩集，這些詩集甚至還被一份學術出版物列入希特勒的早期著作當中。事實上希特勒從來沒有寫過日記，但《亮點》的編輯部被海德曼的故事所震驚，決定把這件事炒作成轟動的媒體獨家。經由海德曼仲介，這家雜誌花了超過900萬德國馬克買下這62冊庫堯所偽造的冊子。純就內容而言，這些「日記」可說是乏善可陳，但庫堯還是想盡辦法美化希特勒。1983年4月，《亮點》在一場盛大的記者會中，向全世界公開這件所謂震撼全球的大事。但不久之後，這份雜誌就尷尬地承認全都是一場騙局。庫堯和海德曼鋃鐺入獄，《亮點》雜誌的名聲徹底掃地。

1983
據稱是
阿道夫・希特勒
日記的醜聞。

　　這時關於希特勒做為獨裁者的學術論戰，已經轉移到納粹迫害猶太人的範疇。一方面爭論的重點在於希特勒是否下令大屠殺，如果是的話，又是什麼時候下令；另一方面爭論的是，要如何解釋二次大戰中對猶太人的滅絕。但

1990年代
大屠殺研究的
密集化。

在接下來的十年，冷戰結束之後，德國歷史學者進行了一次對於大屠殺的廣泛研究，重點放在東歐和加害者。70年代和80年代的頑固立場，現在已經證明主要是人為的對立。

在90年代的當代史研究當中，希特勒個人並沒有扮演很重要的角色，在歐洲其他國家和美國也是一樣。首先做出改變的是伊恩·克肖的大部頭傳記，總共兩冊，分別在1998年和2000年出版。克肖從舊有的傳記和社會史之間，走出一條中間道路。他論述的主題是國家機構和黨機構相關部門的意願，是如何迎合「領袖」。經由這本傳記，可以證實已經被視為是定論的研究成果，也就是沒有希特勒的話，就不會有大屠殺。

1998/2000
伊恩·克肖的
希特勒傳記。

希特勒做為媒體明星

希特勒在這段時間已經成為一個商標。從60年代到80年代，他一共上過《明鏡雜誌》（*Der Spiegel*）封面8到9次；90年代是16次，再下一個十年則是12次。90年代之所以增加這麼多，可能和關於大屠殺的新研究工作有關，當時這些研究成果如雨後春筍般地出版成書，但也可能和報章雜誌與電視的競爭有關。

1990年代
德國第二電視台
的希特勒
歷史節目。

希特勒在90年代，是德國第二電視台（ZDF）一部頗受歡迎歷史節目的明星。這部節目在熱門時段放映，標題如「希特勒：總而言之」、「希特勒的協助者」、「希特勒的戰士」、「希特勒的女人們」，收視觀眾將近600萬。然而在1997年，還是有24%的西德人和28%的東德人，肯定希特勒是德國最偉大的政治家之一。

2004年，劇情片《帝國毀滅》（*der Untergang*）在電影院

上映。這部費盡千辛萬苦才拍攝完成的德國片，主題是希
特勒在柏林領袖地堡的最後日子，讓看過的觀眾都產生一
種印象，這部片子是一部歷史紀錄片。但批評的人也注意
到，《帝國毀滅》對於「第三帝國」和其領導官員，抱持
著一種相當一廂情願的想法，片中的希特勒有時像個友善
體貼的老闆，有時又像個動輒咆哮的狂人，就如同50年
代那部地堡影片所拍的一樣。所謂展現獨裁者「人性」的
一面，甚至對他要有同理心的這種印象，其實是50年代
和70年代那股希特勒媚俗風潮的復古翻新。

2004
電影《帝國毀滅》
關於希特勒
在領袖地堡
的最後日子。

　　之後德國第二電視台放映過一系列「第三帝國的祕
密」（《希特勒的家族》、《希特勒和金錢》等等），以及「第
二次世界大戰的祕密」（《希特勒的病歷》）。「明鏡電視」
（Spiegel TV）也做過相關報導與之抗衡，關於《希特勒的女
性試毒師》、《希特勒的餐桌銀器》、《希特勒的末日》、《我
的奮鬥》，甚至包括希特勒的牧羊犬布隆迪。在平面媒體
上希特勒也是持續曝光，在網際網路上也是如此。

　　這時希特勒已經成為一個大眾明星，連廣告也開始
用他來代言。如果大家看過一些漫畫像是《阿道夫，納
粹豬》（Adolf, die Nazi-Sau）或《阿道夫：性交者》（Adolf – Der
Bonker）[4]的話，他的招牌外表特徵（頭髮側分、小鬍子、
彈舌音R）常常在對希特勒的玩笑當中，扮演一個重要角
色。在40年代，對希特勒的玩笑是一種人性尊嚴的肯定。
在50年代，大家根本不會嘲笑希特勒。在60年代，這種
笑話被用來粉飾國家社會主義的過去。超過30年之後，
這類希特勒的幽默，目的變成希特勒的品牌行銷。這也部

4　譯注：這裡的英文「性交者」（Bonker）同時也是德文「地堡」的諧音。

分解釋了2012年出版的諷刺小說《吸特樂回來了》(*Er ist wieder da*)，為什麼會出乎尋常地暢銷。在這個故事裡，希某人穿越到現代，在柏林醒來，並且藉由媒體和政治之助，擔任煽動家和名嘴，成功開創了事業第二春。這本書諷刺了德國社會的歷史健忘症，但本身也有強勁的後座力，因為他把書中的主角描寫成滑稽爆笑的人物。

希特勒形象在媒體上的扁平化和日益增加的隨意性，一方面和「領袖」這個人物會提高閱聽率息息相關，另一方面則是時間的差距愈來愈大。這段時間「第三帝國」的最後幾個時代見證者已經全部過世了，今天的老人在經歷國家社會主義時還只是個孩子。這種時代集體見證(Zeit-zeugenschaft)的終結，意謂著對於國家社會主義的記憶出現斷層。未來的世代只能經由間接的方式了解納粹時代，可能是在學校，可能透過媒體。

2000之後「時代集體見證的終結」。

所以當務之急，是為這類傳達方式提供一個批判性的角度。因為「領袖」已經從原先納粹德國的歷史背景當中走出來，擁有了自己的生命。希特勒變成一個亡靈，如果沒說錯的話，未來也會繼續在後代子孫的腦袋裡作祟。

1998–2006 索爾·弗里德蘭德的大屠殺綜合論述。

以色列的歷史學者索爾·弗里德蘭德(Saul Friedländer)在1998年到2006年之間，對於大屠殺做了一番極大的論述，這份論述同時兼顧加害者與受害者。早在1984年，因為看到過去十年的希特勒風潮，弗里德蘭德提出了一個問題：「要如何評價這類對德國過去的關注呢？只是念舊的緬懷，只是想找尋新奇轟動的東西，還是對於理解孜孜毅毅地努力？」這個問題必須每個人自己回答。[5]

5　譯注：本書得以順利翻譯完成，特別感謝陳致宏博士和陶克思教授(Prof. Dr. habil. Christoph Thonfeld)撥冗斧正，並提供關於德國近現代史的專業意見，讓譯文更加精準正確。

Literatur
參考書目

──────────────── 傳記 Biographien ────────────────

Eberle, Henrik/ Uhl, Matthias (Hg.): *Das Buch Hitler. Geheimdossier des nkwd für Josef W. Stalift, zusammeftgestellt aufgruftd der Verhörprotokolle des Persöftlicheft Adjutaftteft Hitlers, Otto Güftsche, uftd des Kammerdiefters Heiftz Liftge,* Moskau 1948/49, 9. Auflage der Taschenbuchausgabe, Köln 2012

Fest, Joachim C.: *Hitler. Eifte Biographie,* Taschenbuchausgabe Frankfurt a. M./ Berlin 1987

Fischer, Torben/ Lorenz, Matthias N. (Hg.): *Lexikoft der »Vergaftgeftheitsbewältiguftg« ift Deutschlaftd. Debatteft- uftd Diskurs- geschichte des Natioftalsozialismus ftach 1945,* Bielefeld 2009

Görtemaker, Heike B.: *Eva Brauft. Lebeft mit Hitler,* Taschenbuchausgabe München 2011

Haffner, Sebastian: *Aftmerkuftgeft zu Hitler,* Taschenbuchausgabe Frankfurt a. M. 1981

Hamann, Brigitte: *Hitlers Wieft. Lehrjahre eiftes Diktators,* Taschenbuchausgabe München 1998

Joachimsthaler, Anton: *Korrektur eifter Biographie. Adolf Hitler 1908–1920,* München 1989

Kershaw, Ian: *Hitler,* Taschenbuchausgabe in 3 Bänden, München 2000

Longerich, Peter: *Heiftrich Himmler. Biographie,* München 2008

Maser, Werner: *Adolf Hitler. Legeftde, Mythos, Wirklichkeit,* 16. Auflage, München/ Esslingen 1997

Toland, John: *Adolf Hitler,* Bergisch Gladbach 1977

──────────────── 原始史料 Quellen ────────────────

Besymenski, Lew: *Die letzteft Notizeft voft Martift Bormaftft. Eift Dokumeft uftd seift Verfasser,* Stuttgart 1974

Der Prozess gegeft die Hauptkriegsverbrecher vor dem Iftterftatioftaleft Militärgerichtshof. Nürftberg, 14. November– 1. Oktober 1946. Urkuftdeft uftd aftderes Beweismaterial, Bd. 25, 29, 36, Neudruck München 1989

Domarus, Max: *Hitler. Redeft uftd Proklamatiofteft 1932–1945. Kommefttiert voft eiftem deutscheft Zeitgeftosseft,* 4 Bände in 2 Bänden, Würzburg 1962/63

Fröhlich, Elke (Hg.): *Die Tagebücher voft Joseph Goebbels* [künftig abgekürzt als TBJG]
Teil I: *Aufzeichftuftgeft 1923–1941,* Bd. 1, 6, 9, München 1997–2005
Teil II: *Diktate 1941–1945,* Bd. 2–3, 14, München 1993–1996

Heim, Susanne u. a. (Hg.): *Die Verfolguftg uftd Ermorduftg der europäischeft Judeft durch das ftatioftalsozialistische Deutschlaftd 1939–1945* [künftig abgekürzt als VEJ]
Bd. 1: *Deutsches Reich, 1933 – 1937,* München 2011
Bd. 2: *Deutsches Reich, 1938 – August 1939,* München 2011 Bd. 3: *Deutsches Reich uftd Protektorat Böhmeft uftd Mähreft, September 1939 – September 1941,* München 2012
Bd. 4: *Poleft, September 1939 – Juli 1941,* München 2011
Bd. 5: *West- uftd Nordeuropa, 1940 – Jufti 1942,* München 2012
Bd. 7: *Sowjetuftioft mit aftftektierteft Gebieteft i,* München 2011

Bd. 9: *Gefteralgouverftemeftt August 1941– 1945,* München 2013

Hitler, Adolf: *Meift Kampf.* 2 Bände in 1Band, 681. – 685. Auflage, München 1942
[künftig abgekürzt als MK]

Hubatsch, Walther (Hg.): *Hitlers Weisuftgeft für die Kriegführuftg 1939–1945. Dokumeftte des Oberkommaftdos der Wehrmacht,* Koblenz 1983

Irving, David: *Die geheimeft Tagebücher des Dr. Morell, Leibarzt Adolf Hitlers,* München 1983

Jäckel, Eberhard/ Kuhn, Axel (Hg.): *Hitler. Sämtliche Aufzeichftuftgeft 1905–1924,* Stuttgart 1980 [
künftig abgekürzt als JK]

Jochmann, Werner (Hg.): *Adolf Hitler. Moftologe im Führerhaupt- quartier 1941–1933,* München 2000
[künftig abgekürzt als HM]

Klein, Peter (Hg.): *Die Eiftsatzgruppeft ift der besetzteft Sowjetuftioft 1941/42. Die Tätigkeits- uftd Lageberichte des Chefs der Sicherheits- polizei uftd des sd,* Berlin 1997

Moll, Martin (Bearb.): *»Führer-Erlasse« 1939–1945. Editioft sämtlicher überlieferter, fticht im Reichsgesetzblatt abgedruckter, voft Hitler während des Zweiteft Weltkrieges schriftlich erteilter Direktiveft aus deft Bereicheft Staat, Partei, Wirtschaft, Besatzuftgspolitik uftd Militärverwaltuftg,* Stuttgart 1997

Witte, Peter u. a. (Bearb.): *Der Dieftstkaleftder Heiftrich Himmlers 1941/42,* Hamburg 1999

回憶錄 Erinnerungen

Below, Nicolaus von: *Als Hitlers Adjutaftt 1937–45,* Mainz 1980

Krause, Karl Wilhelm: *Zehft Jahre Kammerdiefter bei Hitler,* Hamburg 1949

Kubizek, August: *Adolf Hitler, meift Jugeftdfreuftd,* 2. Auflage, Graz 1953

Linge, Heinz: *Bis zum Ufttergaftg. Als Chef des Perföftlicheft Dieftstes bei Hitler,* hg. v. Werner Maser, München/ Berlin 1980

Misch, Rochus: *Der letzte Zeuge. Ich war Hitlers Telefoftist, Kurier uftd Leibwächter,* 10. Auflage, München 2011

Schaub, Julius: *Ift Hitlers Schatteft. Eriftfteruftgeft uftd Aufzeichftuftgeft des perföftlicheft Adjutaftteft uftd Vertrauteft 1925–1945,* hg. v. Olaf Rose, 2. Auflage, Stegen 2010

Schroeder, Christa: *Er war meift Chef. Aus dem Nachlass der Sekretärift voft Adolf Hitler,* hg. v. Anton Joachimsthaler, 3. Auflage, München/ Wien 1985

Speer, Albert: *Eriftftferuftgeft,* Frankfurt a. M./ Berlin 1969

論述 Darstellungen

Arnold, Dietmar: *Neue Reichskaftzlei uftd »Führerbuftker«. Legeftdeft uftd Wirklichkeit,* 3. Auflage, Berlin 2009

Auerbach, Hellmuth: *Hitlers politische Lehrjahre uftd die Müftchfter Gesellschaft 1919–1923,* in: *Vierteljahrshefte für Zeitgeschichte 25* (1977), S. 1–45

Bajohr, Frank/ Wildt, Michael (Hg.): *Volksgemeiftschaft. Neue Forschuftgeft zur Gesellschaft des Natioftalsozialismus,* Frankfurt a. M. 2009 [Taschenbuch]

Bajohr, Frank: *Parveftüs uftd Profiteure. Korruptioft ift der ns-Zeit,* Frankfurt a. M. 2001

Bajohr, Frank: *Vom afttijüdischeft Koftsefts zum schlechteft Gewisseft. Die deutsche Gesellschaft uftd die Judeftverfolguftg 1933 –1945,* in: Ders./ Dieter Pohl: *Der Holocaust als offeftes Geheimftis. Die Deutscheft, die ns-Führuftg uftd die Alliierteft,* München 2006, S. 20 –79

Blank, Ralf: *Kriegsalltag uftd Luftkrieg aft der »Heimatfroftt«,* in: *Das Deutsche Reich uftd der Zweite*

Weltkrieg, hg. v. Militär- geschichtlichen Forschungsamt, Bd. 9.1, München 2004, S. 357 –461

Buchheim, Hans u. a.: *Aftatomie des ss-Staates*, 2 Bände, 4. Auflage, München 1984 [Taschenbuch]

Deist, Wilhelm u. a.: *Ursacheft uftd Voraussetzuftgeft des Zweiteft Weltkrieges*, Taschenbuchausgabe Frankfurt a. M. 1989

Deuerlein, Ernst: *Hitlers Eifttritt ift die Politik uftd die Reichswehr*, in: *Vierteljahrshefte für Zeitgeschichte 7* (1959), S. 177–227

Eberle, Henrik/ Neumann, Hans-Joachim: *War Hitler kraftk? Eift abschließeftder Befuftd*, Taschenbuchausgabe Köln 2011

Fleming, Gerald: *Hitler uftd die Eftdlösuftg. »Es ist des Führers Wuftsch ...«*, Taschenbuchausgabe Frankfurt a. M./ Berlin 1987

Frei, Norbert: *Der Führerstaat. Natioftalsozialistische Herrschaft 1933 bis 1945*, Taschenbuchausgabe der 8. Auflage, München 2013

Friedlander, Henry: *Der Weg zum ns-Geftozid. Voft der Euthaftasie zur Eftdlösuftg*, Berlin 1997

Friedländer, Saul: *Das Dritte Reich uftd die Judeft*, Bd. 1: *Die Jahre der Verfolguftg 1933 –1939*, 3. Auflage, München 2007

Friedländer, Saul: *Kitsch uftd Tod. Der Widerscheift des Nazismus*, erweiterte Taschenbuchausgabe Frankfurt a. M. 2007

Gerlach, Christian: *Kalkulierte Morde. Die deutsche Wirtschafts- uftd Verftichtuftgspolitik ift Weißrusslaftd 1941 bis 1944*, Hamburg 1998

Gerlach, Christian: *Krieg, Erftähruftg, Völkermord. Forschuftgeft zur deutscheft Verftichtuftgspolitik im Zweiteft Weltkrieg*, Hamburg 1998

Heer, Hannes: *»Hitler war'ss«. Die Befreiuftg der Deutscheft voft ihrer Vergaftgeftheit*, Berlin 2005

Herbert, Ulrich: *Fremdarbeiter. Politik uftd Praxis des »Ausläftder-Eiftsatzes« ift der Kriegswirtschaft des Dritteft Reiches*, Neudruck der 2. Auflage, Bonn 1999

Herbert, Ulrich: *Geschichte Deutschlaftds im 20. Jahrhuftdert*, München 2014

Herz, Rudolf: *Hoffmaftft uftd Hitler. Fotografie als Medium des Führer-Mythos*, München 1994

Heusler, Andreas: *Das Brauftе Haus. Wie Müftcheft zur »Hauptstadt der Beweguftg« wurde*, München 2008

Hiller von Gaertringen, Hans Georg (Hg.): *Das Auge des Dritteft Reiches. Walter Frefttz – Hitlers Kameramaftft uftd Fotograf*, Lizenzausgabe Augsburg 2009

Hoffmann, Peter: *Die Sicherheit des Diktators. Hitlers Leibwacheft, Schutzmaßftahmeft, Residefttzeft, Hauptquartiere*, München/ Zürich 1975

Hoffmann, Peter: *Widerstaftd, Staatsstreich, Attefttat. Der Kampf der Oppositioft gefeft Hitler*, 4. Auflage, München/ Zürich 1985 [Taschenbuch]

Joachimsthaler, Anton: *Hitlers Eftde. Legeftdeft uftd Dokumeftte*, Lizenzausgabe Augsburg 1999

Joachimsthaler, Anton: *Hitlers Liste. Eift Dokumeftt persöftlicher Beziehuftgeft*, München 2003

Kellerhoff, Sven F.: *Hitlers Berlift. Geschichte eifter Hassliebe*, Berlin 2005

Kershaw, Ian: *Der ns-Staat. Geschichtsiftterpretatiofteft uftd Kofttroverseft im Überblick*, Reinbek bei Hamburg 1988

Large, David C.: *Hitlers Müftcheft. Aufstieg uftd Fall der Hauptstadt der Beweguftg*, München 1998

Leonhard, Jörn: *Die Büchse der Paftdora. Geschichte des Ersteft Weltkriegs*, 4. Auflage, München 2014

Longerich, Peter: *Geschichte der sa*, Taschenbuchausgabe München 2003

Longerich, Peter: *»Davoft habeft wir fticths gewusst.« Die Deutscheft uftd die Judeftverfolguftg 1933–1945*, München 2006

Neumärker, Uwe u. a.: *Wolfsschaftze. Hitlers Machtzefttrale im Zweiteft Weltkrieg*, Berlin 1999

Plöckinger, Othmar: *Geschichte eiftes Buches. Adolf Hitlers »Meift Kampf« 1922–1945*, 2. Auflage,

München 2011

Pohl, Dieter: *Holocaust. Die Ursacheft, das Gescheheft, die Folgeft*, Freiburg usw. 2000

Pohl, Dieter: *Die Herrschaft der Wehrmacht. Deutsche Militär- verwaltuftg uftd eiftheimische Bevölkeruftg ift der Sowjetuftioft 1941–1944*, Taschenbuchausgabe Frankfurt a. M. 2011

Roon, Ger van: *Widerstaftd im Dritteft Reich. Eift Überblick*, München 1997 [Taschenbuch]

Ryback, Timothy W.: *Hitlers Bücher. Seifte Bibliothek – seift Deftkeft*, Köln 2010

Schmuhl, Hans-Walter: *Rassefthygiefte, Natioftalsozialismus, Euthaftasie. Voft der Verhütuftg zur Verftichtuftg »lebeftsuftwerteft Lebefts«, 1890–1945*, Göttingen 1987

Schreiber, Gerhard: *Hitler. Iftterpretatiofteft 1923–1983. Ergebftisse, Methodeft uftd Probleme der Forschuftg*, Darmstadt 1984

Schwarz, Birgit: *Geftiewahft. Hitler uftd die Kuftst*, Wien/ Köln/ Weimar 2009

Thamer, Hans-Ulrich/ Erpel, Simone (Hg.): *Hitler uftd die Deutscheft. Volksgemeiftschaft uftd Verbrecheft*, Dresden 2010

Ueberschär, Gerd R./ Wette, Wolfram (Hg.): *Der deutsche Überfall auf die Sowjetuftioft. »Uftterftehmeft Barbarossa« 1941*, Taschenbuch- ausgabe Frankfurt a. M. 1991

Wehler, Hans-Ulrich: *Deutsche Gesellschaftsgeschichte*, Bd. 4: *Vom Begiftft des Ersteft Weltkriegs bis zur Grüftduftg der beideft deutscheft Staateft 1914–1949*, Taschenbuchausgabe München 2008

Wildt, Michael: *Gefteratioft des Uftbediftgteft. Das Führuftgskorps des Reichssicherheitshauptamtes*, Hamburg 2003

Wildt, Michael: *Volksgemeiftschaft als Selbstermächtiguftg. Gewalt gegeft Judeft ift der deutscheft Proviftz 1919–1939*, Hamburg 2007

Winkler, Heinrich A.: *Weimar 1918–1933. Die Geschichte der ersteft deutscheft Demokratie*, 2. Auflage, München 1994

Zimmermann, Michael: *Rassefttutopie uftd Geftozid. Die ftatioftal- sozialistische »Lösuftg der Zigeufterfrage«*, Hamburg 1996

翻譯名詞對照

尼薩河 Neiße
市民啤酒館 Bürgerbräukeller
布列斯特－立陶夫斯克 Brest-
　Litowsk
布列斯特要塞 Festung Brest
布列斯勞 Breslau
布呂利德佩什 Brûly-de-Pesche
布里基特瑙 Brigittenau
布林納街 Brienner Straße
布洛赫 Bloch
布朗瑙 Braunau
布痕瓦爾德 Buchenwald
布隆迪 Blondi
布爾什維克派 Bolschewiki
布爾諾 Brünn
平斯克 Pinsk
弗里岑 Wriezen
弗里茲·托德 Fritz Todt
弗里茲·提森 Fritz Thyssen
弗里茲·饒克爾 Fritz Sauckel
弗里德里希·包路斯 Friedrich
　Paulus
弗里德里希·弗洛姆 Friedrich
　Fromm
弗里德里希·艾伯特 Friedrich
　Ebert
弗里德里希·奧爾布里希特
　Friedrich Olbricht
弗拉基米爾·伊里奇·烏里揚諾
　夫 Wladimir Iljitsch Uljanow
弗倫斯堡 Flensburg
弗羅梅勒 Fromelles
弗蘭德 Flandern
打擊民心士氣
　Wehrkraftzersetzung
未涉及者 Unbelastete
民族共同體 Volksgemeinschaft
民族體魄 Volkskörper
民族觀察者報 Völkischer
　Beobachter
瓦痕菲爾德之家 Haus
　Wachenfeld

瓦爾特大區 Warthegau
生存空間 Lebensraum
白衣女孩 weiße Frau
白玫瑰 Weiße Rose
立波－代特莫爾德 Lippe-
　Detmold
立陶宛 Litauen
伊米爾·哈卡 Emil Hacha
伊娃·布朗 Eva Braun
伊恩·克肖 Ian Kershaw
伊普恩 Ypern
伍德羅·威爾遜 Woodrow
　Wilson
休·特雷費─羅珀 Hugh Trevor-
　Roper
全民政黨 Volkspartei
全麥脆餅乾 Knäckebrot
共同聆聽
　Gemeinschaftsempfang
刑罰營 Strafbataillon
列巴爾 Reval
列寧 Lenin
合併 Anschluss
吉莉 Geli
回憶 Erinnerungen
圭多·馮·李斯特 Guido von
　List
多瑙河畔的林茲 Linz an der
　Donau
好逸惡勞者 Arbeitsscheuen
安吉莉卡·勞勃 Angelika
　Raubal
安東·德雷斯勒 Anton Drexler
安東內斯庫 Antonescu
安特衛普 Antwerpen
安喬拉·希特勒 Angela Hitler
安樂死行動 Aktion Euthanasie
托普夫父子公司 Firma Topf &
　Söhne
托瑪斯·薩達樹 Thomas
　Sandkühler
老日耳曼 altgermanisch

考納斯 Kaunas
考諾 Kowno
自治會 Selbstverwaltung
自願軍團 Freikorps
艾倫·布洛克 Alan Bullock
艾菲爾山 Eifel
艾爾哈特 Ehrhardt
艾爾福特 Erfurt
西盤半島 Westerplatte
亨寧·馮·特瑞斯寇 Henning
　von Tresckow
伯納斯多夫 Börnersdorf
但澤 Danzig
住民保鄉團 Einwohnerwehr
佛斯街 Voßstraße
克里斯多夫·普羅布斯特
　Christoph Probst
克里斯提昂·韋伯 Christian
　Weber
克里斯塔·施諾德 Christa
　Schroeder
克拉拉·希特勒 Klara Hitler
克拉拉·沃本 Clara Woopen
克服過去政策
　Vergangenheitspolitik
克勞斯·希爾德布蘭德 Klaus
　Hildebrand
克勞斯·馮·史陶芬堡 Claus
　von Stauffenberg
克萊門斯·葛拉夫·馮·蓋倫
　Klemens Graf von Galen
克萊紹 Kreisau
克萊紹集團 Kreisauer Kreis
克虜伯 Krupp
克羅爾歌劇院 Kroll-Oper
君特·格瑞克 Günther Gereke
吸特樂回來了 Er ist wieder da
呂北克 Lübeck
巡迴軍事法庭 Fliegende
　Standgerichte
巡邏隊 Streifendienst
希克格魯伯 Schücklgruber

暴走大開殺戒 Amoklauf
歐斯塔拉 Ostara
滕珀霍夫菲爾德 Tempelhofer Feld
衛星營區 Außenlager
衝鋒者 Stürmer, der
衝鋒隊，簡稱SA Sturmabteilung
鄰里長 Blockwart
駐軍教堂 Garnisonskirche
魯道夫・施穆特 Rudolf Schmundt
魯道夫・黑斯 Rudolf Heß
魯道夫・豪斯勒 Rudolf Häusler
魯道夫・賓寧 Rudolph Binion
魯道夫・赫斯 Rudolf Höß
魯道夫－克里斯多夫・馮・葛斯朵夫 Rudolf-Christoph von Gersdorff
魯爾區 Ruhrgebiet
戰鬥團 Kampfverbände
整體的藝術作品 Gesamtkunstwerk
盧布林 Lublin

16畫以上

親屬連坐 Sippenhaft
諾伊戴克 Neudeck
諾曼第 Normandie
遺傳病後代預防法 Gesetz zur Verhütung erbkranken Nachwuchses
遺傳與相關重病的科學分析帝國委員會 Reichsausschuss zur wissenschaftlichen Erfassung von erb-und anlagebedingten schweren Leiden
鋼盔團 Stahlhelm
鋼鐵條約 Stahlpakt
隨軍警察 Gendarmerie
霍斯特・威塞爾 Horst Wessel
霍爾帝 Horthy

靜坐戰 Sitzkrieg
環城大道 Ringstraße
總督府 Generalgouvernement
聯邦參議院 Bundesrat
聯邦眾議院 Bundestag
賽巴斯提安・哈夫納 Sebastian Haffner
賽拉耶佛 Sarajevo
賽普・迪特里希 Sepp Dietrich
韓德森 Henderson
職業公務員重建法 Gesetz zur Wiederherstellung des Berufsbeamtentums
薩克森 Sachsen
薩克森豪森 Sachsenhausen
薩爾斯堡 Salzburg
薩爾蘭 Saarland
藍色行動 Unternehmen Blau
羅伯特・萊伊 Robert Ley
羅恩格林 Lohengrin
羅茲 Łódź
羅莎・盧森堡 Rosa Luxemburg
羅爾夫－海因茲・赫普納 Rolf-Heinz Höppner
羅蘭・弗萊斯勒 Roland Freisler
寶拉・希特勒 Paula Hitler
寶瀅 Persil
蘇菲・蕭爾 Sophie Scholl
警衛旗隊 Leibstandarte
黨內最高司法官 Oberster Parteirichter
黨魁辦公室 Parteikanzlei
黨衛軍 Schutzstaffel
黨衛軍看守部隊 ss-Wachverbände
黨衛軍隨侍部隊 ss-Begleitkommandos
攝政王廣場 Prinzregentenplatz
蘭妮・萊芬斯坦 Leni Riefenstahl
蘭茲・馮・利本菲爾斯 Lanz von Liebenfels

蘭茲虎特 Landshut
蘭德瑟 Landser
鐵路月台 Rampe
驅除 deportiert
歡樂產生動力，簡稱KdF Kraft durch Freunde
鷹巢 Adlerhorst

阿道夫‧H

希特勒，一個獨裁者的一生

本書榮獲德國歌德學院 Goethe-Institut
「翻譯贊助計畫」支持出版

感謝歌德學院（台北）德國文化中心 協助
歌德學院（台北）德國文化中心是德國歌
德學院（Goethe-Institut）在台灣的代表機
構，五十餘年來致力於德語教學、德國圖
書資訊及藝術文化的推廣與交流，不定期
與台灣、德國的藝文工作者攜手合作，介
紹德國當代的藝文活動。

歌德學院（台北）德國文化中心
Goethe-Institut Taipei
地址：100 臺北市和平西路一段 20 號
6/11/12 樓
電話：(02)2365-7294
傳真：(02)2368-7542
網址：http://www.goethe.de/taipei

Adolf H. - Lebensweg eines Diktators
by Thomas Sandkühler
© Carl Hanser Verlag München 2015
through Jia-xi Books Co. Ltd., Taipei

阿道夫‧H：希特勒，一個獨裁者的一生
托馬斯‧桑德庫勒（Thomas Sandkühler）
；林繼谷譯. 一二版. 一臺北市：麥田出版
：家庭傳媒城邦分公司發行，2024.02
譯自：Adolf H. : Lebensweg eines Diktators
ISBN 978-626-310-605-5（平裝）
1. 希特勒（Hitler, Adolf, 1889-1945）
2. 傳記
784.28   112020857

封面設計   許晉維
印   刷   漾格科技股份有限公司
初版一刷   2017 年 8 月
二版二刷   2024 年 6 月
定   價   新台幣 470 元
I S B N   978-626-310-605-5
E I S B N   9786263106024（EPUB）

Printed in Taiwan
著作權所有‧翻印必究

作   者   托馬斯‧桑德庫勒（Thomas Sandkühler）
譯   者   林繼谷
責任編輯   林如峰
國際版權   吳玲緯   楊靜
行   銷   闕志勳   吳宇軒   余一霞
業   務   李再星   李振東   陳美燕
副總經理   何維民
編輯總監   劉麗真
事業群總經理   謝至平
發 行 人   何飛鵬

出   版

麥田出版
台北市南港區昆陽街 16 號 4 樓
電話：(02) 2-2500-7696   傳真：(02) 2500-1966
網站：http://www.ryefield.com.tw

發   行

英屬蓋曼群島商家庭傳媒股份有限公司城邦分公司
地址：115 台北市南港區昆陽街 16 號 8 樓
網址：http://www.cite.com.tw
客服線線：(02)2500-7718; 2500-7719
24 小時傳真線線：(02)2500-1990; 2500-1991
服務時間：週一至週五 09:30-12:00; 13:30-17:00
劃撥帳號：19863813   戶名：書虫股份有限公司
讀者服務信箱：service@readingclub.com.tw

香港發行所

城邦（香港）出版集團有限公司
地址：香港九龍土瓜灣土瓜灣道 86 號順聯工業大廈 6 樓 A
室
電話：+852-2508-6231   傳真：+852-2578-9337
電郵：hkcite@biznetvigator.com

馬新發行所

城邦（馬新）出版集團【Cite(M) Sdn. Bhd. (458372U)】
地址：41, Jalan Radin Anum, Bandar Baru Sri Petaling,
57000 Kuala Lumpur, Malaysia.
電話：+603-9056-3833   傳真：+603-9057-6622
電郵：services@cite.my